Recuperação Judicial de Empresas

ATUAÇÃO DO JUIZ

Recuperação Judicial de Empresas

ATUAÇÃO DO JUIZ

2018

Janaina Campos Mesquita Vaz

RECUPERAÇÃO JUDICIAL DE EMPRESAS
ATUAÇÃO DO JUIZ

© Almedina, 2018

Autor: Janaina Campos Mesquita Vaz
Diagramação: Almedina
Design de Capa: FBA.

ISBN: 978-858-49-3289-4

Dados Internacionais de Catalogação na Publicação (CIP)
(Câmara Brasileira do Livro, SP, Brasil)

Vaz, Janaina Campos Mesquita
Recuperação judicial de empresas : atuação do juiz / Janaina Campos Mesquita Vaz. – São Paulo : Almedina, 2018.
Bibliografia.

ISBN 978-858-49-3289-4

1. Empresas – Recuperação – Leis e legislação – Brasil 2. Recuperação judicial (Direito) – Brasil 3. Recuperação judicial de empresas – Brasil I. Título.

18-17260 CDU-347.736(81)

Índices para catálogo sistemático:

1. Brasil : Recuperação judicial : Empresas : Direito 347.736(81)
Maria Alice Ferreira – Bibliotecária – CRB-8/7964

Aviso: O presente trabalho não representa parecer legal ou a opinião de Pinheiro Neto Advogados sobre o assunto tratado, mas apenas de seu autor, para fins acadêmicos.

Este livro segue as regras do novo Acordo Ortográfico da Língua Portuguesa (1990).

Todos os direitos reservados. Nenhuma parte deste livro, protegido por copyright, pode ser reproduzida, armazenada ou transmitida de alguma forma ou por algum meio, seja eletrônico ou mecânico, inclusive fotocópia, gravação ou qualquer sistema de armazenagem de informações, sem a permissão expressa e por escrito da editora.

Julho, 2018

Editora: Almedina Brasil
Rua José Maria Lisboa, 860, Conj. 131 e 132, Jardim Paulista | 01423-001 São Paulo | Brasil
editora@almedina.com.br
www.almedina.com.br

Aos meus pais, Cristina e Zé, pelos ensinamentos de vida e por tudo o que sempre fizeram por mim.

À minha irmã, Gabriela, por ser minha maior fonte de inspiração.

Aos meus amigos-irmãos Gabriel Queiroz e Natália Chacon, e Marjurie Iamashita pela presença constante e o apoio incondicional de sempre.

AGRADECIMENTOS

Este trabalho foi fruto da minha dissertação de mestrado defendida na Faculdade de Direito da Universidade de São Paulo e representou uma verdadeira jornada, que somente foi concluída graças à ajuda de importantíssimas pessoas.

Meu orientador, Prof. Paulo Salvador Frontini, que sempre esteve disponível para esclarecer, com carinho e paciência, as várias dúvidas e inquietações que surgiram ao longo da pesquisa e da elaboração deste trabalho.

Os Professores Newton de Lucca e Roberto Pfeiffer que compuseram a banca que arguiu meu projeto de qualificação para o mestrado e fizeram, naquela oportunidade, relevantíssimas observações e contribuições.

Meus amigos e amigas pelo apoio e pela paciência de ouvirem as muitas angústias que me afligiram ao longo da elaboração deste trabalho.

Meus pais, Cristina e Zé, que dedicaram tanto tempo e esforço à minha formação. Minha irmã, Gabriela, por ser minha maior inspiração acadêmica (e de vida) e por sempre oferecer palavras de sabedoria e conforto nos momentos difíceis.

A todos vocês, manifesto meus mais sinceros agradecimentos!

PREFÁCIO

Fui honrado com o convite formulado por Janaina Campos Mesquita Vaz para escrever o prefácio deste livro, que tem por base a dissertação de mestrado por meio da qual Janaina obteve o título de Mestre em Direito Comercial pela Faculdade de Direito do Largo de São Francisco.

A escolha do tema do trabalho foi extremamente feliz por dois principais motivos. O primeiro reside na mudança de paradigma introduzido pela Lei n. 11.101/05 e o respectivo impacto da consequente e necessária mudança cultural.

Cerca de duas gerações de juristas conviveram e aplicaram exclusivamente o Decreto-Lei n. 7.661/45 que continha, como único instrumento de recuperação de empresas, a concordata preventiva. Esse instituto consistia em um favor legal concedido ao comerciante de boa-fé, mas infeliz nos negócios, e oferecia cinco propostas de pagamento que podiam ser escolhidas pelo devedor e impostas aos seus credores, aos quais não era dado nenhum poder de negociação ou de escolha por uma outra hipótese de pagamento prevista na lei.

O favor legal somente deixava de ser processado nos casos em que o devedor tinha impedimento legal para requerer a concordata ou não preenchia os requisitos para obtê-la. Aos credores era dado direito de opor embargos à concordata apenas na fase da concessão da concordata, sendo fundamento para os embargos, dentre outras hipóteses, a demonstração de que a falência seria mais benéfica aos credores do que a proposta apresentada pelo devedor e que, portanto, a concordata lhes imporia sacrifício injustificado.

Do ponto de vista prático, merece destaque o fato de que os devedores costumavam desistir das concordatas anos após o ajuizamento, após efetuarem os depósitos devidos e/ou os credores os terem dispensado, jamais se chegando à fase processual da concessão da concordata e, portanto, da oposição dos embargos à concordata. Na prática, jamais era feita a análise sobre o que seria mais vantajoso para os credores, a proposta apresentada na concordata preventiva ou a decretação da falência com a liquidação dos ativos e rateio entre os credores. Em alguns raros casos já no período final de vigência do decreto-lei, e por provocação do Ministério Público, foram realizadas exames prévios de viabilidade para aferir, antes mesmo do processamento da concordata preventiva, se o devedor teria condições de gerar os recursos para efetuar o pagamento dos credores nos prazos e condições ofertadas na inicial.

Outro aspecto que merece destaque é o fato de que, até mesmo pelos estreitos limites impostos por lei para atuação dos credores, os magistrados exerciam papel central nos processos de concordata preventiva, e, com o passar dos anos e o verdadeiro estado de anomia em matéria de legislação falimentar dada a absoluta obsolescência da lei revogada, passaram, cada qual ao seu modo, a flexibilizar a aplicação das normas. Não raro os magistrados deferiam o processamento de concordatas sem que os requisitos legais tivessem sido observados e estendiam prazos de pagamento, permitindo que a concordatária utilizasse todos os expedientes possíveis para retardar o depósito integral dos valores devidos.

Ao romper o movimento pendular verificado nas alterações legislativas anteriores, alterando legislações mais pró credores ou pró devedor, a Lei 11.101/05 pretendeu equilibrar os poderes de devedores e credores, ressaltando a natureza contratual, e não mais de favor legal, do instituto da recuperação judicial. Com isso, houve uma redução do grau de interferência dos magistrados, se comparado o processo de recuperação judicial ao da antiga concordata preventiva. Essa alteração, que constitui um dos eixos centrais da alteração legislativa, provocou uma mudança profunda, rompendo padrões de comportamento tão fortemente arraigados por mais de sessenta anos de vigência da lei revogada.

A existência de pouca doutrina sobre os limites da intervenção dos magistrados no âmbito do processo de recuperação judicial de empresas mesmo após aniversário de décimo da entrada em vigor da Lei de Recuperação de Empresas e Falência (Lei nº 11.101/2005), bem como com as recentes discussões acerca do papel do Poder Judiciário na resolução de conflitos – afloradas pela entrada em vigor do Novo Código de Processo Civil –, aliados ao mencionado impacto cultural da mudança na forma de condução do processo, constituem, em conjunto, o segundo principal motivo pelo qual entendo ter sido muito feliz a escolha do tema deste obra, cuja leitura recomendo.

A obra que o leitor tem em mãos contém um equilíbrio entre o rigor metodológico necessário à correta delimitação e desenvolvimento do tema escolhido e o estudo sistemático e abrangente da jurisprudência de cada um dos principais tópicos abordados, pontos que constituem os maiores celeumas dos profissionais que, como a Autora, militam da área de recuperação de empresas. Nesse sentido, a obra se presta tanto ao estudo acadêmico, como à utilização profissional pelos aplicadores do direito pela abordagem prática e análise da jurisprudência sobre o tema desde o caso Giotoku, que constitui o ponto de inflexão a partir do qual os julgados passaram a examinar de forma mais detida ao planos aprovados apresentados para "homologação" e discutir os limites da atuação dos magistrados e os atos que constituiriam abuso de conduta das partes.

A Autora oferece ao leitor um texto direto, preciso e claro que se inicia com uma descrição histórica do direito falimentar, passa pela conceituação da natureza jurídica do instituto da recuperação judicial e pela análise crítica da aplicação dos princípios da recuperação judicial para, somente após, adentrar no foco central do estudo proposto.

Preocupada em verificar cenários nos quais a intervenção judicial assegura a tutela jurisdicional sobre possíveis violações de direitos e, ao mesmo tempo, não desnatura o caráter eminentemente negocial dos planos de recuperação, a Autora realizou detida análise dos poderes conferidos aos credores em confronto com os limites impostos à autonomia privada, passando pela hipótese de superação de veto ao plano, e das decisões que vêm sendo proferidas pelos maiores tribunais do país, culminando com proposta de critérios objetivos para revisão judicial das decisões de "homologação" de planos de recuperação.

A atuação do magistrado é examinada em dois principais momentos da recuperação judicial, o momento da admissibilidade do processamento e o da concessão da recuperação judicial, compreendida neste último a questão do controle de legalidade do plano aprovado. A atuação profissional da Autora certamente contribuiu para que ela identificasse de forma precisa as cláusulas mais comuns inseridas em planos em recuperação judicial, analisando o posicionamento da jurisprudência quanto à caracterização de abuso das partes, e concluindo com o estudo da questão do juízo de admissibilidade, trechos que tornam o livro bastante útil para todos que militam na área ou estudam a matéria.

Assim, é com satisfação que, na qualidade de colega de trabalho e expectador de seus esforços acadêmicos, vejo a obra de Janaina se transformar de dissertação de mestrado em livro, para ser colocado à disposição do público em geral, e enriquecer os debates sobre tema tão relevante e corriqueiro para aqueles que lidam com o direito das empresas em crise.

Luiz Fernando Valente de Paiva
Sócio de Pinheiro Neto Advogados na área de Recuperação de Empresas e Falências e Co-coordenador da Área Contenciosa. Mestre em Direito Comercial pela Pontifícia Universidade Católica de São Paulo com LL.M pela Northwestern University

ABREVIATURAS

LRE – Lei nº 11.101 de 9 de fevereiro de 2005
STJ – Superior Tribunal de Justiça
TJMG – Tribunal de Justiça do Estado de Minas Gerais
TJPR – Tribunal de Justiça do Estado do Paraná
TJSP – Tribunal de Justiça do Estado de São Paulo
TJRJ – Tribunal de Justiça do Estado do Rio de Janeiro
TJRS – Tribunal de Justiça do Estado do Rio Grande do Sul

SUMÁRIO

AGRADECIMENTOS	7
PREFÁCIO	9
ABREVIATURAS	13
SUMÁRIO	15
1. INTRODUÇÃO	19
1.1. Apresentação do tema e suas limitações	19
1.2. Justificativa e importância do tema	21
1.3. Principais questões a serem analisadas	27
2. PANORAMA DA LEI 11.101/2005	31
2.1. Panorama Histórico	31
2.1.1. As origens do Direito da Empresa em Crise no Brasil – Decreto 5.746/1929	32
2.1.2. O Decreto-Lei 7.661/45	37
2.1.3. A Lei 11.101/2005 – LRE	41
2.1.3.1. A LRE e o "falso dilema" – supremacia do Judiciário versus soberania da Assembleia Geral de Credores	42
2.2. Natureza Jurídica da Recuperação Judicial	51
2.2.1. Recuperação Judicial como negócio jurídico – concepções de Direito Privado	51

2.2.2. Recuperação Judicial como ação – visões de Direito Processual ... 56
2.2.3. Recuperação judicial como instituto baseado na eficiência – visões de Direito Econômico ... 57
2.2.4. Síntese crítica: recuperação como instituto do moderno Direito Comercial ... 59
2.3. Princípios da recuperação judicial ... 62
2.3.1. A preservação da empresa ... 65
2.3.2. A tutela dos interesses dos credores ... 70
2.3.3. Síntese crítica: concretização de princípios depende de uma relação dialética entre credores e juízes ... 76

3. A ATUAÇÃO DO JUIZ NA RECUPERAÇÃO JUDICIAL ... 79
3.1. Noções introdutórias de fundo constitucional ... 79
3.2. O ato judicial inicial: ato ordinatório ou juízo de admissibilidade? ... 82
3.2.1. Os pressupostos processuais da ação de recuperação judicial ... 84
3.2.2. As condições da ação de recuperação judicial ... 85
3.2.2.1. Exposição das causas concretas da crise econômica e da situação patrimonial efetiva da empresa devedora ... 86
3.2.2.2. A verificação, *in status assertionis*, da viabilidade econômica da empresa ... 89
3.2.3. Síntese crítica – necessidade de juízo de admissibilidade da recuperação judicial ... 94
3.3. O controle de legalidade 98
3.3.1. O controle de legalidade estrita ... 103
3.3.1.1. Plano votado em desacordo com as regras procedimentais ... 105
3.3.1.2. Plano com previsão de extensão dos efeitos da recuperação a coobrigados ... 107
3.3.1.3. Votos proferidos por credores não submetidos ao plano ... 111
3.3.1.4. Violação à regra dos pagamentos à classe de créditos trabalhistas ... 112
3.3.1.5. Plano com previsão de supressão de garantia real sem anuência do credor titular da garantia ... 114
3.3.2. O *Cram Down* brasileiro – superação de veto ... 117
3.3.3. O Controle de Legalidade Material – Juízo de Juridicidade ... 119

    3.3.3.1. Verificação de conflito de interesses – a teoria do abuso de direito de voto   122
      3.3.3.1.1. Abuso de minoria – tratamento via *cram down*   131
    3.3.3.2. Verificação de tratamento desigual e ilegítimo a credores da mesma classe – *unfair discrimination*   138
      3.3.3.2.1. A verificação de situação de *unfair discrimination* e a intervenção judicial.   143
      3.3.3.2.2. O entendimento da jurisprudência   145
3.4. Juízo de viabilidade – avaliação de mérito do plano pelo magistrado   152
 3.4.1. Superação da dicotomia – juízos negociais versus juízos legais   155
    3.4.1.1. Análise judicial de viabilidade por meio de critérios objetivos   158
      3.4.1.1.1. Primeiro critério – a aptidão para a continuidade da empresa   165
      3.4.1.1.2. Segundo critério – inexistência de vícios de deliberação   172
      3.4.1.1.3. Terceiro critério – eficácia do plano quanto à tutela do crédito   176
 3.4.2. Síntese crítica: controle judicial do equilíbrio de ônus   184

4. CONCLUSÃO   191
 4.1. Principais conclusões   191
  4.1.1. Panorama da LRE   191
  4.1.2. A atuação do juiz na recuperação judicial   192
 4.2. Considerações finais   193

REFERÊNCIAS   195

1.
Introdução

1.1. Apresentação do tema e suas limitações

Os objetos deste estudo são a recuperação judicial de empresas e os mecanismos de tomada de decisão a respeito do futuro da empresa, no bojo do referido procedimento. Nesse sentido, serão analisadas as matérias relacionadas ao processo de recuperação cuja competência decisória é privativa dos credores e aquelas sobre as quais há inafastável necessidade de controle jurisdicional.

Sendo a recuperação judicial um instituto criado com o objetivo de sanar a crise econômico-financeira de uma empresa e evitar a sua falência, será necessário percorrer alguns passos para que se chegue ao cerne da discussão que se pretende expor neste trabalho, qual seja: a de se deve ou não haver intervenção judicial no processo de recuperação e, em caso positivo, em que deve se pautar tal intervenção.

Para tanto, a primeira limitação a ser feita no escopo deste estudo é restringi-lo ao procedimento regido pelos artigos 47 a 69 da Lei 11.101/2005 ("LRE"). Tal limitação é necessária na medida em que a LRE cuida de outros procedimentos, a saber, a falência (artigos 75 a 160 da LRE), a recuperação extrajudicial (artigos 161 a 167 da LRE) e a recuperação judicial de micro e pequena empresa (artigos 70 a 72 da LRE), cujas particularidades não serão objeto deste trabalho[1].

---

[1] No tocante ao plano especial de recuperação judicial de microempresas e empresas de pequeno porte a discussão que se pretende conduzir neste trabalho não faria sentido na

Do ponto de vista subjetivo, é ainda necessário destacar uma segunda limitação. Este trabalho cuida da análise dos seguintes sujeitos envolvidos no processo de recuperação judicial: (a) os credores, que serão estudados na qualidade de "coletividade obrigatória"[2]; e (b) o magistrado, aqui entendido como o juiz ou tribunal competentes para presidir o processo ou julgar os recursos relacionados ao procedimento de recuperação judicial. Considerando esta limitação, não serão objeto do trabalho outras discussões subjetivas relacionadas à empresa em crise tais como (a) legitimidade para ajuizar procedimento de recuperação; (b) formação do polo ativo da recuperação, aqui se englobando questões de litisconsórcio ativo, grupo de empresas, etc.

Há ainda que se pontuar uma terceira limitação, de caráter objetivo, relacionada às fases do processo de recuperação judicial que receberão maior ênfase neste trabalho. O trabalho terá como principal foco o estudo dos mecanismos de decisão a respeito do futuro da empresa em recuperação judicial. Dessa forma, serão analisadas com mais profundidade as fases do procedimento de recuperação em que há verdadeira tomada de decisão: (a) o deferimento do pedido de processamento da recuperação judicial; (b) a constituição e a deliberação da Assembleia Geral de Credores; e

---

medida em que no procedimento regulado pelos artigos 70 a 72 da LRE não há convocação de Assembleia de Credores e a recuperação é deferida diretamente pelo juiz. Nessa linha são os comentários do Ministro Sidnei Agostinho Beneti: "O procedimento simplificado segue, em verdade, o procedimento comum, dele se distinguindo, contudo, pelo fato de exigir menos documentação e de deferir-se diretamente a recuperação pelo juiz, prescindindo da convocação da Assembleia Geral de Credores para deliberar sobre o plano de recuperação. (...) Apresenta a peculiaridade de limitar-se a condições especiais denominadas 'plano especial de recuperação judicial', inclusive com o benefício de parcelamento em 36 parcelas iguais (art. 71, II), não se convocando assembleia geral, mas decidindo diretamente o juiz." (BENETI, Sidnei Agostinho, O processo da Recuperação Judicial, in Direito Falimentar e a Nova Lei de Falências e Recuperação de Empresas, PAIVA, Luiz Fernando Valente de (coord.), São Paulo, Quartier Latin, 2005, p. 233, 234 e 241).

[2] Aqui se adota um conceito largamente utilizado por Gabriel Saad Kik Buschinelli em sua dissertação de mestrado apresentada à essa Faculdade de Direito da Universidade de São Paulo, sob a orientação do Professor Associado Dr. Eduardo Secchi Munhoz (BUSCHINELLI, Gabriel Saad Kik, Abuso do Direito de Voto na Assembleia Geral de Credores, dissertação de mestrado, Faculdade de Direito da USP, São Paulo, mimeo, 2013, p. 20-24)

(c) a decisão de concessão da recuperação judicial regulada pelo artigo 58 (e parágrafos) da LRE[3].

1.2. Justificativa e importância do tema

Como ensinou Rubens Requião[4], o sistema falimentar regulado pelo antigo Decreto-lei nº 7.661/45 não mais respondia às necessidades da realidade empresarial brasileira, seja porque a falência não se mostrava como mecanismo apto à manutenção da empresa, seja porque a concordata era concedida pelo juiz, na maioria das vezes, contra a vontade dos credores. Nesse sentido, já na década de 1970[5], se clamava por uma reforma legislativa que criasse mecanismos mais eficientes de recuperação da empresa em crise.

Nesse contexto de necessidade de novos meios de salvaguarda da empresa em crise, foi publicada a Lei 11.101/2005 "LRE", regulamentando o instituto da recuperação judicial com objetivos bem definidos que visam à preservação da empresa viável num contexto em que também se atenda aos interesses dos credores, à manutenção dos empregos e à arrecadação de

---

[3] Nesse ponto serão ainda objeto de estudo as posições de alguns autores que defendem que a atuação do juiz no processo de recuperação judicial deve se dar desde o início do processo, com uma análise de mérito do pedido de processamento da recuperação, regulado pelo artigo 52 da LRE. Nesse sentido, destaca-se a posição do juiz da 1ª Vara de Falências e Recuperações Judiciais de São Paulo, Dr. Daniel Carnio Costa, que, em artigo publicado na revista do Instituto Brasileiro de Administração Judicial (IBAJUD) sustentou que: "A questão que se coloca é a seguinte: deve o juiz fazer uma análise formal da documentação apresentada, apenas conferindo se os documentos exigidos por lei foram juntados ou deve o juiz analisar, ainda que de maneira perfunctória nessa fase do processo o conteúdo dos documentos? É evidente que o juiz não pode exercer uma conduta meramente formal, fazendo apenas um check list da documentação apresentada pela devedora, mas deve analisar o seu conteúdo a fim de aferir a eventual e patente inviabilidade da empresa." (COSTA, Daniel Carnio, Reflexões sobre Recuperação Judicial de Empresas: Divisão Equilibrada de ônus e Princípio da Superação do Dualismo Pendular, in Revista do Instituto Brasileiro de Administração Judicial – IBAJUD, 20 de março de 2014). Esse posicionamento encontra críticas, por exemplo, no entendimento esposado pelo Ex- Ministro Sidnei Beneti, que sustenta ser a decisão de processamento da recuperação judicial (art. 52) um "despacho positivo", motivado de forma sumária e perfunctória, sem ingressar na questão de fundo (BENETI, op. cit., p. 235-236).

[4] REQUIÃO, Rubens, A crise do direito Falimentar Brasileiro – Reforma da Lei de Falências, in Revista de Direito Mercantil, Industrial, Econômico e Financeiro, vol. 14, Editora Malheiros, 1974, p. 23-33.

[5] REQUIÃO, op. cit. p. 33

tributos (art. 47 da LRE)[6]. Esses objetivos da LRE que, sabiamente, foram positivados pelo legislador, são muito mais condizentes com a realidade empresarial atual do que o favor legal de aplicação extremamente limitada representado pelo procedimento de concordata regido pelo Decreto-lei nº 7.661/45.

Apesar de trazer de forma clara os princípios que devem orientar a participação dos vários atores envolvidos no processo de recuperação judicial (a saber, preservação da empresa viável, função social da empresa, estímulo à atividade econômica, manutenção de empregos e tutela dos interesses dos credores), a LRE foi silente a respeito dos mecanismos de tomada de decisão a respeito do futuro da empresa, nas hipóteses em que os principais agentes envolvidos no processo (empresa devedora e credores) agem de forma a desviar os objetivos buscados pela lei.

Justamente em razão do fato de a LRE ser tão lacônica a respeito desses mecanismos é que se faz necessário debruçar sobre os princípios orientadores da LRE para que se construam critérios de interpretação das mais variadas situações nas quais as deliberações da Assembleia de Credores devam ser superadas pelo Poder Judiciário seja porque (a) levam à aprovação de um plano de recuperação judicial absolutamente ilegal ou infactível; ou, por outro lado, (b) levam à rejeição de uma proposta de recuperação regularmente apresentada e cujo conteúdo apresenta uma possibilidade concreta de recuperação da empresa devedora. Ainda, serão analisadas as eventuais possibilidades de atuação "liminar" dos juízes, relativamente ao pedido de processamento da recuperação judicial.

A necessidade de construção de mecanismos interpretativos das situações que requerem intervenção judicial mais nítida na recuperação judicial é impulsionada pelo fato de o Direito da Empresa em Crise ter objetivo de tutela de interesse público, na medida em que se busca conciliar uma série de interesses que ultrapassam o privatismo da relação débito-crédito travada entre empresa devedora e credores. Tal aspecto foi pontuado pelo Prof. Eduardo Secchi Munhoz[7]:

---

[6] SZTAJN, Rachel, Da recuperação judicial, in Comentários à Lei de Recuperação de Empresas e Falência, SOUSA JUNIOR, Francisco Satiro de, PITOMBO, Antônio Sérgio A. de Moraes, (coord.), 2ª edição, Editora Revista dos Tribunais, São Paulo, 2007, p. 223.

[7] MUNHOZ, Eduardo Secchi, Anotações sobre os limites do poder jurisdicional da apreciação do plano de recuperação judicial, in Revista de Direito Bancário e do Mercado de Capitais,

Daí se afirmar que o direito falimentar – ou da empresa em crise – corresponde a um dos ramos do direito empresarial em que se evidencia com maior nitidez a função social empresa, ou a necessidade de contemplar todos os interesses afetados, que não se resumem aos interesses do empresário. Os interesses externos, no momento da crise da empresa, passam ao primeiro plano, ao lado dos internos. A primeira diretriz a ser seguida, portanto, é que, além do interesses do devedor e dos credores, o direito da empresa em crise deve buscar uma organização eficiente de todos os demais interesses, centrando-se na busca da concretização do interesse público (na acepção romana, ou seja, de interesse do povo), expresso nos princípios e objetivos da ordem econômica estabelecidos no art. 170 da CF/1988. Em uma palavra, parte-se do pressuposto de que o direito da empresa em crise constitui um importante instrumento de implementação de políticas públicas, constituindo um dos capítulos da política econômica.

Em função dessa tutela do interesse público, há quem diga que o Direito Recuperacional é uma vertente do Direito Econômico. Um defensor deste posicionamento é Jorge Lobo[8]:

> Embora 'ato complexo' e 'ação constitutiva', a recuperação judicial tem a natureza e características de um instituto de Direito Econômico, como passo a demonstrar. Filio-me à doutrina, liderada, no País, por Orlando Gomes, que sustenta (a) estar o Direito Econômico situado numa zona intermediária entre o Direito Público e o Direito Privado, (b) possuir uma tríplice unidade: 'de espírito, de objeto e de método' e (c) não orientar-se a regra de direito pela ideia de justiça (princípio da igualdade), mas pela ideia de eficácia técnica devido à especial natureza da tutela jurídica que dela emerge, em que prevalecem os interesses gerais e coletivos, públicos e sociais, que ela colima preservar e atender prioritariamente, daí o caráter publicístico de suas normas, que se materializam através de 'fato do príncipe', 'proibições legais' e 'regras

---

ano 10, vol. 36, abril/junho de 2007, p. 187.

[8] LOBO, Jorge, Comentários aos art. 35 a 69, in TOLEDO, Paulo F. C. Salles de; ABRÃO, Carlos H. (coords.), Comentários à Lei de Recuperação de Empresas e Falência, 5ª edição, São Paulo, Saraiva, 2012, comentário ao art. 47, p. 171-172. Nesse mesmo sentido, SCHWARTZ, Alan, The Law and economics approach to corporate bankruptcy, in Revista de Direito Bancário e do Mercado de Capitais, ano 10, vol. 36, abril/junho de 2007, p. 55-80.

excepcionais'. Com efeito, a recuperação judicial de empresa é um instituto de Direito Econômico, porque suas regras não visam precipuamente realizar a ideia de justiça, mas sobretudo criar condições e impor medidas que propiciem às empresas em estado de crise econômica se reestruturarem, ainda que com parcial sacrifício de seus credores (...).

Além dessas abordagens do Direito da Empresa em Crise como Direito Público[9] ou Direito Econômico[10] 10, que por si já questionam as clássicas concepções privatistas e contratualistas do Direito Comercial, o estudo do tema ora apresentado se justifica ainda pela necessidade de se criar mecanismos de controle da atuação dos credores, que unidos em uma coletividade obrigatória, devem ter comportamentos necessariamente pautados por um dever de lealdade[11]. Esse aspecto tem sua importância ainda mais destacada quando se considera que, ao contrário do regime da concordata, o instituto da recuperação judicial é baseado na tutela do interesse dos credores e garante a eles uma participação ativa por meio de instrumentos processuais[12] e do voto em Assembleia Geral.

O grande problema, no entanto, gira em torno do fato de que, na LRE, o legislador deu maior voz aos credores, mas não disciplinou mecanismos que coibissem atuações daqueles credores que fossem contrárias aos objetivos da própria lei.

O maior poder dado aos credores cria, por outro lado, maiores responsabilidades na medida em que sua conduta não pode se desviar dos objetivos buscados pela LRE. Nesse sentido, é salutar que se busquem mecanismos de controle judicial da atuação dos credores para que, de um lado, se garanta

---

[9] MUNHOZ, op. cit., p. 186-190.
[10] LOBO, Jorge, op. cit., p. 171-172.
[11] Em sua dissertação de mestrado, Gabriel Buschinelli define com precisão a questão do dever de lealdade nas chamadas coletividades obrigatórias, tais como a comunhão de credores em um procedimento concursal: "É discutida na doutrina alemã a possibilidade de reconhecer a existência de deveres de lealdade também em coletividades obrigatórias (Zwanggemeinschaften), que não derivam de um ato voluntário de associação. (...) No âmbito específico das comunhões de interesse, reconhece-se que, apesar da não existência de um ato voluntário que crie a comunhão, vige entre os integrantes um dever de ter em consideração os interesses dos demais integrantes, que serão afetados por sua atitude." (BUSCHINELLI, op. cit. p. 20-21).
[12] Tais como as habilitações e impugnações de crédito (arts. 7ª a 20 da LRE) e as objeções ao plano de recuperação judicial (art. 55 da LRE).

a participação desses mesmos credores e, de outro, se assegure que sua atuação será feita de forma idônea e baseada no dever de lealdade.

A respeito desse ponto, Gabriel Buschinelli[13] faz importantes colocações:

> No direito concursal, Dirk Schulz considera que os credores, por participarem de uma comunhão de interesses, são proibidos de obter vantagens particulares às custas dos demais credores e são destinatários de deveres ativos e passivos de consideração à comunhão e aos demais credores. O que é peculiar para a aplicação do dever de lealdade entre os credores é o fato de que nessa coletividade, não há um ato voluntário que designe qual o fim comum que os integrantes se comprometem a perseguir. Apesar da falta de ato voluntário, a finalidade comum corresponde à finalidade a ser perseguida pelos credores, na qualidade de credores e pode ser definida como o "interesse que tem cada credor em, ao menos a médio prazo, minimizar seus prejuízos, mediante a ampliação das disponibilidades da massa.

Em síntese, o estudo do tema ora apresentado se justifica pelo fato de que, no silêncio da LRE, cabe à doutrina e à jurisprudência (a) a verificação das situações que exigem a intervenção judicial no processo de recuperação judicial e (b) a construção das balizas que adequarão essa atuação judicial a um dos principais os objetivos a serem alcançados pela LRE, que é a tutela dos interesses dos credores.

Serve também a justificar a escolha do tema o fato de que o controle de legalidade exercido pelo juiz na recuperação judicial tem sido, desde o primeiro semestre do ano de 2012, um assunto muito recorrente tanto no meio forense quanto no meio acadêmico em razão de (a) precedentes lançados pela Câmara Reservada à Falência e Recuperação de Empresas do Tribunal de Justiça do Estado de São Paulo, relativas aos processos de recuperação judicial da Cerâmica Gyotoku Ltda. e da Decasa Açúcar e Álcool S.A.[14] e (b) dos enunciados oriundos da I Jornada de Direito Comercial, que contou com a participação de comercialistas de renome nacional.

---

[13] BUSCHINELLI, op. cit., p. 23-24. Nesse mesmo sentido, CARVALHOSA, Modesto, Comentários aos arts. 35 a 40, in CORRÊA-LIMA, Osmar Brina; CORREA-LIMA, Sérgio Mourão (coords.), Comentários à nova Lei de Falências e Recuperação de Empresas, Rio de Janeiro, 2009, p. 253.

[14] Os mencionados precedentes são acórdãos derivados do julgamento de recursos de agravo de instrumento interpostos contra as sentenças que homologaram as deliberações assembleares

Apenas a título de exemplo, o enunciado nº 44 da I Jornada de Direito Comercial tem a seguinte redação, que já indica a importância do tema a ser desenvolvido neste trabalho: "A homologação de plano de recuperação judicial aprovado pelos credores está sujeita ao controle judicial de legalidade".[15]

Em poucas palavras, pode-se dizer que a importância do tema está justamente na busca de uma síntese[16] a respeito da atuação judicial nos processos de recuperação de empresas que leve à superação de um antigo dilema, já travado pela doutrina no que diz respeito aos antigos diplomas normativos brasileiros em matéria de crise empresarial[17]:

---

ocorridas no bojo do processo de recuperação judicial das empresas supracitadas. Foram recursos interpostos por credores prejudicados com a aprovação de planos de recuperação judicial pela assembleia geral de credores e visavam à anulação do plano e de sua deliberação pela assembleia. Os dois precedentes, que serão largamente analisados neste trabalho, foram julgados com unanimidade e contaram com a relatoria do Desembargador Pereira Calças. Para referência, o acórdão relativo à recuperação da Cerâmica Gyotoku Ltda. é TJSP, Agravo de Instrumento nº 0136362-29-2011.8.26.0000, Câmara Reservada à Falência e Recuperação Judicial, Relator Des. Pereira Calças, julgado e registrado em 28.02.2012; e o acórdão relativo à recuperação da Decasa Açúcar e Álcool é TJSP, Agravo de Instrumento nº 0168318-63.2011.8.26.0000, Câmara Reservada à Falência e Recuperação Judicial, Relator Des. Pereira Calças, julgado em 17.04.2012, registrado em 18.04.2012.

[15] A íntegra dos enunciados aprovados pela plenária a 1ª Jornada de Direito Comercial está disponível no link http://www.cjf.jus.br/CEJ-Coedi/jornadas-direito-comercial/LIVRETO%20-%20I%20JORNADA%20DE%20DIREITO%20COMERCIAL.pdf (acesso em 17.10.2015).

[16] Aqui se adota a acepção filosófica do termo "síntese" como unidade dialética de opostos: "A noção de síntese como unidade de contrários nasceu com o conceito correlato de dialética e foi exposta pela primeira vez por Fichte, que diz 'O ato pelo qual se busca, nas comparações, a característica graças a qual as coisas comparadas são opostas entre si chama-se procedimento antitético. O procedimento sintético, ao contrário, consiste em buscar nos opostos a característica graças à qual eles são idênticos' (Wissenschaftslehre, 1794, §3.D, 3).(...) Schelling falava de um 'processo que vai da tese à antítese e depois à síntese', em virtude do qual o eu afirma o objeto, opõe-se a ele e finalmente volta a compreendê-lo em si mesmo'. (System des transzendentalen Idealismus, 1800, III, cap.I, trad. italiana, pp. 58ee). (...) Hamelin falou em método sintético, que consistiria em 'mostrar a conexão necessária entre noções opostas'; sua mola seria a correlação graças à qual os opostos remetem um ao outro e colaboram entre si (Essai sur les éléments principaux de la représentationm 1097, p. 20)" (ABBAGNANO, Nicola, Dicionário de Filosofia, São Paulo, Martins Fontes, 2000, p.905-907).

[17] Confira-se VALVERDE, Trajano de Miranda, Justificação do ante-projeto de lei de falências, in Revista Forense, Rio de Janeiro, nº 81, 1940, p. 239-249. A discussão a respeito desse dilema não,

(a) dar poderes ilimitados aos credores, que, despreocupados com a ideia de comunhão de interesses e de manutenção da empresa, votarão egoisticamente ou exercerão ilicitudes em seus votos; ou (b) dar poder soberano ao juiz para conceder ou não a recuperação judicial, o que, por si só, já desconstruiria o aspecto negocial e consensual do instituto criado pela LRE e esvaziaria a diretriz de tutela dos interesses dos credores.

Vale ressaltar que o estudo de mecanismos eficientes para a aplicação do Direito da Empresa em Crise, e em especial do instituto da recuperação judicial, tem sempre como objetivo final a construção de instrumentos eficazes para o desenvolvimento econômico e social do país[18]. Todos esses pontos justificam o estudo do tema ora apresentado.

1.3. Principais questões a serem analisadas

A primeira questão a ser respondida diz respeito à natureza jurídica, objetivos e interesses resguardados pelo instituto da recuperação judicial, tal qual definido pela LRE. A resposta a essa pergunta deve ser buscada na medida em que visa a dirimir um conflito doutrinário que ora pende para uma abordagem extremamente privatista do Direito da Empresa em Crise[19] e ora se apega a concepções que trabalham com conceitos de

---

nem de longe, uma novidade no direito falencial brasileiro. Ao propor o anteprojeto da antiga Lei de Falências de 1945, Trajano de Miranda Valverde se posicionava em um dos extremos da discussão, sustentando um modelo de concordata-sentença (que foi positivado no Decreto-lei 7661/45) motivado pela necessidade de moralização dos procedimentos concursais. Como é sabido, a concordata-sentença, apesar do nobre intuito de moralização, não trouxe mecanismos eficientes de superação da crise econômica e representou um sistema de enorme sacrifício para os credores. Em razão disso, pode-se dizer que o instituto da recuperação judicial trazido pela LRE é o primeiro a buscar, de um lado a superação da crise econômica da empresa e, de outro, a tutela dos interesses dos credores. Para a satisfação desses dois objetivos, no entanto, entendemos que é necessária a atuação judicial para coibir desvios.

[18] MUNHOZ, op.cit., p. 189.

[19] Nesse sentido, é, por exemplo, o entendimento de Sérgio Campinho: "Por isso, em nossa visão, o instituto da recuperação judicial deve ser visto como a natureza de um contrato judicial com feição novativa, realizável através de um plano de recuperação, obedecidas, por parte do devedor, determinadas condições de ordens objetiva e subjetiva para sua implementação." (CAMPINHO, Sérgio, Falência e Recuperação de Empresa: O Novo Regime da Insolvência Empresarial, 7ª edição, Rio de Janeiro, Renovar, 2015, p. 12-13).

Direito Público[20]. A definição da natureza auxilia o estudo na medida em que, quanto maiores forem os traços de interesse público perceptíveis no instituto da recuperação, maiores serão as motivações para que se cogite a atuação judicial no sentido de tutelá-lo.

Respondida essa primeira questão jurídica, passar-se-á à busca da resposta á seguinte questão: havendo, na recuperação judicial, interesses que superam os interesses privados típicos de uma relação débito-crédito, em que deve se pautar a atuação judicial para que se assegure a sua tutela?

A resposta a essa segunda pergunta depende da análise do panorama histórico e do panorama jurídico da recuperação judicial de empresas para que se possam obter, a partir dessa investigação, os objetivos buscados pelo legislador a partir da evolução dos institutos recuperacionais[21] e os princípios que devem nortear a concessão do benefício da recuperação judicial a uma empresa em crise[22]. A pesquisa realizada aponta para a ideia da recuperação judicial como um instituto que busca sintetizar os que o antecederam dando à empresa em crise uma tutela mais eficiente na medida em que, ao mesmo tempo, se busca assegurar a manutenção da fonte produtiva e a satisfação dos interesses dos credores. Em razão dessa multiplicidade de princípios e interesses envolvidos, investigar-se-á se a atuação judicial deverá, ao mesmo tempo, assegurar a participação e a voz dos credores e garantir que sejam aprovados planos de recuperação que atendam a padrões de legalidade e juridicidade.

Passadas essas primeiras indagações, o cerne de discussão do trabalho poderá ser analisado: havendo necessidade de controle judicial a respeito

---

[20] Jorge Lobo aponta que os publicistas tendem a enxergar a recuperação judicial como um instituto de Direito Processual: "pois a LRE garante ao devedor, preenchidos os requisitos formais do art. 51 e os requisitos materiais do art. 48, propor ação de recuperação judicial; afirmam, com ênfase, que, se a recuperação judicial se efetiva e se implementa através de uma ação processual de natureza constitutiva, ela é um instituto de Direito Público, na linha preconizada pela doutrina italiana sobre a 'administração controlada', a 'administração extraordinária', e a 'liquidação coacta administrativa'". (Lobo, op.cit., p. 170).

[21] Gardino, Adriana Valéria Puglisi, A Evolução do Tratamento Jurídico da Empresa em Crise no Direito Brasileiro, dissertação de mestrado, Faculdade de Direito da USP, São Paulo, mimeo, 2006.

[22] Cerezetti, Sheila Christina Neder, A Recuperação Judicial de Sociedade por Ações – O princípio da Preservação da Empresa na Lei de Recuperação e Falência, São Paulo, Editora Malheiros, 2012.

das deliberações tomadas em assembleia geral de credores, em que extensão e profundidade se dará tal controle? Nesse ponto, far-se-á um exercício propondo três níveis de controle jurisdicional: (a) controle judicial de legalidade estrita, limitado à análise de aspectos formais relacionados à homologação de um plano de recuperação judicial; (b) controle de legalidade material, que levaria em conta não só aspectos formais do plano, mas adentraria em questões de validade dos atos jurídicos em geral[23]; e (c) análise de mérito do plano de recuperação pelo Poder Judiciário, que envolveria, necessariamente, uma discussão judicial relativa à viabilidade econômica do plano proposto pela recuperanda.

A resposta a essa pergunta representa o núcleo deste trabalho e levou em conta os posicionamentos doutrinários e a interpretação que tem sido dada à LRE pelos Tribunais brasileiros nesse tema específico de controle judicial.

---

[23] Nesse sentido, há interessante posicionamento da Ministra Nancy Andrighi do Superior Tribunal de Justiça: "A assembleia de credores é soberana em suas decisões quanto aos planos de recuperação judicial. Contudo, as deliberações desse plano estão sujeitas aos requisitos de validade dos atos jurídicos em geral, requisitos estes que estão sujeitos a controle judicial". – STJ, Recurso Especial nº 1.314.209/SP, Terceira Turma, Relatora Ministra Nancy Andrighi, julgado em 22.05.2012, publicado em 01.06.2012.

2.
Panorama da lei 11.101/2005

Neste capítulo se buscará averiguar a LRE sob dois aspectos: (a) o panorama histórico, para que seja possível apreender que princípios nortearam os antigos diplomas falimentares brasileiros, as razões do insucesso desses mesmos diplomas e os motivos que levaram à publicação da LRE; (b) um panorama jurídico, para que sejam analisados pontos essenciais do instituto da recuperação judicial, necessários à discussão central que se pretende desenvolver, qual seja, a da atuação – e dos limites da atuação – do juiz para controlar as decisões tomadas por credores no âmbito do processo de recuperação.

2.1. Panorama Histórico

O estudo do tema objeto deste trabalho requer a análise do contexto histórico e legislativo no qual se insere a LRE, para que seja averiguada a raiz dos mecanismos de negociação e aprovação de planos de recuperação judicial atualmente vigentes.

Adiantando as conclusões do que se verá a seguir, é possível afirmar que a LRE representa, no que diz respeito ao mecanismo pré-falimentar, uma síntese dos diplomas legislativos anteriores porque (i) dá à empresa em crise e aos devedores espaço para a negociação do programa de reestruturação e pagamento de dívidas, ao mesmo tempo que (ii) submete toda essa negociação ao crivo do Poder Judiciário.

Dessa forma, é possível afirmar que, no que concerne ao regime de tomada de decisões, a recuperação judicial não é um instituto maniqueísta, na medida em que não se trata de um favor legal, tampouco representa uma ditadura da coletividade dos credores.

Feitas essas considerações, passa-se à breve análise das normas brasileiras pretéritas, relacionadas à empresa em crise e, também, de regras estrangeiras que exerceram sobre elas alguma influência.

2.1.1. As origens do Direito da Empresa em Crise no Brasil – Decreto 5.746/1929

Fabio Konder Comparato[24], em sua importantíssima obra "Os Aspectos Jurídicos da Macro Empresa", aborda de forma didática e sucinta as principais características dos antigos diplomas normativos brasileiros que tratavam da empresa em crise.

Iniciando sua retrospectiva, COMPARATO afirma que, nos primórdios do Direito Mercantil, com os estatutos corporativos medievais, a quebra do mercador era considerada, por si só, um crime que ensejava o encerramento automático de todas as atividades do falido, situação que se manteve praticamente inalterada até o final do Século XVIII.

Este tratamento extremamente rigoroso para com o falido era acompanhado de uma valorização excessiva dos interesses dos credores, pelo menos no que dizia respeito aos diplomas normativos vigentes na Europa Continental.

Paralelamente, no Direito anglo-saxão, a crise financeira da empresa era tratada de forma mais benéfica ao empresário, por meio do instituto da *discharge*, pelo qual o devedor idôneo libertava-se de seus débitos ao deixar aos credores os bens que possuía. Pela via da *discharge*, a perda da capacidade patrimonial do devedor substituía os efeitos deletérios da quebra da empresa. Segundo COMPARATO[25], o instituto da *discharge* era em muito semelhante à *cessio bonorum* do Direito Romano, no qual a pessoa do devedor era afastada das consequências da falência.

Já o Direito Português, assim como o anglo-saxão, trazia institutos que visavam à proteção do devedor, que poderia também ceder seus bens pessoais aos credores para livrar-se da pior e principal consequência

---

[24] COMPARATO, Fábio Konder, Aspectos Jurídicos da Macro Empresa, Editora Revista dos Tribunais, São Paulo, 1970, p. 95-105.
[25] Idem, p.96.

da falência ("quebra") à época, que era a decretação de pena de prisão[26].

Esta situação de proteção do devedor no Direito Português foi radicalmente alterada no ano de 1756 quando o rei Dom José I publicou um alvará que tinha como principal lema a punição dos falidos fraudulentos. Os empresários que, em razão do emprego de meios escusos de gestão, eram mal sucedidos em suas investidas mercantis, passaram a ser ameaçados com dois tipos de pena: degredo para o Brasil ou bancarrota, da qual o comerciante só era liberado após a partilha de todos os seus bens entre seus credores.

Estudando o tema, Eduardo Zilberberg[27] afirma que, num primeiro momento de evolução do Direito Falimentar, o interesse tutelado era o de obtenção de meios mais eficientes para a quitação dos débitos da empresa devedora, por meio da arrecadação e alienação da totalidade de seu patrimônio.

ZILBERBERG afirma que esta realidade de valorização do aspecto liquidatório só foi alterada durante (e após) a 2ª Guerra Mundial quando, diante de um cenário de total devastação econômica, passou-se a apreender a real importância das empresas como instrumentos de promoção social. Em razão desta nova mentalidade, mudanças legislativas ocorreram no mundo todo, sendo a mais significativa a promulgação do Chandler Act em 1938,

---

[26] Comparato explica que o Direito Português trazia dois diferentes institutos que regulavam a crise econômica da empresa. O "ponto" representava a parada total de pagamentos, originada de acidente ou qualquer outra circunstância de mercado que fizesse com que o devedor fosse impontual no adimplemento de suas obrigações. Nos casos de "ponto" o devedor poderia celebrar acordo com seus credores para que eles lhe dessem um tempo de "respiro" necessário para o acúmulo de fundos suficientes para a quitação dos débitos. Já a "quebra" representava a completa insolvência, na qual o comerciante não dispunha de meios de sanar, em qualquer tempo ou circunstância, os débitos contraídos. Assim, distinguia-se o "ponto" da "quebra" pelo fato de que, no primeiro instituto, o empresário mostrava ter meios para quitar suas dívidas, mas comprovava não ter capacidade de honrá-las no seu prazo de vencimento, por problemas de liquidez. Já na "quebra", o empresário não possuía, ao menos, recursos disponíveis para a satisfação, em qualquer momento futuro, de nenhum de seus débitos.

[27] ZILBERBERG, Eduardo, Uma análise do princípio da preservação da empresa viável no contexto da nova lei de recuperação de empresas, Revista de Direito Mercantil, Industrial, Econômico e Financeiro, nº141, janeiro-março de 2006, 185 a 191.

que alterou a legislação falimentar dos Estados Unidos, prevendo meios de reabilitação do devedor como alternativa à falência.[28]

Outra importante modificação normativa no campo internacional das empresas em crise ocorreu no ano de 1965, como explica Nelson Abrão[29], quando a Inspetoria-Geral de Finanças da França publicou um relatório sobre a eficácia das normas falimentares no país. Diante do resultado, que revelava total incongruência entre a lei e a realidade das empresas, a legislação concursal francesa foi radicalmente alterada com a entrada em vigor da Lei 67-563 e a ordenação nº 820.

As mudanças políticas e sociais ocorridas na primeira metade do Século XX ao redor do mundo impulsionaram uma releitura das normas falimentares, que baseadas na valorização da empresa como fenômeno econômico essencial à sociedade, evoluíram de um propósito único de pagamento de credores – que era mais facilmente alcançado pela liquidação – para um propósito de manutenção da atividade produtiva[30].

No Brasil, entretanto, esta mudança de mentalidade ocorreu com maior demora.

Fixando uma premissa à sua narrativa histórica das normas falimentares nacionais, COMPARATO[31] afirma que elas têm "seguido um ritmo nitidamente pendular: protege-se alternadamente o insolvente, ou os seus credores, ao sabor da conjuntura econômica e da filosofia política do momento". Esse pêndulo e a tentativa de sua superação servem a justificar as várias tentativas de elaboração de uma lei falimentar adequada. Nesse sentido, André Fernandes Estevez aponta que as insatisfações em relação

---

[28] Idem, p.185.

[29] ABRÃO, Nelson, O Novo Direito Falimentar: Nova Disciplina Jurídica da Crise Econômica da Empresa, São Paulo, Editora Revista dos Tribunais, 1985, p.18.

[30] Rachel Sztajn, sobre este tema, disserta: "A destruição de riqueza e bem-estar criados com o exercício da empresa, somado ao fato de que estas, sociedades ou não, têm função e responsabilidade social, levou ao abandono, pelas legislações europeias, da ideia de que era melhor retirar do mercado aqueles comerciantes falidos, os menos eficientes na preservação da atividade, ou mais propensos a assumir riscos, de forma a sanear mercados. Se fosse possível preservar o exercício de atividades econômicas, balizadas por ações mais cautelosas, inequívoco que a adoção de medidas para preservar as empresas em crise, desde que viáveis, é solução mais adequada." Vide SZTAJN, Comentários, op. cit., p. 220.

[31] COMPARATO, op. cit., p. 98.

a esse tratamento pendular eram tamanhas que, entre 1850 e 1945, foram elaboradas seis leis falimentares distintas[32].

O primeiro diploma a tratar da empresa em crise no Direito Brasileiro foi o Código Comercial de 1850. Nele estava previsto um processo falimentar que, nas palavras de Campos Sales, Ministro da Justiça do governo republicano provisório, era "vexatório para o falido e ruinoso para os credores".

Quarenta anos mais tarde, as disposições falimentares do Código Comercial foram alteradas[33], com a implementação do instituto da concordata preventiva, que representava um verdadeiro favor legal ao comerciante honesto que passava por crise.

Segundo COMPARATO, esse novo instituto teve sua aplicação em muito dificultada pela política do encilhamento, que gerou um cenário de especulação desenfreada, inflação e fraudes de empresas fantasmas. Assim, o instituto que fora criado para afastar os efeitos malfadados da falência dos empresários de boa-fé, acabou por se tornar instrumento de falcatruas de empresários oportunistas e desonestos.

O diploma posterior foi a Lei nº 2.024 de 1908[34] que retomou o instituto da concordata preventiva, mas também teve seus objetivos prejudicados pela crise mundial que culminou com a quebra da Bolsa de Valores de Nova Iorque em 1929.

Segundo aponta ESTEVEZ, o grande obstáculo à efetividade da Lei nº 2.024 de 1908 era o fato de que a concordata quase sempre resultava de conluio entre credores e a devedora.

Com o objetivo de adaptar a legislação falimentar ao novo cenário de crise, e mitigar as ocorrências de fraudes nas concordatas, o renomado

---

[32] ESTEVEZ, André Fernandes, A Assembleia-Geral de Credores no Direito Brasileiro: Razões para a Criação da Concordata-Sentença no Decreto-Lei nº 7.661/1945, in Revista de Direito Empresarial, nº 36, janeiro-fevereiro de 2014, p. 67.

[33] Alterações oriundas da publicação do Decreto nº 917 de 1890.

[34] Segundo o professor gaúcho Gerson Luiz Carlos Branco, uma das mais importantes transformações trazidas pela Lei 2.024, de 17.12.1908 foi a transformação da concordata em "favor legal". Segundo ele, este foi "um fato histórico que deixou resultados nefastos seja pelo exacerbado poder dos juízes, seja pelo inexistente poder dos credores, tudo agravado pela ineficiência do processo e da própria máquina pública, o que, acrescido pela falta de familiaridade do Poder Judiciário com as angústias e com a lógica da empresa, transformou a concordata em um grande fracasso histórico". (BRANCO, Gerson Luiz Carlos, O poder dos credores e o poder do juiz na falência e na recuperação judicial, Revista dos Tribunais, n. 936, São Paulo, outubro de 2013, p. 45).

jurista Waldemar Ferreira, a pedido da Associação Comercial de São Paulo, redigiu um projeto que restringia os direitos do devedor na falência e tornava as concordatas impraticáveis, por imporem ao empresário taxas mínimas de pagamento entre outras medidas bastante onerosas. Este projeto deu origem ao Decreto nº 5.746 de 1929, cuja vigência durou até o ano de 1945, quando sobreveio a publicação do Decreto-Lei 7.661.

ESTEVEZ aponta que a imoralidade dos procedimentos falimentares era tamanha que, em 23.07.1929, Trajano de Miranda Valverde sustentou, em artigo publicado no diário "O Jornal", que a sorte do devedor deveria ser retirada das mãos dos credores, como forma de moralizar as concordatas, por meio do processo da concordata-sentença[35].

A intenção de Valverde de verem diminuídos os mecanismos de atuação dos credores não foi prontamente incorporada na legislação falimentar. Tanto é verdade que, quando da edição do Decreto nº 5.746/1929, a proposta de Valverde sequer foi discutida, implementando-se um regime de preponderância da vontade dos credores, conforme anotou Rubens Requião[36]: "Era, como se vê, o sistema de preponderância da vontade dos credores que imperava na concordata, pois eles seriam os melhores juízes de seus interesses".

Como pontua ESTEVEZ[37], não só os efeitos moralizantes do Decreto nº 5.746/1929 não foram alcançados, como alguns aspectos foram piorados em relação às legislações anteriores, tais como a verificação de créditos. ESTEVEZ continua sua narrativa histórica afirmando que, em razão desse fracasso representado pelo Decreto nº 5.746/29, o Ministro da Justiça, Dr. Francisco Campos, encomendou a Trajano de Miranda Valverde, em 1939, um anteprojeto de Lei de Falências.

Como ensina ESTEVEZ, no anteprojeto, Valverde fez inserir a ideia de concordata como um favor legal, em detrimento da realidade então existente, que preconizava um consenso entre credores e devedora. Segundo o autor, Valverde justificava sua posição na ideia de que um procedimento que independesse da vontade dos credores seria imune a conluios, na medida em que estes teriam participação marginal[38]. O anteprojeto de

---

[35] ESTEVEZ, op. cit., p. 69.
[36] REQUIÃO, Rubens, Curso de Direito Falimentar, 2º volume, Saraiva, 1995, p. 16.
[37] ESTEVEZ, op. cit., p. 71.
[38] Idem, p. 72.

Valverde, no entanto, não prosperou de imediato e foi somente incorporado ao anteprojeto de 1943, que culminou com a publicação do Decreto-lei 7.661/1945.

2.1.2. O Decreto-Lei 7.661/45

O Decreto-lei 7.661 de 1945, que foi o diploma legal que antecedeu a LRE na regulação das empresas em crise, representou um aumento significativo do aspecto processual das ações de falência, restringindo os direitos dos credores, ao não prever deliberações assembleares e ao limitar a apuração e verificação dos créditos a procedimentos sumários de habilitação e impugnação.

Nesse ponto, faz-se importante a leitura de uma passagem da Exposição de Motivos do anteprojeto que resultou no Decreto-Lei 7.661/1945, de lavra do então Ministro Alexandre Marcondes Machado[39]:

> O anteprojeto conceitua a concordata sob critério diverso do vigente. No direito atual, a formação da concordata depende da livre manifestação dos credores, através de quórum de votação, reservando-se o juiz, simplesmente, a homologação do acordo com o devedor. A lei cogita apenas das condições em que a deliberação da maioria obriga a minoria. É peculiar ao instituto, no direito vigente, a imposição da deliberação da maioria sobre a vontade dos dissidentes. O sistema, entretanto, não produz os resultados que seriam de se desejar. A preponderância da maioria, nas deliberações coletivas, somente se legitima quando todas as vontades deliberantes se manifestam, tendo em vista o interesse comum que as congregou. Ora, nas concordatas, formadas por maioria de votos, os credores deliberam sob a pressão de seu interesse individual, deturpando o interesse coletivo da deliberação e tornando ilegítima a sujeição da minoria. A verdade é que, na vigência desse sistema, se tem verificado a constância dessa anomalia, através dos entendimentos externos do processo, o que importa na quebra da igualdade de tratamento dos credores, princípio informativo do processo falimentar. Atendendo a esse princípio, consagra a concordata a como favor concedido pelo juiz, cuja sentença substitui a manifestação da vontade dos credores na formação do contrato reservados,

---

[39] Íntegra da Exposição de Motivos do Decreto-Lei nº 7.661/45 está em VALVERDE, Trajano de Miranda, Comentários à Lei de Falências, v. 3, São Paulo, Forense, 2000, p. 221-230.

entretanto, a estes, o exame e discussão das condições do pedido do devedor em face das exigências da lei.

Pela análise do trecho acima transcrito percebe-se que, diante das tentativas frustradas dos diplomas anteriores de conceder aos credores o poder para a decisão do futuro da empresa em crise, o legislador de 1945 relegou tal poder para o juiz, que concedia a concordata como um verdadeiro favor legal.

Assim, a concordata afastou-se de um instituto negocial e passou a ser tratada como um direito subjetivo do devedor, submetido a deferimento jurisdicional. Assim assinalou Pontes de Miranda[40]:

> Não se pense em eficácia negocial, unilateral ou contratual porque de modo algum há *negotium*. O devedor comercial, a favor de que o sistema jurídico criara direito, pretensão e ação de concordata, exerce a tutela jurídica, invocando esse direito à concordata, exigindo-a em juízo. O Estado entrega-lhe a prestação jurisdicional, que consiste, em caso de procedência da ação, em estabelecer-se o estado de concordata. A vinculação dos credores do mesmo devedor resulta de haver, na esfera jurídica de cada um, limitação legal do direito de crédito, o que permite ao Estado constituir a concordata. Passa-se de algo semelhante ao que ocorreria se o Estado exercesse a pretensão à desapropriação: lá está, na esfera jurídica de cada proprietário, ou titular de direito, a limitação temporal, que é como franja em que aquela pretensão será exercida.

Esse caráter judiciário[41] do processo do tratamento da empresa em crise foi visto com maus olhos pela doutrina tradicional da época, por revelar uma inspiração fascista, de forte intervenção do Estado em aspectos determinantes da economia.

Waldemar Ferreira[42] foi um dos primeiros a se insurgir contra os novos institutos criados pelo Decreto-Lei, principalmente a Ação de Concordata,

---

[40] MIRANDA, Francisco Cavalcanti Pontes de, Tratado de Direito Privado, volume 30, Rio de Janeiro, Editora Borsoi, 1960, p. 20.
[41] COMPARATO, op. cit. p. 99.
[42] FERREIRA, Waldemar, Tratado de Direito Comercial: o Estudo da Falência e da Concordata, v. 15, São Paulo, Saraiva, 1966

na qual o juiz poderia julgar o pedido de moratória procedente mesmo diante da discordância massiva dos credores.

Esse aspecto eminentemente processual das ações instituídas pelo Decreto-Lei 7.661/45, além de ser entendido como alheio à mentalidade liberal e consensual que sempre permeou o Direito Comercial, era visto como ultrapassado, pois deixava de lado importantes implicações econômicas causadas pela insolvência ou pela quebra, em nome de um processualismo ingênuo[43].

Reforçando a ideia de ritmo pendular proposta por COMPARATO, o Decreto-Lei nº 7.661/1945 passou a sofrer, a partir da década de 1960, alterações que protegiam os interesses dos credores em detrimento do devedor.

Exemplos dessas alterações foram postos pela Lei nº 4.983 de 1966, que trouxe condições mais onerosas de cumprimento das concordatas e pelo Decreto-Lei nº 858 de 1969, que instituiu a correção monetária dos débitos fiscais da empresa em crise, coisa que inviabilizou grandemente as tentativas de superação de dificuldades financeiras das empresas do país, já que as dívidas fiscais tendiam a representar as contas mais vultosas dos passivos das sociedades devedoras.

Após esta retrospectiva, COMPARATO concluiu que o legislador brasileiro, seja por total desconhecimento da realidade das empresas, seja por falta de técnica legislativa, somente conseguia introduzir normas de direito falimentar que ou beneficiavam excessivamente o devedor, facilitando fraudes ou, em outro extremo, privilegiavam os interesses dos credores, o que inviabilizava qualquer tentativa da empresa em crise de superar suas dificuldades financeiras e voltar ao mercado de forma competitiva.

O cenário legislativo era tão hostil para as empresas brasileiras, que COMPARATO, sarcasticamente afirmou que o único remédio para a insolvência dos comerciantes era a tentativa de não se tornar, jamais, insolvente[44].

---

[43] COMPARATO, op. cit. p.107-108. Nessa parte da obra, há um trecho que merece transcrição por revelar a insatisfação do Prof. Comparato em relação aos procedimentos previstos no Decreto-Lei nº 7.661/1945, que não levavam em conta o impacto econômico da falência, principalmente de grandes empresas: "É imperdoável que o legislador do Século XX se deixe deslumbrar pelos ouropéis da moderna processualística, olvidando os problemas especificamente econômicos que a insolvência não deixa de suscitar, mormente quando atinge as grandes empresas".

[44] COMPARATO, op.cit., p. 101.

Assim, o que os longos anos de vigência destas normas falimentares brasileiras trouxeram foi a eliminação de uma série de empresas e comerciantes do mercado, afetando não só o interesse do devedor e dos credores, mas também a economia nacional, a arrecadação do fisco, o emprego dos trabalhadores, etc.

Além da falta de separação entre empresa e empresário, o Decreto-Lei nº 7.661/1945 era prejudicial ao mercado, na medida em que a única forma que previa para a tutela do crédito era a decretação de falência[45].

A falência, entretanto, não era o único instituto previsto para o tratamento das empresas em crise, apesar de ter sido o mais aplicado. Ao lado do procedimento falencial, o Decreto-Lei nº 7.661/1945 previa também um processo pré-falimentar que representava um verdadeiro favor legal ao devedor insolvável, qual seja, a concordata preventiva.

A concordata preventiva era uma moratória concedida ao devedor para que postergasse o pagamento de seus créditos quirografários. Apesar de sua aplicação razoavelmente objetiva, a concordata preventiva foi um mecanismo que sofreu inúmeras deturpações e acabou se tornando um meio de transferir aos credores todo o risco das operações, tendo em vista que representava não uma moratória, mas um calote postergado[46].

Em razão disso, o regime da antiga Lei de Falências levava a empresa em crise, inexoravelmente, à quebra, que apresentava dois nítidos efeitos, absolutamente nefastos: (i) tratava-se de uma pena socialmente relevante imposta ao devedor (leia-se empresário); e (ii) tratava-se também de uma pena imposta a todos os trabalhadores, ao mercado e ao sistema de crédito do país, que tinha como única forma efetiva de garantia de recuperação de crédito a eventual falência de seus tomadores.

Em razão disso, COMPARATO era categórico ao afirmar que esse dualismo da legislação falimentar não traria, nem em médio, nem em longo prazo, benefícios à economia tendo em vista que não encarava a empresa em seu aspecto material, qual seja, de centro de convergência de diversos interesses, muitas vezes alheios à vontade do próprio empresário.

A respeito desse ponto, ZILBERBERG aponta que um dos grandes incentivos para a reforma da lei falimentar no Brasil, que culminou com a publicação da LRE, foi a entrada em vigor da Constituição de 1988, que

[45] SZTAJN, op. cit., p. 54.
[46] Idem, p. 55.

instituiu uma série de princípios e diretrizes de interpretação, aplicação e confecção de normas infraconstitucionais.

2.1.3. A Lei 11.101/2005 – LRE

A Constituição de 1988 trouxe, no artigo 170, os princípios da ordem econômica nacional. Assim, o Constituinte, mesmo que indiretamente, positivou a preocupação com a preservação da empresa, ao determinar que a busca pelo pleno emprego, a propriedade privada e a função social da propriedade seriam valores a serem buscados e tutelados pelo Estado[47].

Tomando por base essa concepção de tutela da ordem econômica trazida pela Constituição, pode-se afirmar que os maiores problemas das leis falimentares brasileiras anteriores à LRE eram: (i) o fato de tratarem a empresa como "coisa do empresário" e, em razão disso, darem a ela a mesma sorte deste, caso houvesse uma crise de gestão, um desvio de finalidade, ou uma situação de insolvabilidade; e (ii) os regimes de tomada de decisão nos procedimentos pré-falimentares (a saber, as concordatas) terem sido baseados em posturas legislativas extremadas que ora pendiam para a total liberdade dos credores e ora davam ao juiz a competência exclusiva para decidir sobre o futuro da empresa.

Vê-se, portanto, que a LRE foi publicada num contexto de necessidade de fomento econômico e de superação de uma legislação anacrônica. Assumindo como públicos os interesses em jogo no processo de recuperação da empresa em crise, o legislador de 2005 buscou equilibrar o malfadado pêndulo, tão criticado por COMPARATO, balizando os interesses dos credores, dos trabalhadores e mantendo a fonte produtiva, em respeito à função social da empresa.

Nas palavras de Rachel Sztajn, com o advento da Lei 11.101,

> (...) foram buscadas soluções menos traumáticas para o caso de, constatado o desequilíbrio adverso entre ativo e passivo, não passar diretamente para o procedimento liquidatório-solutório, a falência, mas dar ao devedor a oportunidade de demonstrar que, reorganizada a atividade, terá condições econômicas de continuar.

---

[47] ZILBERBERG, op. cit. p. 186.

Em razão das diretrizes que adota, a LRE representou um grande avanço ao assumir como objetivo maior a salvaguarda da empresa, abolindo o instituto da concordata, que era notadamente uma forma inviável de reestruturação econômica e superação de crise.

Considerando os nítidos avanços trazidos pela LRE, que serão mais detalhadamente abordados a seguir, faz-se necessária a análise e a definição dos mecanismos desenhados pelo legislador para que sejam colocados em prática os objetivos acima descritos.

O cerne deste trabalho é justamente a busca dos cânones interpretativos que garantirão, no caso concreto, a realização, dentro de um padrão de legalidade, dos objetivos maiores da LRE: a manutenção da empresa viável e a tutela do crédito.

Estes cânones, que serão largamente discutidos a seguir, passam, inexoravelmente, por uma atuação positiva do magistrado, por meio de juízos de controle das tomadas em assembleias de credores.

2.1.3.1. A LRE e o "falso dilema" – supremacia do Judiciário versus soberania da Assembleia Geral de Credores

Como mencionado acima, o Decreto-lei 7.661/45 previa como instituto pré-falencial a concordata preventiva (arts. 139 e 156 do Decreto-lei), que tinha como finalidade evitar a falência por meio da concessão de um prazo máximo de dois anos para o pagamento dos credores quirografários ou a redução de até 50% (cinquenta por cento) do valor destas dívidas, se o pagamento fosse feito à vista[48].

Como bem ensina o professor Paulo Campos Salles de Toledo, a concordata era o único meio pré-falencial[49] do qual dispunha o comerciante que desejasse um momento de "respiro" para estabilizar suas contas.

Não era, entretanto, uma forma de reorganização da empresa, tendo em vista que tinha aplicação restrita aos créditos quirografários (art. 147

---

[48] TOLEDO, Paulo Fernando Campos Salles de, A disciplina jurídica das empresas em crise no Brasil: Sua Estrutura Institucional, in Revista de Direito Mercantil, Industrial, Econômico e Financeiro, nº 122, abril- junho de 2001, p.168-172.

[49] Ensina Paulo Campos Salles de Toledo, na obra acima referida, que a outra forma de concordata prevista no Decreto-Lei 7.661/45, a suspensiva (art. 177, parágrafo único), era pouco utilizada por ser instaurada no curso do processo de falência. Por meio dela, o falido requeria a suspensão do processo liquidatório para pagar os seus credores quirografários em condições, prazos e proporções estipulados. Idem, p.169.

do Decreto-Lei), não afetava a gestão dos administradores e não tinha sua aprovação de qualquer modo vinculada à viabilidade econômica da empresa. Tanto é assim, que muitos doutrinadores[50] passaram a ver na concordata suspensiva uma forma de exercício de direito potestativo[51] da empresa devedora, que colocava em posição de sujeição os seus credores quirografários.

Justamente por não tratarem de temas tão complexos, os procedimentos de concordata preventiva tinham participação massiva dos juízes cíveis, que as concediam indistintamente, como um favor legal. Neste contexto, a participação dos credores nos procedimentos pré-falenciais foi praticamente suprimida, muito em razão da descrença que havia no Brasil a respeito da idoneidade da manifestação dos credores no bojo de uma ação concursal, tendo em vista que a prática mostrava que estes sempre deliberavam de modo a atenderem seus interesses egoísticos, em condutas que beiravam a má-fé.

Em decorrência disso, a noção de concordata preventiva foi consolidada da seguinte forma:

> como favor concedido pelo juiz, cuja sentença substitui a manifestação de vontade dos credores na formação do contrato, reservados, entretanto, a

---

[50] É o que ensina Mauro Rodrigues Penteado: "A disposição topológica da matéria, a própria sistematização da lei anterior e o número de artigos dedicados às concordatas evidenciavam que a preocupação maior do legislador residia no concurso de credores, no processo de execução coletiva, visto que a concordata era então tratada como 'favor legal', direito potestativo do devedor, considerando que a moratória era solução suficiente para equacionar a crise econômico-financeira da atividade negocial – e na verdade é, embora não a única, tanto que foi mantida, e sintomaticamente em primeiro lugar, no rol de meios e modos previstos para a recuperação judicial (Lei 11.101, art.50, inc. I)".Vide PENTEADO, Mauro Rodrigues, in SOUZA JUNIOR, Francisco Satiro, PITOMBO, Antônio Sérgio de Moraes (coord.), Comentários à Lei de Recuperação de Empresas e Falência, São Paulo, RT, 2007, p. 67.

[51] Neste sentido leciona Mauro Rodrigues Penteado, embasado nas ideias de Trajano de Miranda Valverde: "A configuração nitidamente processual que a lei imprimiu ao instituto da concordata, quer preventiva, quer suspensiva da falência, não permite mais se duvide de sua feição característica – um favor que o Estado, por intermédio do Poder Judiciário, concede ao devedor comerciante infeliz e de boa fé." in Comentários à Lei de Recuperação de Empresas e Falência, (coordenação de Francisco Satiro de Souza Junior e Antônio Sérgio de Moraes Pitombo), op.cit., p. 85.

estes o exame e discussão das condições do pedido do devedor em face das exigências da lei.[52]

Diante da definição acima transcrita, resta patente que o papel do Judiciário nos procedimentos de concordata era de protagonista. Afirma TOLEDO[53] que, além do poder de concessão da concordata, no que dizia respeito à falência, o juiz além de presidir a causa, exercia funções de gestão, na medida em que o síndico atuava sob imediata direção e superintendência do juiz.

Por serem as pessoas que lidavam com mais proximidade das causas pré-falenciais, os magistrados foram os primeiros a perceber que o sistema estipulado pelo Decreto-Lei 7.661 necessitava de mudanças, tendo em vista que a simples moratória dos créditos quirografários não era, na grande parte das vezes, medida suficiente para sanar a crise das empresas, mas que, de outro lado, a falência não era meio justo para recuperar os créditos contraídos por empresas que ainda tinham capacidade de operação no mercado.

Em razão disso, o Poder Judiciário começou a atuar de forma a equalizar os princípios de justiça e eficiência econômica nos processos de falência, principalmente após a entrada em vigor da Constituição de 1988, que consagrava a função social da propriedade e, de forma oblíqua, a preservação da empresa.

Este fato é apontado por Ricardo Tepedino[54], em artigo publicado no ano de 2002:

> Fiel ao primado da preservação da empresa viável, a jurisprudência, por exemplo, não obriga a confissão de falência pelo simples fato de o comerciante deixar de pagar a obrigação líquida após 30 dias do respectivo vencimento (arts. 8º e 140, II do Dec-lei 7.661/45), admitindo a impetração de concordata preventiva a despeito da existência de protestos (art. 158, IV) e deferindo prazo

---

[52] Exposição de Motivos da Lei 11.101/2005, subscrita pelo Ministro Alexandre Marcondes Machado, cuja íntegra foi extraída de http://www.camara.gov.br/sileg/MostrarIntegra.asp?CodTeor=170215, acesso feito em 27.05.2014.
[53] TOLEDO, op.cit. p. 170.
[54] TEPEDINO, Ricardo, A recuperação da empresa em crise diante do Decreto-lei 7.661/1945), in Revista de Direito Mercantil, Industrial, Econômico e Financeiro, nº128, outubro-dezembro de 2002, p. 136.

razoável para a exibição de documentos que deveriam instruir a sua inicial (art. 159, §1º do Decreto-Lei) (...).

Apesar de ter sido reconhecido pela própria doutrina que a atuação judicial nos processos falenciais regidos pelo Decreto-Lei 7.661/45 era satisfatória[55] e muitas vezes inovadora[56] no sentido de preservar empresas viáveis, a Lei nº 11.101 de 2005 subtraiu do Judiciário o seu poder de decisão sobre as recuperações judiciais, transferindo a decisão sobre o futuro da empresa em crise aos credores, que, em muitos casos podem desejar, por motivos não amparados pelo Direito, a liquidação da empresa, ao invés de sua manutenção.

Chega a ser contraditória a opção do legislador de retirar dos magistrados o poder de decisão nos procedimentos recuperacionais trazidos pela lei 11.101, tendo em vista que eles foram os primeiros a operar, em casos concretos, as mudanças de interpretação e valorização da empresa viável, que vieram positivadas na lei atual[57].

---

[55] Paulo Fernando Campos Salles de Toledo, no artigo publicado na RDM 122, aqui já citado, afirma categoricamente que "A prática tem mostrado que os juízes cíveis estão aptos a julgar questões de falências e concordatas.", TOLEDO, A Disciplina Jurídica, op.cit., p. 170.

[56] As inovações operadas pela jurisprudência, em casos concretos, também são destacadas pelo promotor do Ministério Público de Falências do Estado de São Paulo, Alberto Camiña Moreira: "Com a defasagem do regime de 1945, a jurisprudência brasileira, pouco a pouco, foi aceitando construções tendentes a preservar a empresa; o juiz da extinta concordata, que só poderia conceder remissão ou dilação nos termos da lei, passou a aceitar outras hipóteses, nem sempre afeiçoadas ao texto legal – com aplausos da comunidade jurídica" (MOREIRA, Alberto Camiña, Poderes da Assembleia de Credores, do Juiz e atividade do Ministério Público, in Direito Falimentar e Nova Lei de Falências e Recuperação de Empresas, coordenação de Luiz Fernando Valente de Paiva, São Paulo, Quartier Latin, 2005, p.248).

[57] Exemplo desta atuação positiva dos magistrados em prol da preservação da empresa viável na vigência do Decreto-lei 7661/45 é exposto por Manoel Justino Bezerra Filho em sua obra Nova Lei de Recuperação e Falências Comentada. Narra o autor que a legislação anterior previa, assim como prevê o artigo 57 da lei 11.101/05, que a concessão da concordata pelo juiz dependia de prova de quitação de tributos. Assim: "[t]al disposição, de praticamente impossível, redundou na criação jurisprudencial que admitia o pedido de desistência da concordata, embora sem expressa previsão legal. E a jurisprudência assim se firmou, porque exigir o cumprimento daquele artigo 174 (do Decreto-lei 7661) seria levar a empresa, certamente, a falência". Vide BEZERRA FILHO, Manoel Justino, in Nova Lei de Recuperação e Falências comentada, 3ª edição, Editora RT, São Paulo, 2005, p.168.

O que se questiona é com qual fundamento foi retirada do Poder Judiciário, que é adstrito à imparcialidade e tem preocupação institucional com a justiça e a coletividade, a legitimidade para decidir a respeito da reorganização de uma empresa em crise. E mais: por qual razão esta legitimidade foi transferida aos credores da empresa em crise? A resposta a tal pergunta vem do fato de que a LRE busca não só a manutenção da empresa viável, mas também a satisfação dos interesses dos credores.

Nesse sentido, a LRE, inspirada principalmente no Bankruptcy Code estadunidense, criou mecanismos de decisão em que análise de viabilidade da recuperação da empresa em crise é confiada aos credores que deliberam em Assembleia Geral a respeito da aprovação ou da rejeição do plano proposto pela empresa recuperanda. Assim, de acordo com o texto legal, a atuação do Poder Judiciário fica limitada a um segundo momento, de homologação da decisão tomada pela Assembleia.

Segundo Alberto Camiña Moreira[58], a Lei 11.101, no que tange à recuperação judicial dá amplos poderes aos credores e, por outro lado, enumera de forma taxativa, sem possibilidade de alargamento, os poderes do juiz.

De acordo com Mauro Rodrigues Penteado[59], na recuperação judicial, o juiz teria somente o poder de deferir o processamento, sem poder julgá-lo, no mérito, tendo em vista que somente pode conceder os benefícios da reorganização se o plano apresentado pela devedora incorrer em uma das seguintes possibilidades: (i) não sofrer qualquer tipo de objeção por parte dos credores; (ii) caso sofra objeções, seja o plano aprovado pelos credores no contexto de uma Assembleia Geral. Estes cenários são exatamente os previstos pelo artigo 58 da LRE.

Assim, o que a alteração legislativa trouxe foi a migração do sistema das "concordatas- sentença" para um regime de "recuperações-acordo"[60], na medida em que a atuação do juiz foi colocada em segundo plano para que fossem assumidos padrões de decisão baseados num "consenso" entre a maioria dos credores e a empresa devedora.

O que se poderia por em questão é o fato de que a opção legislativa pela concessão de poderes amplos aos credores não é novidade em nosso

---

[58] MOREIRA, op.cit. p. 248.
[59] PENTEADO, op.cit. p. 71.
[60] Os termos "concordata-sentença" e "recuperação-acordo" são usados por Fábio Konder Comparato em Aspectos Jurídicos da Macro Empresa (COMPARATO, op.cit. p. 101).

ordenamento[61] e, por isso mesmo, poderia gerar os mesmos prejuízos que a legislação anterior, baseada em consenso, já gerara[62], levando a um verdadeiro retrocesso.

Quando se confere aos credores o poder de decidir sobre o futuro das atividades de uma sociedade empresária, está-se, em última instância, formando um cenário de conflito de interesses, no qual, de um lado, está a devedora que deseja a superação de sua crise por meio da implementação de um plano que pode ter eficácia de médio e longo prazo e, do outro, credores que, na maior parte das vezes, desejam a imediata recuperação de seus créditos, não importando com o futuro reservado à devedora.

Uma das razões apontadas para a supressão dos poderes do magistrado nos procedimentos pré-falenciais é a alegação de que, sob a vigência do Decreto-Lei 7.661, os juízes tratavam o pedido de concordata de forma tão automática que ela era deferida indistintamente, estando a empresa com capacidade de reorganizar seu patrimônio ou às margens da falência. Isso, em muitos casos, acabou por tornar a concordata um calote postergado, retirando a confiança do mercado neste tipo de procedimento, que terminava por transferir aos credores todos os riscos das transações[63].

Na visão de BRANCO[64], os fracassos apresentados pela concordata preventiva foram responsáveis pelo fortalecimento da posição dos credores na LRE:

> Em certa medida, a história de formação do Direito Comercial tem caráter "substantivo", pois não é possível compreender a norma jurídica fora

---

[61] A anuência dos credores era essencial para o deferimento da concordata prevista no Código Comercial de 1850. Como aponta Mauro Rodrigues Penteado (PENTEADO, op. cit., p. 64): "os credores deveriam apresentar-se a 'reuniões' presididas pelo juiz comissário (arts. 844 a 847 do Código Comercial), não havendo diferença substantiva entre essa reunião e a Assembleia Geral de Credores, de que trata a lei comentada (arts. 35 e ss.)".

[62] É notório que, por não prever qualquer tipo de mecanismo de preservação da empresa viável, o Código Comercial de 1850 trouxe uma série de prejuízos à economia nacional, durante o período no qual a sua Parte III, que cuidava "Das Quebras" teve vigência. Nesse sentido, vide COMPARATO, op.cit., p. 98.

[63] Conforme relata Gerson Luiz Branco, "nos últimos tempos de vigência do Dec.-lei 7.661/45, era corrente a voz entre os empresários, advogados e juízes de que eram deferidas concordatas com caráter meramente protelatório. A concordata servia para auxiliar o devedor a realizar tudo o que a Lei queria evitar, como privilegiar alguns credores, proteger patrimônio, esvaziar e desviar as atividades rentáveis da empresa para terceiros, etc." (BRANCO, op. cit., p. 46).

[64] Idem, p. 46.

da perspectiva histórica na qual foi criada ou naquela em que está inserida. Esse caráter substantivo está umbilicalmente ligado com a ideia de que o Direito Comercial é uma categoria histórica, cujo processo de formação se dá pela cristalização de costumes, práticas, cláusulas de estilo e também pelas respostas jurídicas e sociais aos problemas decorrentes da circulação econômica. Neste sentido, pode-se afirmar que o 'caldo histórico' formado ao longo dos séculos XIX e XX, com todas as suas contradições, avanços e problemas nos processos de falência e concordata, levou a Lei 11.101/2005 a reforçar a posição dos credores em relação à sua condição na lei revogada, o Dec.-lei 7.661, de 21.06.1945.

Ocorre que o procedimento desenhado pela LRE não tem mero caráter paliativo como tinham as concordatas, mas sim adota uma postura mais proativa no sentido de superar a crise da empresa a partir de seu cerne.

Assim, a análise da concessão da recuperação judicial passa, necessariamente, por um estudo de viabilidade econômica que é um parâmetro menos vulnerável a manipulações daqueles que entendem ser a falência estratégia negocial mais vantajosa. E é justamente a verificação técnica de viabilidade econômica a matéria privativa de análise dos credores.

Logo, no sistema criado pela LRE, mesmo que os credores pretendessem atuar no procedimento advogando por interesses escusos, seu poder de deliberação está limitado à análise de viabilidade do plano de recuperação e, qualquer discordância destes em relação ao plano deve ser apresentada por escrito e de maneira razoavelmente fundamentada, na forma de objeções ao plano de recuperação[65].

Dessa forma, feitas objeções ao plano e realizadas as deliberações em assembleia, caberia ao juiz apenas o poder de homologar as decisões dos credores, não sendo dado ao Poder Judiciário qualquer poder discricionário. Essa configuração dos mecanismos de tomada de decisão na LRE levou alguns operadores do direito a afirmar que o malfadado pêndulo de COMPARATO[66] estava restabelecido, pendendo, desta vez, para a satisfação dos interesses dos credores.

Em interessantíssimo trabalho publicado nos primeiros anos de vigência da LRE, o professor Eduardo Secchi Munhoz abordou com

---

[65] Na forma dos artigos 55 e 56 da LRE.
[66] COMPARATO, op. cit., p. 102.

bastante didática o tema do poder jurisdicional no processo de recuperação judicial[67].

Logo no começo do trabalho, MUNHOZ aponta que uma das principais dificuldades de interpretação dos limites da atuação judicial no procedimento de recuperação definido pela LRE decorria do fato de a doutrina se dividir em posicionamentos extremados que pendiam ora para supervalorização do papel dos credores na tomada de decisão, ora para a atribuição de poderes supremos ao juiz[68]:

> De um lado, posicionam-se aqueles que creem no papel supremo do juiz como guardião do interesse público e que veem com enorme desconfiança soluções baseadas na participação dos credores, as quais somente poderiam levar ao atendimento de interesses puramente privados e egoísticos. De outro, cerram fileiras os que não acreditam na possibilidade de o Estado-juiz encaminhar soluções economicamente eficientes, defendendo não haver ninguém melhor que os próprios credores, afetados pela crise da empresa, para definir os rumos a serem tomados.

Continuando sua análise, MUNHOZ aponta que esses posicionamentos extremados foram a grande causa do insucesso dos antigos diplomas falimentares brasileiros, que sempre retomavam o tão criticado dualismo pendular[69] ao privilegiar, ora aos credores e ora ao Estado-juiz, e não conseguiam criar soluções consentâneas com os grandes interesses envolvidos na crise de uma empresa.

Nesse sentido, o que MUNHOZ, já propunha nos primeiros anos de vigência da LRE, era uma leitura do diploma recuperacional de um modo em que se pudessem conciliar, de um lado, decisões economicamente eficientes em relação ao futuro da empresa e, de outro, a tutela do interesse público[70].

---

[67] MUNHOZ, op. cit., p. 184.
[68] Idem, p. 185.
[69] COMPARATO, op. cit., p. 102. COMPARATO define o dualismo pendular como a tutela alternada dos interesses dos credores e da empresa em crise. Neste trabalho, em razão das limitações temáticas expostas no capítulo anterior, tratamos o dualismo pendular como a atribuição alternada de maior poder aos credores ou ao juiz nos procedimentos regulados pela legislação falimentar.
[70] Uma análise mais detida a respeito da inegável necessidade de tutela de interesse público na recuperação judicial será feita no tópico a seguir.

Essa leitura proposta por Munhoz tinha como ponto de partida a análise do artigo 58 da LRE, que trata das posturas do juiz frente ao resultado da deliberação tomada pelos credores em Assembleia Geral:

> Art. 58. Cumpridas as exigências desta Lei, o juiz concederá a recuperação judicial do devedor cujo plano não tenha sofrido objeção de credor nos termos do art. 55 desta Lei ou tenha sido aprovado pela assembleia-geral de credores na forma do art. 45 desta Lei.

Segundo Munhoz, a redação dada a esse dispositivo daria a margem a duas correntes doutrinárias: (i) a que defende que cabe ao juiz um papel meramente homologatório da decisão dos credores, e (ii) a que sustenta que deveria ser dado ao magistrado o poder supremo e soberano na apreciação da matéria, o que levaria, em muitos casos, à superação da decisão tomada em assembleia geral.

Adotando uma postura mais ponderada, Munhoz afirma que esse aparente dilema criado pelo art. 58 da LRE é falso, na medida em que a LRE definiu, com base em inspirações da legislação estadunidense, um sistema de negociação regulada[71], que representa verdadeira síntese dos sistemas anteriores, tendo em vista que dá os credores poder de deliberação ao mesmo tempo em que permite a interferência jurisdicional quando a atuação dos credores se desviar dos objetivos tutelados pela lei.

Nesse sentido, conclui Munhoz que, no âmbito da LRE, não cabe ao juiz um papel meramente homologatório das decisões dos credores, tampouco lhe é dado poder irrestrito de decisão.

Isso porque essa configuração apenas chancelaria os defeitos que não deixaram prosperar os antigos diplomas falimentares, na medida em que ou seriam tuteladas deliberações enviesadas ou seria totalmente desvirtuado o sistema criado pela LRE, fazendo perder sentido qualquer decisão assemblear.

A respeito deste ponto Branco[72] faz uma anotação importante a respeito da técnica legislativa empregada nos institutos trazidos pela LRE. Segundo ele, o fato de a LRE ter aumentado os poderes dos credores e garantido sua

---

[71] Ou structured bargaining como definido pela doutrina estrangeira – Munhoz, op. cit. p. 187.
[72] Branco, op. cit., p. 46.

efetiva participação não traz como consequência natural – como fizeram as legislações anteriores – a minimização dos poderes do Judiciário.

Considerando então esse mecanismo de negociação regulada, passar-se-á a analisar os fundamentos e os limites da atuação do Poder Judiciário na recuperação judicial.

2.2. Natureza Jurídica da Recuperação Judicial

Para que se possamos definir o nível de intervenção judicial no âmbito da recuperação judicial de empresas, entendemos como essencial um estudo mais aprofundado de como a doutrina brasileira tem tratado a natureza jurídica do instituto.

Reputa-se tal análise como necessária pelo seguinte motivo: em tese, quanto mais privatista e contratualista for a concepção a respeito da natureza jurídica da recuperação, menos permeáveis à intervenção estatal (leia-se judicial) serão os mecanismos de tomada de decisão a respeito do futuro da empresa em crise, e vice-versa.

Em razão disso, serão analisadas as obras de juristas que defendem tanto visões contratualistas do instituto, quanto visões que entendem a recuperação judicial como um instituto tangente ao Direito Público, quando aquelas que enxergam na recuperação judicial nuances de Direito Econômico para, ao final, atingir-se uma síntese crítica.

2.2.1. Recuperação Judicial como negócio jurídico – concepções de Direito Privado

Com base na pesquisa realizada acerca deste tema, percebeu-se que a doutrina majoritária entende a recuperação judicial como um negócio jurídico privado, realizado sob supervisão judicial e vinculado ao cumprimento de certas exigências da lei. Para os defensores de tal concepção, caberia ao magistrado o papel meramente sancionador[73] da vontade da

---

[73] De acordo com tal conceituação, a recuperação judicial se enquadraria na definição de jurisdição voluntária ou de administração pública de interesses privados. De acordo com Antônio Carlos de Araújo Cintra, Ada Pellegrini Grinover e Cândido Rangel Dinamarco, existiriam três categorias de atos de jurisdição voluntária: "a) atos meramente receptícios (função passiva do magistrado, como publicação de testamento particular – CC, art. 1.877); b) atos de natureza simplesmente certificante (legalização de livros comerciais, visto em balanços); c) atos que constituem verdadeiros pronunciamentos judiciais (separação amigável, interdição, etc.)" (CINTRA; DINAMARCO; GRINOVER, op. cit., p. 170-171). Frente à classificação eminentemente

comunhão de credores expressa em assembleia. Essa é, por exemplo, a opinião do Prof. Mauro Rodrigues Penteado[74].

Facilitando a referência, transcreve-se a definição dada por PENTEADO[75] de recuperação judicial como negócio jurídico bilateral:

> (...) a nova Lei disciplina um negócio jurídico privado bilateral, porque celebrado entre duas partes: (i) de um lado o devedor, que apresenta o Plano, e aqui o polo contratual é unisubjetivo, pouco importando o que deve suceder na pratica, ou seja, que tal Plano tenha sido estruturado adrede e de comum acordo com seus principais credores; (ii) de outro lado, na relação bifronte, com direitos e obrigações ditos correspectivos, todos os demais credores, num polo que é plurisubjetivo, composto por aquelas aquele que aceitaram a proposta tacitamente ou pelo silencio, no prazo previsto no art. 55, durante o qual poderiam ter apresentado objeções (art. 111 do CC), ou sujeitos, por força de lei e segundo princípio hoje pouco discutível em matéria empresarial – e os conclaves de acionistas das S/A fazem prova de asserção – à deliberação majoritária da assembleia geral de credores.

Também seguindo pela vertente contratualista, mas em sentido diverso daquele defendido por PENTEADO, Arthur Lobo e Antônio Netto[76] entendem o plano de recuperação judicial como um negócio jurídico plurilateral e novativo:

> O plano de recuperação judicial tem natureza jurídica de negócio novativo. Vale dizer, constitui um negócio jurídico plurilateral, no qual a decisão da

---

contratualista, a recuperação judicial se enquadraria na primeira categoria, ou seja, de atos meramente receptícios, pois não caberia ao juiz qualquer ingerência no conteúdo do negócio entabulado entre as partes.

[74] PENTEADO, op. cit., p. 85.

[75] Idem ibidem, p. 84.

[76] LOBO, Arthur, op. cit., p. 348. Sustentando o caráter de negócio plurilateral, também estão Rachel Sztajn e Vera Helena de Mello Franco: "o plano é um negócio de cooperação celebrado entre devedor e credores, homologado pelo juiz. No que diz respeito ao negócio de cooperação, assemelha-se ao contrato plurilateral; no que diz respeito à homologação, pode-se considerar forma de garantia do cumprimento das obrigações assumidas, com o que reduzem custos de transação dada a coercitividade que dela, homologação, resulta" (FRANCO, Vera Helena de Mello; SZTAJN, Rachel, Falência e recuperação da empresa em crise, Rio de Janeiro, Editora Elsevier, 2008, p. 234).

maioria, respeitados os quóruns previstos em lei, vincula a minoria dissidente, ou os credores silentes. Por ser um negócio jurídico, sujeita-se, como todo e qualquer ato jurídico, ao controle judicial quanto à sua existência, validade e eficácia.

Em estudo publicado em homenagem ao Prof. José Alexandre Tavares Guerreiro, o Prof. Francisco Satiro de Souza Junior[77] apresenta opinião coincidente com a de PENTEADO, afirmando que, ao contrário do que acontece nos contratos de sociedade, nas quais existe negócio jurídico plurilateral por associação, na recuperação judicial a pluralidade de pessoas não pode ser entendida como pluralidade associativa de interesses. Assim, de acordo com SOUSA JUNIOR, recuperação é negócio jurídico, porém bilateral:

> A relação entre os credores na Recuperação Judicial não constitui um contrato plurilateral (nem antes da aprovação do plano, nem depois). Aliás, diga-se, não há relação contratual entre os credores pelo menos até a aprovação do plano. Diferentemente do caso da sociedade – em que o indivíduo se investe do status de sócio por conta de uma manifestação de vontade pela qual, ainda que implicitamente, admite a sujeição do seu interesse, em certa medida, ao interesse da maioria, ninguém assume a posição de credor renunciando sabidamente parte de seus direitos subjetivos pelo bem maior que é a preservação do devedor como empresa. É a lei – e não a vontade individualmente manifestada – que coloca os credores em situação de comunhão e lhes confere poder de decisão acerca do plano, como contraponto da prerrogativa do devedor de propor um plano nas condições previstas na LRF.

Seguindo ainda nas concepções contratualistas, destaca-se a opinião de Sérgio Campinho[78] que define a recuperação judicial como um "contrato judicial, com feição novativa":

---

[77] SOUZA JUNIOR, Autonomia, op. cit., p. 109-110.
[78] CAMPINHO, Sérgio, Falência e recuperação de empresa: o novo regime de insolvência empresarial, op. cit., p. 123. Destaca-se, ainda, nesse mesmo diapasão a opinião de Amador Paes de Almeida: "a recuperação judicial pressupõe manifestação prévia dos credores, inclusive a aprovação, por devedor e credor, de plano alternativo, tem, a nosso ver, nítida natureza contratual – um contrato entre o devedor e a coletividade de credores" (ALMEIDA, Amador Paes de, Curso de Falência e Recuperação de Empresa, São Paulo, Editora Saraiva, 2006, p. 235).

Na recuperação prevalece a autonomia privada da vontade das partes interessadas para alcançar a finalidade recuperatória. O fato de o plano de recuperação judicial encontrar-se submetido a uma avaliação judicial não lhe retira essa índole contratual. A concessão, por sentença, da recuperação sobre o conteúdo do plano estabelecido entre as partes interessadas (devedor e seus credores), porquanto a decisão encontra-se vinculada a este conteúdo. (...) Por isso, em nossa visão, o instituto da recuperação judicial deve ser visto com a natureza de um contrato judicial, com feição novativa, realizável através de um plano de recuperação, obedecidas, por parte do devedor, determinadas condições de ordem objetiva e subjetiva, para sua implementação. A perfectibilidade do acordo não exige a manifestação unanime das vontades dos credores, sendo suficiente sua formação entre o devedor e uma maioria legalmente estabelecida de credores. E isso se justifica porque o fim do processo de recuperação deve ser único para todos, pois a relação processual que se estabelece é única.

Vale ressaltar que esta mesma concepção contratualista é defendida por alguns magistrados, destacando-se, a título de exemplo, a opinião do ministro do Superior Tribunal de Justiça, Luis Felipe Salomão[79]:

Se é verdade que a intervenção judicial no quadrante mercadológico de uma empresa em crise visa tutelar interesses públicos relacionados à sua função social e à manutenção da fonte produtiva e dos postos de trabalho, não é menos certo que a recuperação judicial, com a aprovação do plano, desenvolve-se essencialmente por uma nova relação negocial estabelecida entre o devedor e os credores reunidos em assembleia. É exatamente por força desse cariz negocial do plano de recuperação que o crédito tributário a ele não se submete, porque não é possível, em linha de princípio, que a Fazenda

---

[79] STJ, Recurso Especial n. 1.359.311-SP, Quarta Turma, Relator Ministro Luis Felipe Salomão, Julgado em 09.09.2014. Vale pontuar que o Ministro Salomão afirma que um dos reforços da natureza contratual da recuperação judicial é representado pela não submissão dos créditos detidos pelo Fisco em face da devedora, pela vedação de que a Fazenda Pública aja como credor particular e transacione sobre direito público e indisponível. Ainda sobre os reforços ao caráter contratual, SOUSA JUNIOR aponta para a previsão contida no art. 62 da LRE, que estabelece que as obrigações decorrentes do plano de recuperação judicial serão tratadas como obrigações contratuais comuns, e possibilitarão aos seus titulares a execução específica ou até mesmo o pedido de falência do devedor, nos termos do art. 94 (SOUSA JUNIOR, op. cit., p. 104).

Pública, transacione seu direito público e indisponível, fazendo as vezes de credor particular.

Para esta corrente doutrinária, a recuperação da empresa decorreria única e exclusivamente da negociação entre os credores e a recuperanda, sendo que o processamento em juízo somente serviria para a conformação de um ambiente negocial mais equilibrado[80], não podendo o magistrado se imiscuir nas matérias discutidas pelos credores, em especial aquelas relativas à viabilidade econômica da empresa:

> A razão do arcabouço processual da recuperação judicial é a superação dos obstáculos representados pela livre negociação simultânea com vários credores, cada um deles buscando a satisfação egoística de seus interesses. Em outras palavras, o processo de recuperação judicial é, na verdade, simplesmente um meio, uma ferramenta de construção de uma solução negociada entre o devedor e seus credores, e, obviamente, de preservação das premissas contratadas. Isso significa que o plano de recuperação judicial, não obstante construído no âmbito de um processo judicial, tem natureza de negócio jurídico celebrado entre devedor e seus credores[81].

Feito este breve apanhado das opiniões dos doutrinadores que defendem a natureza eminentemente negocial da recuperação judicial, entendemos relevante mostrar as concepções daqueles que sustentam visão completamente oposta, fundada no caráter processual do instituto.

---

[80] Nessa linha, anota Fábio Ulhoa Coelho: "O procedimento da recuperação judicial, no direito brasileiro, visa criar um ambiente favorável à negociação entre o devedor em crise e seus credores. O ato do procedimento judicial em que privilegiadamente se objetiva a ambientação favorável ao acordo é, sem dúvida, a assembleia de credores". (COELHO, Comentários, op. cit., p. 246-247). Analisando o Direito Português, cuja lei de falências também traz um procedimento de recuperação, Henrique Vaz Duarte sustenta posição semelhante: "Com efeito, o processo de recuperação constitui, no seu conteúdo, uma conversa em que o interlocutor principal (a empresa insolvente) tenciona persuadir uma assistência mui 'sui generis', a ex-parte contrária dum contencioso latente (credores), da sua capacidade de vier a ser declarada viável, sob o beneplácito e tendo como palco privilegiado, o Tribunal." (DUARTE, Henrique Vaz, Questões sobre recuperação e falência, 2ª edição, Coimbra, Almedina, 2004, p. 14).
[81] SOUSA JUNIOR, op. cit., p. 104.

2.2.2. Recuperação Judicial como ação – visões de Direito Processual

Não encontrando tanto respaldo na doutrina quanto a vertente contratualista, há alguns autores que defendem a vertente processual da recuperação, dentre eles Paulo Restiffe[82], que sustenta ser a recuperação judicial uma ação jurisdicional baseada em jurisdição contenciosa.

Opinam nesse mesmo sentido Márcia Ribeiro e Marcelo Bertoldi[83]:

> O regime de recuperação judicial se caracteriza, antes de tudo, por sua natureza processual, sendo ação de recuperação uma demanda constitutiva, na medida em que cria uma situação jurídica nova ao devedor e aos credores envolvidos. Essa natureza processual, de tão evidente, permite que se conclua que seu estudo é costumeiramente reservado à disciplina de direito empresarial por tradição, pois deveria enquadrar-se perfeitamente no estudo do direito processual civil, ou até mesmo penal.

Analisando a vertente processual da recuperação judicial, que aproxima o instituto recuperacional daqueles regidos pelo Direito Público, Jorge Lobo[84] tece a seguinte crítica:

> A meu ver, a recuperação de empresa não é um instituto de Direito Público porque: 1º) o credor não é citado para responder a uma demanda judicial, sob pena de revelia, mas chamado a opinar; 2º) o juiz não decide uma lide, *rectius*, um conflito de interesses, que são compostos consensualmente, pelo devedor

---

[82] RESTIFFE, Paulo Sérgio, Recuperação de empresas: de acordo com a Lei n. 11.101, de 09.02.2005, Barueri, Editora Manole, 2008, p. 385. Nesse mesmo sentido, NEGRÃO, Ricardo, A Eficiência do Processo Judicial na Recuperação de Empresa, São Paulo, Editora Saraiva, 2010.

[83] BERTOLDI, Marcelo; RIBEIRO, Márcia Carla Pereira, Curso Avançado de Direito Comercial, 4ª edição, São Paulo, Editora Revista dos Tribunais, 2008, p. 478. Compartilhando a mesma opinião, Sebastião José Roque afirma, inspirando-se nas regras do Direito Falimentar Francês, que a recuperação é um procedimento judicial voltado à recuperação da empresa: "O que se pode entender como natureza jurídica? Ao que parece é saber-se a qual regime jurídico está submetida determinada instituição. No tocante à recuperação, podemos dizer, como ponto de partida, ser um conjunto de normas e princípios que visam a salvar as empresas que se encontrem momentaneamente em estado de crise econômico financeira. (...) Nesse aspecto, revela-se a natureza processual do Direito de Recuperação Judicial, a tal ponto que o nome recebido pelo novo ramo do direito na França foi de Droit des Procédures Concursalles" (ROQUE, Sebastião José, Direito de Recuperação de Empresas, São Paulo, Editora Ícone, 2005, p. 35).

[84] LOBO, Comentários, op. cit., p. 170-171.

e seus credores no âmbito da assembleia geral de credores, sobretudo quando os credores apresentam modificações ao plano de recuperação; 3º) não há produção de provas, audiência de conciliação, instrução e julgamento, condenação em honorários de sucumbência, etc.

As premissas acima fixadas por LOBO para afirmar que a recuperação judicial não se encaixa nos regimes de direito processual, estão baseadas na ausência de características clássicas da jurisdição contenciosa no instituto recuperacional, tal como a produção de provas. No entanto, conforme apresentado no capítulo III deste trabalho, há manifestações jurisprudenciais flexibilizando e alargando o papel do magistrado, inclusive no sentido de provocar a produção de provas que atestem se a empresa é ou não merecedora das benesses da recuperação.

Inobstante isso, é preciso concordar com a afirmativa de LOBO, no sentido de a recuperação judicial não ser um instituto de Direito Público, apesar de ter como uma de suas diretrizes a tutela de interesses públicos que orbitam em torno da necessidade de manutenção da empresa e tutela do direito dos credores.

2.2.3. Recuperação judicial como instituto baseado na eficiência – visões de Direito Econômico

Ainda neste tópico da natureza jurídica, vale pontuar a posição inicialmente defendida por LOBO[85] e, posteriormente adotada por outros autores como Ronaldo Vasconcelos[86], que trata a recuperação judicial como um instituto de Direito Econômico, estando, portanto, numa interface entre o eminentemente privado e o público. A esse respeito, é interessantíssima a colocação de LOBO[87], que afirma ser a ideia de eficácia técnica[88], e não a de justiça, a diretriz maior do instituto recuperacional:

---

[85] LOBO, Comentários, op. cit., p. 171-172.
[86] VASCONCELOS, Ronaldo, Nova disciplina jurídica das empresas em crise: análise do direito falimentar e de recuperação de empresas à luz do movimento de "Law & Economics", in PEREIRA, Guilherme Teixeira (coord.), Direito Societário em Empresarial: reflexões jurídicas, São Paulo, Quartier Latin, 2009, p. 249-278.
[87] LOBO, Comentários, op. cit., p. 171-172.
[88] Confira-se, nesse mesmo diapasão, a opinião de Frederico Viana Rodrigues: "Não se enganem os mais incautos quanto ao verdadeiro espírito da Lei 11.101/2005. Não traz o novo diploma favores ou benesses para os empresários, nem tampouco benefícios sociais às custas dos credores.

Para mim, a recuperação judicial da empresa é um instituto de Direito Econômico, pois não se pauta pela ideia de Justiça, mas de eficácia técnica numa zona intermediária entre o Direito Privado e o Direito Público (...). Filio-me à doutrina, liderada, no País, por Orlando Gomes, que sustenta (a) estar o Direito Econômico situado numa zona intermediária entre o Direito Público e o Direito Privado, (b) possuir uma tríplice unidade: "de espírito, de objeto e de método" e (c) não orientar-se a regra de direito pela ideia de justiça (princípio da igualdade), mas pela ideia de eficácia técnica devido à especial natureza da tutela jurídica que dela emerge, em que prevalecem os interesses gerais e coletivos, públicos e sociais, que ela colima preservar e atender prioritariamente, daí o caráter publicístico de suas normas, que se materializam através de "fato do príncipe", "proibições legais" e "regras excepcionais". Com efeito, a recuperação judicial da empresa é um instituto de Direito Econômico, porque suas normas não visam precipuamente a realizar a ideia de justiça, mas, sobretudo, criar condições e impor medidas que propiciem às empresas em estado de crise econômica se reestruturarem, ainda que com parcial sacrifício de seus credores (...).

LOBO[89] sustenta sua opinião a respeito do enquadramento da recuperação judicial como instituto de Direito Econômico, porque em sua essência estariam embutidos dois fundamentos daquele ramo do direito: a teoria do esforço compartilhado e o princípio da equidade, que pressupõe que, para o atingimento de um fim comum (salvar a empresa em estado de crise), todos os envolvidos devem ser submetidos a um sacrifício substancialmente igual.

Esta concepção é também compartilhada por Jean Carlos Fernandes[90]:

Igualmente, a nova ordem determina a interação com a economia, a incidência do princípio econômico da eficiência e da teoria do esforço compartilhado para salvar a empresa em estado de crise econômico-financeira, na medida

O regime atual privilegia a eficiência. Orientado pelo paradigma funcionalista da ordem neoliberal, possibilitará o saneamento de empresas economicamente viáveis, o que, por via indireta, realizará o interesse público ao manter a célula produtiva" (RODRIGUES, op. cit., p. 122).
[89] LOBO, Comentários, op. cit., p. 171-172.
[90] FERNANDES, Jean Carlos, Reflexões sobre a nova lei falimentar: os efeitos da homologação do plano de recuperação extrajudicial, in Revista de Direito Mercantil, Industrial, Econômico e Financeiro, n. 141, São Paulo, Editora Malheiros, p. 182-183.

em que permite e impõe a revisão das obrigações pecuniárias em pleno vigor, decorrentes de atos jurídicos perfeito e acabados, em virtude de finalidades que determinam a intervenção do Estado no domínio dos contratos privados (dirigismo contratual), por razoes de ordem política, social e econômica.

Nesse sentido, o direito recuperacional pressupõe que, para que uma empresa se reerga da crise econômico-financeira, todos os envolvidos deverão compartilhar esforços e prejuízos para o atingimento de tal meta. Vale ressaltar, no entanto, que tal compartilhamento de esforços e prejuízos só vale a pena se a empresa apresentar reais condições de superação da crise e a recuperação não representar somente uma fase antecedente à falência.

2.2.4. Síntese crítica: recuperação como instituto do moderno Direito Comercial

Expostas as diversas opiniões a respeito da natureza jurídica da recuperação judicial, ousa-se propor uma síntese, inspirada nas lições dos professores Eduardo Munhoz[91] e de Paula Forgioni[92], que entendem o moderno Direito Comercial como uma ciência evoluída que estuda as empresas inseridas num contexto de mercado e, portanto, sujeitas às variações e vicissitudes deste.

Ao analisar o tema do enquadramento da recuperação num dos grandes ramos de natureza jurídica, MUNHOZ[93] afirma que no Direito Recuperacional não se aplica a dicotomia contratualistmo-institucionalismo, que permeou grande parte das discussões relativas ao Direito Comercial no Brasil, porque:

> o direito da empresa em crise transcende esse maniqueísmo e corresponde a um dos ramos do direito empresarial em que se evidencia com maior nitidez

---

[91] MUNHOZ, op. cit., p. 187.
[92] A Profa. Paula Forgioni desenvolveu importantíssimo trabalho acerca da evolução do direito comercial, que se desvencilhou de uma ótica individualista voltada ao empresário, e voltou--se para a atividade da empresa, inserida no contexto de mercado: "De um direito medieval ligado à pessoa do mercador, passamos ao critério objetivo e liberal dos atos de comércio e, finalmente, à atividade da empresa. Urge estudá-la a partir do pressuposto de que sua atividade somente encontra função econômica, razão de ser, no mercado. (...) Fomos do 'ato à atividade'. Agora, passamos ao reconhecimento de que a atividade das empresas conforma e é conformada pelo mercado. Enfim: 'ato, atividade, mercado'. Eis a linha de evolução do direito comercial" (FORGIONI, O Direito Comercial, op. cit., p. 104-105).
[93] MUNHOZ, op. cit., p. 187.

a função social da empresa, ou a necessidade de contemplar todos os interessados, que não se resumem aos interesses do empresário. (...) Em uma palavra, parte-se do pressuposto de que o direito da empresa em crise constitui um importante instrumento de implementação de políticas públicas, constituindo um dos capítulos da política econômica.

Em outras, palavras, MUNHOZ se apoia na moderna doutrina de Direito Comercial, que tem como um de seus grandes expoentes FORGIONI, para sustentar que a recuperação judicial continua sendo um instituto de direito comercial, porque este ramo do direito não está voltado apenas ao estudo das relações empresariais isoladas, mas está inserido em uma lógica de mercado e, por consequência, de interesses públicos[94] a serem tutelados juntamente com a tutela da empresa.

E justamente pela característica de se voltar à tutela de interesses públicos que resultarão na conformação de um mercado próspero é que a intervenção judicial não se conflita com a autonomia negocial que é dada às partes, nem a exclui. Ao contrário, a intervenção judicial no processo de recuperação serviria para assegurar que a autonomia negocial da devedora e dos credores estaria sendo exercida dentro dos padrões de legalidade e juridicidade instituídos pelo ordenamento como um todo e, especificamente, pela LRE.

Em decorrência desta característica, Walfrido Warde Junior e Guilherme Setoguti Pereira[95] chamam a aprovação do plano de recuperação de "negócio jurídico deliberativo", formado por manifestações de vontades regidas pelo princípio majoritário.

Muito em razão da regência do princípio majoritário e do fato de haver múltiplos e antagônicos interesses em jogo, entendem os autores que a proteção judicial deveria ser maior do que aquela que é dada numa relação obrigacional dual (credor-devedor), pelo simples fato de que, na

---

[94] Por interesses públicos, entende-se o interesse dos trabalhadores na manutenção de seus empregos, o interesse das instituições financeiras em movimentar crédito, o interesse arrecadatório do Fisco, o interesse da comunidade na prosperidade da economia regional, o interesse das demais empresas inseridas no mercado, de manutenção de seu giro empresarial.

[95] WARDE JUNIOR, Walfrido Jorge; PEREIRA, Guilherme Setoguti Julio, Um falso combate- discricionariedade da assembleia geral de credores por oposição aos poderes do juiz no escrutínio do plano de recuperação judicial, in Revista dos Tribunais, nº 915, ano 104, janeiro de 2015, São Paulo, p. 445-457.

deliberação assemblear da recuperação judicial, a decisão da maioria vincula a minoria.

A proteção das minorias, que revela um espectro da tutela ao crédito submetido à recuperação, é uma das razões que levaram WARDE JUNIOR e PEREIRA a defenderem que a deliberação acerca do plano é de competência dos credores, mas que, em situações excepcionais, o magistrado deve imiscuir-se em questões meritórias do plano, para verificar se os princípios da LRE estão sendo observados:

> (...) via de regra, os credores têm autonomia para aprovar o plano de recuperação, mas, em situações-limite, o juiz pode e deve verificar a viabilidade econômica do plano e apreciá-lo em seu mérito. Ou seja, em situações de normalidade a assembleia geral de credores é soberana na apreciação do plano e ao magistrado cabe um papel meramente homologatório. Mas há exceções.

Continuando nessa mesma linha de raciocínio, WARDE JUNIOR e PEREIRA[96] sustentam que a própria LRE dá esse espaço ao juiz porque a dicção do ar. 58, *caput*, da LRE não cria um dever de o juiz conceder a recuperação, mas sim um poder-dever de analisar o plano a ele submetido e verificar se as exigências legais, dentre elas aquelas contidas no art. 47, de tutela institucional do crédito e da empresa, estão sendo cumpridas:

> (...) cumpre dizer que o fato de o art. 58 da Lei 11.101-2005 estabelecer que, cumpridas as exigências da lei, 'o juiz concederá a recuperação judicial' não significa que o magistrado tem o dever de conceder a recuperação aprovada pela assembleia de credores. (...) o dispositivo em comento [art.58] faz referência às 'exigências desta Lei', sem discriminá-las, de modo que é razoável que se entenda que a principal exigência é a satisfação dos fins próprios da Lei 11.101-2005, o compassamento dos interesses de recuperação da empresa e de satisfação de direitos creditórios. Não há nenhuma passagem do art. 47 que permita concluir que, quando se faz referência às exigências legais, isso signifique apenas as exigências objetivas, como sustenta a doutrina prevalente.

Justamente por estas características, não nos parece incorreto afirmar que, conforme ensinam os professores Paulo Fernando Campos Salles de

---

[96] Idem ibidem

Toledo[97] e Eduardo Munhoz[98], a recuperação judicial é um instituto baseado num modelo de negociação estruturada (*structured bargaining*) que visa a possibilitar, ao mesmo tempo, a liberdade de negociação entre credores e a empresa recuperanda, e o controle de legalidade dessa negociação pelo Poder Judiciário; e justamente por se basear num modelo de *structured bargaining*, a atuação judicial na recuperação judicial deve ocorrer de forma circunscrita a critério objetivos, de modo a garantir a tutela dos objetivos da lei sem que se configure uma nova espécie de favor legal, que desvirtuaria a estrutura do modelo regido pela LRE.

2.3. Princípios da recuperação judicial

Passada a tentativa de investigação acerca da natureza jurídica da recuperação judicial, continuar-se-á a averiguação do panorama jurídico do instituto por meio da análise dos princípios que o norteiam.

O objetivo dessa análise é discutir, com base na delimitação da natureza jurídica, (a) como deve ser feita a ponderação de fins e princípios da recuperação judicial nas situações em que tais princípios estiverem em aparente conflito; e (b) a quem cabe essa ponderação, se aos credores em comunhão, se ao Poder Judiciário.

Nesse sentido, serão estudados com maior profundidade os princípios[99] norteadores da recuperação judicial, dando-se maior enfoque aos pontos que a doutrina mais se debruçou: (a) recuperação da empresa viável, com a manutenção da fonte produtiva e dos empregos dos trabalhadores; e (b) garantia dos interesses dos credores.

Alguns autores[100], ao analisarem quais seriam os verdadeiros princípios da LRE, utilizam alguns parâmetros internacionais divulgados entre o final da década de 1990 e o começo da década de 2000 por organismos

---

[97] TOLEDO, op. cit., p. 317.
[98] MUNHOZ, op. cit., p. 184.
[99] Jorge Lobo diferencia os fins e princípios da Recuperação Judicial. Segundo o autor, os fins do instituto seriam: (a) salvar a empresa; (b) manter os empregos; e (c) garantir os créditos. Por outro lado, os princípios relacionados à Recuperação seriam: (a) função social da empresa; (b) dignidade da pessoa humana; e (c) segurança jurídica (LOBO, op. cit., p. 177). Seguindo a classificação proposta por LOBO, o objeto deste capítulo será, em verdade, a análise dos fins da recuperação judicial.
[100] MARTINS, Glauco Alves, A Recuperação Extrajudicial, São Paulo, Editora Quartier Latin, 2012, p. 60.

como o Banco Mundial[101] e a UNCITRAL[102] e o Fundo Monetário Internacional[103].

A despeito das opiniões que defendem que os posicionamentos de tais órgãos deveriam ser adotados como as verdadeiras diretrizes de um estudo sobre a principiologia da LRE, preferimos voltar os olhos ao ordenamento nacional e aos trabalhos legislativos que culminaram na edição da lei.

Dessa forma, para o desenvolvimento deste tópico, adotamos como princípios que enformam[104] a LRE aqueles listados no relatório elaborado pelo Senador Ramez Tebet a respeito do PLC n. 71/2003[105], quais sejam:

1) Preservação da empresa; 2) Separação dos conceitos de empresa e de empresário; 3) Recuperação das sociedades e dos empresários recuperáveis; 4) Retirada do mercado de sociedades ou empresários não recuperáveis; 5) Proteção aos trabalhadores; 6) Redução do custo de crédito no Brasil; 7) Celeridade e eficiência dos processos judiciais; 8) Segurança jurídica; 9) Participação ativa dos credores; 10) Maximização dos ativos do falido;

---

[101] Confira-se a verdadeira cartilha a respeito de normas falimentares e recuperacionais publicada pelo Banco Mundial: BANCO MUNDIAL, Principles and Guidelines for Effective Insolvency and Creditors Rights Systems, in Revista de Direito Mercantil, Industrial, Econômico e Financeiro, v. 122, p. 75-167.

[102] Confiram-se as quatro partes da UNCITRAL Legislative Guide on Insolvency Law em http://www.uncitral.org/uncital/en/uncitral_texts/insolvency/2004Guide.html (acesso em 10.08.2015).

[103] Confira-se a íntegra do documento chamado Orderly & Effective Insolvency Procedures – Key Issues, publicado pelo Fundo Monetário Nacional em 1999 em http://www.imf.org/external/pubs/ft/orderly/ (acesso em 11.08.2015).

[104] Aqui se adota o verbo "enformar" e não o verbo "informar" porque, conforme lição do Prof. Newton De Lucca, os princípios não dão informação de algo, mas sim, dão forma a algo: "Quando me utilizo da expressão, no entanto, o faço com a letra 'e', pois entendo que os princípios – concebidos, sem embargo dos diferentes matizes existentes, em seu sentido filosófico, como 'proposições diretoras de uma ciência às quais todo o desenvolvimento posterior dessa ciência deve estar subordinado' – não dão 'informação' de algo, mas dão forma, isto é, enformam no sentido de moldarem ou mesmo de constituírem uma forma preparada para a produção de algo". (DE LUCCA, Newton, Abuso de Direito de Voto do credor na assembleia geral de credores prevista nos arts. 35 a 46 da Lei 11.101/2005, in Direito Recuperacional II – Aspectos Teóricos e Práticos, DE LUCCA, Newton; DOMINGUES, Alessandra de Azevedo; e ANTONIO, Nilva Maria Leonardi (coords.), São Paulo, Editora Quartier Latin, 2012, p. 239-240).

[105] TEBET, Ramez, Parecer n. 534, de 2004, apresentado à Comissão de Assuntos Econômicos do Senado. Íntegra do relatório do Senador Ramez Tebet disponível em: http://redir.stf.jus.br/paginadorpub/paginador.jsp?docTP=TP&docID=580933 (acesso em 15.08.2015).

11) Desburocratização da recuperação de microempresas e empresas de pequeno porte; e 12) rigor na punição dos crimes relacionados com a falência e recuperação judicial.

A nosso ver, a análise mais detida dos principais princípios da LRE é importância curial para os fins deste trabalho, porque reflete diretamente no que se compreenderá como o papel do juiz no bojo do procedimento de recuperação. Isso porque, havendo conflito, no caso concreto, entre a recuperação da empresa e a tutela dos interesses dos credores, caberá ao magistrado sopesá-los levando em conta que a empresa que merece ser recuperada é aquela economicamente viável, ao passo que, apenas os interesses legítimos dos credores são dignos de tutela judicial.

Em outras palavras, a importância deste estudo principiológico reside no fato de que, como ensina Jorge Lobo[106], o processo de recuperação judicial reflete um procedimento de sacrifício, no qual tanto os poderes da empresa devedora quanto os direitos dos credores são limitados para que se alcancem objetivos de maior abrangência. Dessa forma, caso haja conflito entre tais interesses, é necessário que se equacione um procedimento de supcração, baseado na ponderação casuística entre fins e princípios, para que se alcance a eficácia da norma pela sua finalidade e não pela sua estrutura[107].

A quem cabe a condução desse procedimento de superação, é um ponto essencial para o desenvolvimento deste trabalho, em razão do fato de ainda haver divergência doutrináriaa respeito do verdadeiro papel do Poder Judiciário no âmbito da recuperação judicial:

---

[106] LOBO, op. cit., p. 176-177.

[107] Esta é a análise normativa de eficácia proposta por Bobbio, focada na teleologia da norma, e não em sua estrutura. Segundo Bobbio, a preocupação do operador do Direito deveria ser "para que a norma serve" e não "de que a norma é feita": "In parole povere, coloro che si sono dedicati alla teoria generale del diritto si sono preoccuppatti molto di più sapere çome il diritto sia fatto' che 'a che cosa serva'". (BOBBIO, Norberto, Dalla struttura alla funzione, Milano, Edizioni di Comunità, 1977, p. 63). Alia-se a esta concepção de BOBBIO o conceito de interpretação teleológica, na qual o operador do Direito deve buscar a finalidade da norma. Nesse sentido, ensina Eros Grau, apoiado nas concepções de Rudolph von Jhering, que a finalidade é o criador de todo o direito e não existe norma ou instituto jurídico que não deva sua origem à finalidade (GRAU, Eros Roberto, Ensaio e Discurso sobre a Interpretação/Aplicação do Direito, São Paulo, Malheiros, 2002, p. 35).

estaria o juiz limitado a um papel meramente homologatório das decisões tomadas pelos credores, ou poderia ele, decidir de forma diversa às disposições legais que outorgam competências aparentemente privativas aos credores[108]?

Feita esta breve introdução, passa-se à verificação dos principais pontos relativos aos princípios da manutenção da empresa e da tutela dos interesses dos credores.

2.3.1. A preservação da empresa

Como mencionado acima, um dos grandes trunfos da LRE em relação às legislações pretéritas é o fato de que, ao separar empresa de empresário[109], ela buscou tutelar não só os interesses da empresa devedora, mas de todos aqueles que orbitam em seu entorno (trabalhadores, investidores, consumidores, a sociedade em geral)[110].

Nesse sentido, não é arriscado afirmar que o legislador da LRE voltou sua atenção ao mercado, ao invés de ao "mercador"[111], tutelando a manutenção

---

[108] Este questionamento também foi levantado pelo Prof. Gerson Branco, no trabalho já comentado ao longo deste trabalho. BRANCO, op. cit. p. 54.

[109] A separação feita pela LRE entre empresa e empresário segue a tendência iniciada pelo Código Civil de 2002 que, ao instituir a dissolução parcial de sociedade (arts. 1.052 a 1.087) permite a continuidade da empresa, mesmo com a retirada de alguns de seus sócios.

[110] Seguindo a classificação de Alberto Asquini, o artigo 47 da LRE adota o perfil corporativo-institucional de empresa, e não o perfil subjetivo de empresa, que está intimamente ligado à figura do empresário (ASQUINI, op. cit). Nesse sentido, MUNHOZ (op. cit., p. 187-188) sustenta que o modelo desenhado pela LRE deve superar o dualismo pendular diagnosticado por COMPARATO (op. cit., p. 102) nas legislações falimentares anteriores e reconhecer a função social da empresa e, como consequência, a relevância dos demais interesses afetados pela atividade empresarial.

[111] A Profa. Paula Forgioni desenvolveu importantíssimo trabalho acerca da evolução do direito comercial, que se desvencilhou de uma ótica individualista voltada ao empresário, e voltou-se para a atividade da empresa, inserida no contexto de mercado: "De um direito medieval ligado à pessoa do mercador, passamos ao critério objetivo e liberal dos atos de comércio e, finalmente, à atividade da empresa. Urge estudá-la a partir do pressuposto de que sua atividade somente encontra função econômica, razão de ser, no mercado. (...) Fomos do 'ato à atividade'. Agora, passamos ao reconhecimento de que a atividade das empresas conforma e é conformada pelo mercado. Enfim: 'ato, atividade, mercado'. Eis a linha de evolução do direito comercial" (FORGIONI, Paula Andrea, O Direito Comercial Brasileiro: Da Mercância ao Mercado, Tese apresentada para o concurso de Professor Titular de Direito Comercial da Faculdade de Direito da Universidade de São Paulo, São Paulo, 2008, p. 104-105).

da atividade produtora de riqueza, que impacta positivamente na criação de um mercado bem sucedido. Nessa linha, são as lições do Prof. José Marcelo Proença[112]:

> Com efeito, só um mercado próspero gera recursos para as medidas governamentais, e até para as ações privadas, voltadas à concretização dos direitos humanos ou do cidadão, nas áreas da saúde, educação, segurança pública, presteza e eficiência dos serviços públicos, principalmente da justiça, etc.

Justamente em razão disso é que a LRE pressupõe que a escolha entre os caminhos da recuperação ou da falência depende da verificação de qual solução gerará maiores benefícios do que ônus para a sociedade[113].

Vê-se, portanto, que, no âmbito do modelo jurídico criado pela LRE, a manutenção da empresa não é um valor absoluto, mas deve ser sempre ponderado pela avaliação de quais os benefícios e quais os prejuízos que serão gerados pela sua permanência no mercado[114]: (a) se os benefícios forem superiores aos prejuízos, a empresa merece ser recuperada pelo procedimento regido pelo artigo 47 da LRE; (b) na hipótese de os prejuízos superarem os benefícios, os ativos da empresa devem ser o mais rapidamente liquidados e alienados seja para a eficiente satisfação do crédito, ou até mesmo para a manutenção da atividade empresarial, de forma reconfigurada[115].

---

[112] PROENÇA, José Marcelo Martins, Os Novos Horizontes do Direito Concursal, in Direito Recuperacional II – Aspectos Teóricos e Práticos, ANTONIO, Nilva M. Leonardi; DE LUCCA, Newton; DOMINGUES, Alessandra de Azevedo (coords.), São Paulo, Editora Quartier Latin, 2012, p. 190.

[113] MUNHOZ, op. cit., p. 187.

[114] A respeito deste tema, Sheila Cerezetti explica que a definição do que seja preservar a empresa em momentos de crise não é simples e nem decorre da verificação de fórmulas prontas. Segundo a Autora, a verificação da preservação da empresa deve ser feita com base na premissa de que a empresa é um ente organizativo de múltiplos interesses que deve estar igualmente atendidos quando da opção pela recuperação judicial (CEREZETTI, Sheila Christina Neder, A Recuperação Judicial de Sociedade por Ações – O princípio da Preservação da Empresa na Lei de Recuperação e Falência, São Paulo, Editora Malheiros, 2012, p. 214-216).

[115] Escrevendo sobre a possibilidade de manutenção da empresa na falência, art. 75 da LRE, o Prof. Paulo Fernando Campos Salles de Toledo afirma que na falência, a "empresa" que pode vir a ser mantida é, em verdade, o estabelecimento (ou o fundo de comércio), entendido como

A verificação proposta acima depende, necessariamente, de um juízo de viabilidade da empresa em crise, que é a pedra de toque do sistema desenhado pelo artigo 47 da LRE. Nesse sentido, ensinam Marcos de Barros Lisboa et all.[116]:

> A nova Lei cria dispositivos que estimulam a negociação entre devedor e credores, de forma a encontrar soluções de mercado para empresas em dificuldades financeiras. O objetivo central é viabilizar a continuidade dos negócios da empresa enquanto unidade produtiva, mantendo-se assim sua capacidade de produção e de geração de empregos, oferecendo condições para que as empresas com viabilidade econômica encontrem os meios necessários para a sua recuperação, a partir de negociações com seus credores. Caso os credores entendam que a reabilitação da empresa não é possível, a Lei estimula a sua venda num rito expresso, de modo a permitir que, sob uma nova administração, a empresa continue a exercer a sua função social de gerar empregos e renda. Em última instância, se o negócio não for mais viável, a lei cria condições

---

o conjunto de bens móveis e imóveis, materiais e imateriais, organizado pelo empresário e utilizado para a exploração da atividade econômica. Desse modo, explica o Prof. Toledo, que o art. 75 da LRE, ao tratar da preservação da empresa, está tratando a empresa sob seu perfil objeto/patrimonial, conforme definido por Asquini, de modo a possibilitar que o conjunto de bens destinado à atividade produtiva seja mantido (e alienado a terceiros), preservando a sinergia existente entre as unidades que o compõem, de modo que se preserve o negócio, dissociando-o da pessoa jurídica que o explorava anteriormente e diminuindo os custos de entrada no mercado da empresa que o adquirirá. (TOLEDO, Paulo Fernando Campos Salles de, A Preservação da Empresa, mesmo na falência, in Direito Recuperacional – Aspectos Teóricos e Práticos, DE LUCCA, Newton; DOMINGUES, Alessandra de Azevedo (coords.), São Paulo, Quartier Latin, 2009, p. 518-533. Nesse mesmo sentido, Adriana Pugliese afirma que a manutenção dos organismos produtivos (estabelecimentos) é uma das principais funções do Direito falimentar: "Voltando-se ao tema das funções do Direito falimentar: ao lado de sua função de preservação do crédito – como método de manter hígida e saudável a torrente de relações entre os empresários visando a segurança do tráfego mercantil, e como consequência indissociável desta, – está a necessidade de manutenção dos organismos produtivos, cuja funcionalidade se preste a integrar, de forma saudável, os elos da cadeia de relações do mercado" (PUGLIESE, Adriana Valéria, Direito Falimentar e Preservação da Empresa, São Paulo, Quartier Latin, 2013, p. 265).

[116] LISBOA, Marcos de Barros; DAMASO, Otávio Ribeiro; SANTOS, Bruno Carazza dos; COSTA, Ana Carla Abrão, A Racionalidade Econômica da Nova Lei de Falências e de Recuperação de Empresas, in Direito Falimentar e a Nova Lei de Falências e Recuperação de Empresas, PAIVA, Luiz Fernando Valente de (coord.), São Paulo, Quartier Latin, 2005, p. 42-43.

factíveis para que haja uma liquidação eficiente dos ativos, permitindo assim que se maximizem os valores realizados e, consequentemente, se minimizem as perdas gerais. Pretende-se assim estimular a recuperação da empresa, desde que obedecidas as restrições de viabilidade e eficiência.

Seguindo nessa linha, MUNHOZ[117] aponta que a função social da empresa não se exerce só por meio do procedimento recuperacional regulado pelos artigos 47 e seguintes da LRE, mas também pode ser alcançada pela falência[118], já que o procedimento orientado pelo artigo 75 da LRE tem como pressuposto o aproveitamento eficiente dos bens da empresa, de modo a garantir o interesse público[119].

No mesmo sentido, é o entendimento do Prof. Paulo Fernando Campos Salles de Toledo[120]:

> A ambição do legislador não se esgota no resultado momentâneo, embora necessário. Quer se estender no tempo, viabilizando a continuação do exercício da atividade, o que se dará com a recuperação da empresa, ou mesmo – tão ambiciosa é a meta – até se vier a ser decretada sua falência. Neste último caso, a preservação pode-se dar com o afastamento do empresário e alienação da empresa em bloco, com todos os seus ativos e estabelecimentos, como previsto no art. 140, I, da LRE.

---

[117] MUNHOZ, op. cit., p. 188. No mesmo sentido, Rachel Sztajn afirma que, havendo viabilidade econômica, pode-se cogitar a manutenção da atividade em cenário de falência, ao se transferir a organização produtiva a terceiros (SZTAJN, Rachel, Comentários à Lei de Recuperação de Empresas e Falência, 2. Edição, São Paulo, Editora Revista dos Tribunais, 2005, p. 219).

[118] Sobre a consagração do princípio da manutenção da atividade e a possibilidade de atingi-lo por meio da falência, vide obra de Adriana Pugliesi: GARDINO, Adriana Valéria Pugliesi, Direito Falimentar e preservação da empresa, São Paulo, Quartier Latin, 2013.

[119] A respeito da manutenção do interesse público mesmo na falência, o TOLEDO afirma que a LRE dispõe de mecanismos, tais como a ausência de sucessão trabalhista para o adquirente do estabelecimento, que além de estimular a aquisição em bloco dos bens de produção, tutela o interesse da coletividade de trabalhadores ao permitir que postos de trabalho sejam mantidos, mediante novos contratos de trabalho (TOLEDO, A preservação da empresa, mesmo na falência, op. cit. p. 530-531).

[120] TOLEDO, Paulo Fernando Campos Salles de, O Plano de Recuperação Judicial e o Controle de Legalidade, Revista de Direito Bancário e do Mercado de Capitais, n. 60, p. 312.

Segundo Daniel Carnio Costa[121], o princípio da recuperação da empresa não é absoluto e, portanto, a manutenção da empresa – aqui entendida como a atividade desenvolvida por um empresário e não como estabelecimento – não pode ser perseguida de forma indiscriminada:

> (...) é importante observar que a recuperação da empresa devedora não é princípio absoluto e somente deve ser feita em função dos benefícios sociais relevantes que serão produzidos em razão da preservação e da recuperação da atividade produtiva.

O que se extrai destes ensinamentos, portanto, é que a manutenção da empresa pode ser obtida tanto por meio da falência, quanto da recuperação judicial. Ocorre que, por meio da falência, mantém-se apenas o estabelecimento (ou blocos de estabelecimentos), transferindo-se para outro empresário a sua exploração; enquanto que na recuperação mantém-se a empresa como atividade empresarial desenvolvida pela mesma entidade, que logra comprovar a sua capacidade em dar continuidade à exploração da atividade, por meio de concessões razoáveis feitas por seus credores. Em outras palavras, a recuperação judicial é destinada às empresas viáveis, enquanto que a falência é destinada às empresas inviáveis.

Estabelecida esta premissa de viabilidade como um dos princípios da recuperação judicial, o que se questiona a seguir é: a averiguação de viabilidade de manutenção da empresa em crise estaria restrita apenas aos credores da recuperanda, ou passaria, inevitavelmente, por um crivo judicial? Como se verá nos tópicos a seguir, o papel do juiz não está limitado à mera verificação de observância das formalidades impostas pela LRE, mas deve abarcar uma análise de atendimento aos princípios gerais de direito e, também, aos princípios orientadores da LRE, quais sejam (a) a tutela da empresa viável; e (b) a tutela do crédito.

Nesse sentido, conclui-se que ao avaliar um plano de recuperação judicial, – ou, como se verá adiante, ao avaliar a petição inicial da empresa devedora, – o juiz deve ponderar se a empresa apresenta condições de, por suas próprias forças, retomar suas atividades; ou, se tal retomada ocorrerá

---

[121] COSTA, Daniel Carnio, Reflexões sobre Recuperação Judicial de Empresas: Divisão Equilibrada de ônus e Princípio da Superação do Dualismo Pendular, in Revista do Instituto Brasileiro de Administração Judicial – IBAJUD, 20 de março de 2014.

inexoravelmente pela imposição de prejuízos desproporcionais àqueles que lhe concederam crédito ou força de trabalho.

Na primeira hipótese, a recuperação pode se mostrar como o caminho viável a ser buscado pela empresa e tutelado pelo judiciário[122]. Na segunda hipótese, o mais recomendável é um procedimento falencial célere, no qual se liquide e aliene, de forma eficiente, as partes do ativo da empresa que estão entre si legadas na operação, de modo a que se dê ao adquirente, bens necessários e suficientes para, em curto espaço de tempo, retomar a atividade[123].

2.3.2. A tutela dos interesses dos credores

Colocada a questão da viabilidade econômica como a base para a concretização do princípio da preservação da empresa na recuperação judicial, passa-se ao estudo do outro grande princípio consagrado pela doutrina, qual seja, a tutela dos interesses dos credores.

Não se encontra grande dissonância na doutrina brasileira quando se afirma que um dos princípios da LRE é a tutela dos interesses dos credores, até porque tal meta está claramente positivada no art. 47 da LRE, dentre os demais objetivos buscados pelo instituto recuperacional.

Esta valorização aos interesses dos credores juntamente com o poder que é dado a eles para votar o plano de recuperação judicial, definindo o futuro da empresa recuperanda[124], foi interpretado por alguns dou-

---

[122] A manutenção coesa da atividade por meio das próprias forças do empresário é o objetivo primordial dos institutos recuperacionais, como se pode verificar pela lição de John Gerdes: "The first objective of a reorganization should be the production of a sound economic unit – a corporation able to operate its business successfully and pay a reasonable return to those having interest in it". (GERDES, John, General Principles of Plans of Corporate Reorganization, University of Pennsylvania Law Review, November, 1940, p. 41).

[123] SZTAJN, Rachel, Comentários aos arts. 139 a 167, in Comentários à Lei de Recuperação de Empresas e Falêncial, TOLEDO, Paulo Fernando Campos Salles de; ABRÃO, Carlos Henrique (coords.), 2ª edição, São Paulo, Saraiva, 2007, p, 420.

[124] Sobre este ponto, Sheila Cerezetti afirma que ao buscar a tutela de seus interesses, os credores não podem buscar somente a satisfação do crédito, mas também a manutenção da empresa: "Por fim, sendo objeto do presente item os interesses dos credores stricto sensu, importa salientar que o pagamento dos créditos não pode ser considerado como o único propósito a guiar a atuação de todos os credores. Na verdade, há que se ponderar que determinados credores – como os fornecedores, por exemplo – estão, ao mesmo tempo, interessados no prosseguimento das

trinadores como um verdadeiro princípio da autonomia da vontade dos credores.

Nessa linha, Gerson Branco[125] defende que na LRE este princípio estaria positivado na alínea 'f' do art. 35, na qual se dá a assembleia geral de credores atribuições para deliberar sobre qualquer matéria que possa interessar os interesses dos credores.

Continuando, BRANCO[126] defende ainda que a autonomia da vontade dos credores se manifesta em três formas estabelecidas pela LRE: (i) por meio da assembleia de credores, nas quais estes comporiam uma coletividade, formadora de uma "vontade coletiva" que, de acordo com o autor, teria a mais importante atribuição no âmbito da recuperação, que é a aprovação do plano proposto pela recuperanda; (ii) por meio do comitê de credores, cujo papel é de fiscalização das atividades da recuperanda, inclusive das funções desempenhadas pelo administrador judicial; e (iii) por meio da atuação individual de cada credor, por meio de instrumentos como as habilitações e impugnações de crédito e também das objeções ao plano de recuperação judicial, que possibilitam ao credor tomar medidas individuais para o fortalecimento de sua posição e se colocar em verdadeira jurisdição contenciosa na tutela de seu crédito e de sua visão a respeito da proposta de reestruturação formatada pela devedora.

SOUSA JUNIOR[127] segue nessa mesma linha afirmando que o Plano de Recuperação Judicial é um negócio jurídico e, em razão disso, um dos princípios que deveriam ser buscados e tutelados em relação a ele é o da autonomia da vontade. E essa autonomia representa a vontade do devedor exprimida no seu pedido de recuperação e no plano proposto e também na vontade dos credores, representada pelos votos por eles dados no âmbito da assembleia geral de credores.

---

suas relações econômicas com a empresa e, para tanto, na manutenção da própria empresa" (CEREZETTI, op. cit., p. 222-223).

[125] BRANCO, op. cit., p. 48.

[126] Idem, p. 49-51.

[127] SOUZA JUNIOR, Francisco Satiro de, Autonomia dos Credores na Aprovação do Plano de Recuperação Judicial, in CASTRO, Rodrigo Rocha Monteiro de, WARDE JUNIOR, Walfrido Jorge, GUERREIRO, Carolina Dias Tavares (coord.), Direito Empresarial e outros estudos de Direito em homenagem ao Professor José Alexandre Tavares Guerreiro, São Paulo, Quartier Latin, 2013, p. 101-114.

Justamente por esse motivo é que autores como SOUSA JUNIOR[128] e MOREIRA[129] afirmam que, ante a autonomia privada dos credores na recuperação judicial, caberia ao Poder Judiciário o papel de proporcionar aos credores um ambiente adequado para o exercício de suas atribuições negociais.

Reforçando ainda a ideia de autonomia da vontade dos credores, o Prof. Erasmo Valladão Azevedo Novaes e França[130] afirma que a assembleia geral de credores é o órgão predisposto pela LRE para, por meio de um procedimento, formar e expressar validamente a vontade coletiva da comunhão de credores.

Neste ponto, vale apresentar a diferenciação proposta por Fábio de Oliveira e Eduardo Pimenta[131] entre autonomia da vontade e autonomia privada. Segundo estes autores, a autonomia da vontade é um conceito afeito a uma visão anacrônica do direito dos contratos, por meio do qual "o agente atua de forma exclusivamente volitiva e seu consenso gera obrigatoriedade imutável", ao passo que, na autonomia privada, conceito mais trabalhado pela atual doutrina contratual, "existe um claro reconhecimento das necessidades como motivadoras dos negócios e, por isso, a obrigatoriedade é mitigada".

Vê-se, portanto, que de acordo com a moderna teoria contratual, a liberdade das partes em contratar está necessariamente circunscrita à

---

[128] Idem, op. cit., p. 104. – "A razão do arcabouço processual da recuperação judicial é a superação dos obstáculos representados pela livre negociação simultânea com vários credores, cada um deles buscando a satisfação egoística de seus interesses".

[129] "Negociação é a palavra chave; e essa negociação, conquanto se dê perante o Poder Judiciário, dá-se sem a intervenção do juiz. A lei não prevê a atuação jurisdicional para esse fim; muito embora o juiz brasileiro disponha de poderes gerais de conciliação, e ela seja mesmo muito enfatizada pela doutrina processualista" (MOREIRA, Alberto Camiña, op. cit., p. 249 e ss).

[130] FRANÇA, Erasmo Valladão Azevedo e Novaes, Da assembleia-geral de credores, in SOUZA JUNIOR, Francisco Satiro; PITOMBO, Antônio Sérgio A. de Moraes (coords.), Comentários à Lei de Recuperação de Empresas e Falência: Lei 11.101/2005, 2. Edição, São Paulo, Revista dos Tribunais, 2007, p. 186-217.

[131] OLIVEIRA, Fábio Gabriel; PIMENTA, Eduardo Goulart, A Autonomia Privada no Estado Democrático de Direito em uma Visão de Direito & Economia, in Anais do XVIII Encontro Nacional do CONPEDI realizado em Maringá-PR em 2, 3 e 4 de julho de 2009, p. 877-898, disponível em http://www.conpedi.org.br/anais/36/05_1438.pdf

realização de uma necessidade[132]. Essa visão entende o contrato (e a liberdade de contratar) como um veículo – para o atingimento de resultados maiores que, via de regra, superam a relação bifronte das partes – e não como um fim em si mesmo.

Aprofundando-nos neste ponto, nos valemos das preciosas lições de Enzo Roppo[133], um dos juristas mais renomados da moderna teoria contratual. Segundo ROPPO a autonomia privada é o fator inicial de determinação do conteúdo – ou, como prefere o autor, do regulamento[134] – do contrato que, nada mais é, que a veste jurídica de uma operação econômica.

Seguindo esta premissa da roupagem jurídica de uma iniciativa econômica ROPPO, afirma que é próprio do sistema capitalista que seja dada aos contratantes privados (operadores econômicos) a liberdade para determinar os conteúdos de seus contratos, da forma que entendam mais desejável. Justamente por isso, ROPPO[135] sustenta que:

> o regulamento contratual resulta, assim, em princípio, pela vontade concorde das partes, constituindo o ponto de confluência e de equilíbrio entre os interesses – normalmente contrapostos – de que as mesmas partes são portadoras.

Assim, de acordo com o jurista italiano, a vontade das partes, em princípio, seria suficiente para determinar o conteúdo do contrato. Ocorre que, de acordo com o próprio ROPPO, a liberdade de determinação do regulamento contratual pelas partes não está imune a limitações. Muito ao contrário: ROPPO[136], interpretando a redação do art. 1332 do Código Civil Italiano[137],

---

[132] Nesse sentido é a posição de César Fiuza: FIUZA, César, Direito civil: curso completo, 6. Ed., Belo Horizonte, Editora Del Rey, 2003, p. 311-312.

[133] ROPPO, Enzo, O Contrato, COIMBRA, Ana; GOMES, M. Januário C. (trad.), Coimbra, Editora Almedina, 2009, p.125-168.

[134] Vide a definição dada por ROPPO de regulamento contratual: "Indica-se, em suma, nesta acepção, o conteúdo imperativo do contrato ao qual as partes se vincularam, aquilo que, com base no contrato, devem dar ou fazer e aquilo que, com base no contrato, pode esperar ou pretender da outra parte: numa palavra, o regulamento contratual." – ROPPO, op. cit., p. 126.

[135] Idem, p. 128.

[136] Idem, p. 138.

[137] "Art. 1332. Autonomia contratualle. Le parti possono liberamente determinare il contenuto del contratto nei limiti imposti dalla legge (e dalla norme corporative). Le parti possono anche concludere contratti che non appartengono ai tipi aventi una disciplina particolare, purché siano diretti a realizzare interessi meritevoli di tutela secondo l'ordenamento giuridico".

afirma que limitam a liberdade contratual (a) a lei e (b) os interesses dignos de proteção, de acordo com a lei:

> Quanto àquilo que é indicado como o aspecto talvez mais relevante – a liberdade de conformar segundo as suas conveniências subjetivas o conteúdo do contrato – já o art. 1322 [do Código Civil Italiano] dispõe que ela pode exercitar-se só nos limites impostos pela lei: e no próprio código civil, mas talvez mais ainda na grande massa de leis especiais que, em relação às diversas matérias, integram a sua disciplina, são muito numerosas as normas que colocam limites ao poder privado de determinar livremente o conteúdo do regulamento contratual, por vezes, simplesmente proibindo a inserção deste ou daquele conteúdo, outras vezes verdadeiramente impondo obrigatoriamente, mesmo contra a vontade dos interessados, a inserção no contrato deste ou daquele conteúdo.

Continuando, Roppo[138] afirma que a lei, operando na determinação do conteúdo contratual, pode, por exemplo, limitar a (a) "liberdade de escolher se estipular ou não estipular um determinado contrato"; ou (b) "liberdade de escolha do parceiro contratual".

Traçando um paralelo com o instituto da recuperação judicial, nos parece correto afirmar que o conteúdo/regulamento do "contrato" do qual trata a LRE, já sofre as mesmas limitações enumeradas por Roppo porque (a) não é dada aos credores cujos créditos estão enumerados no art. 41 da LRE a liberdade de se submeter ou não aos efeitos do contrato (plano de recuperação judicial); da mesma forma que (b) nem a recuperanda nem os credores têm liberdade para escolher a contraparte do plano de recuperação, na medida em que (b.1) o proponente do plano sempre será a empresa devedora e os submetidos ao plano sempre serão os credores cujos créditos estão enumerados no art. 41 da LRE; e (b.2) em razão de se aplicar à recuperação o princípio da maioria, uma vez aprovado o plano em assembleia na forma do art. 45, nem os credores dissidentes do plano tem a liberdade de não aderir ao "contrato".

Prosseguindo em sua exposição sobre a limitação à autonomia da vontade, Roppo[139] afirma que as restrições ao regulamento contratual

---

[138] Roppo, op. cit., p. 138.
[139] Idem, p. 140.

não derivam apenas da lei, mas também de decisões judiciais e atos administrativos:

> É importante notar que os limites e as restrições à autonomia contratual dos sujeitos privados não derivam, imediatamente, apenas da lei, de normas que diretamente operam sobre o regulamento contratual, conformando-o, em concreto, com este ou aquele conteúdo, sobre a escolha do contratente, individualizando-o, etc. A experiência mostra, ao invés, que, muitas vezes, esses limites e restrições têm a sua fonte direta, mais do que em abstratas previsões da lei, em decisões judiciais ou em providências das autoridades administrativas.

Concluindo sua exposição sobre o tema, Roppo[140] afirma que existe um diálogo entre a autonomia privada, a lei e as valorações do juiz, no que tange ao contrato pelo simples fato de estas serem, juntamente com aquela, as fontes de conteúdo das relações contratuais, sendo que a autonomia da vontade configura a fonte principal do regulamento, enquanto que a lei, as decisões judiciais e as providencias administrativas encerram o que o autor convencionou chamar de "fontes heterônomas":

> Normas legais, decisões jurisdicionais e procedimentos das autoridades administrativas são, portanto, os agentes típicos das limitações impostas à liberdade contratual dos particulares. Conjuntamente com a vontade das partes, que exprime o respectivo poder de autonomia, eles constituem as fontes do regulamento contratual, para cuja concreta determinação podem, segundo as circunstâncias, em diferentes medidas, concorrer. Registra-se assim, em sede de determinação do conteúdo do contrato, uma dialética entre fontes de tipo diverso, que pode, por comodidade, simplificar-se, numa contraposição entre a fonte voluntária (que exprime e realiza a liberdade contratual – e econômica – dos particulares) e as outras fontes, diversas da vontade das partes que, geralmente – mas nem sempre, como veremos – exprimem uma lógica e interesses tendencialmente antagônicos, e, portanto, diversos em relação aos da autonomia privada.

Em síntese, o que se pretendeu explicar com essa digressão à doutrina da autonomia privada é justamente o fato de que a liberdade de contratar

---

[140] Idem ibidem.

(aqui entendida como a liberdade de definir as obrigações e prestações de um contrato) não é absoluta, nem mesmo pela ótica de Direito Civil, que regula as relações particulares.

Como visto, a teoria defendida por ROPPO anda no sentido de que a vontade dos contratantes é somente uma das fontes do regulamento contratual, sendo o conteúdo do contrato também afetado pela lei[141] e pelas decisões judiciais que o valoram[142].

Transpondo-se essa explicação para o tema objeto deste trabalho, vê-se que não há uma incompatibilidade em se dizer que o conteúdo do plano de recuperação judicial (parte eminentemente contratual do instituto recuperacional) é, a priori, estabelecido pela negociação entre a recuperanda e os credores – negociação esta fruto do exercício da autonomia privada decorrente da expressa disposição legal no sentido de tutela dos interesses dos credores – mas que tal "contrato" deverá obedecer às disposições da LRE e, também deverá passar por um juízo de valoração do magistrado a respeito do atendimento que o regulamento contratual dá às cláusulas gerais estabelecidas no art. 47 da LRE.

2.3.3. Síntese crítica: concretização de princípios depende de uma relação dialética entre credores e juízes

As breves exposições feitas acima acerca dos mais comentados princípios enformadores da recuperação judicial se prestaram a demonstrar que, tanto na análise da viabilidade econômica da empresa, quanto na conformação

---

[141] Segundo ROPPO, a 'lei' é entendida como fonte heterônoma do regulamento contratual, nas "hipóteses em que a norma que intervém na determinação do regulamento é (embora necessariamente ativada pelo juiz) suficientemente rígida e pontual no seu conteúdo, isto é, exprime a valoração e a escolha do legislador de modo suficientemente unívoco para excluir, ou reduzir ao mínimo, a necessidade e a própria possibilidade de valoração amplamente discricionária do órgão julgador, e neste sentido, para determinar um completo – ou pelo menos muito importante – automatismo do juízo". ROPPO, op. cit., p. 167.

[142] ROPPO (idem ibidem) explica ainda que a decisão judicial é considerada fonte heterônoma do regulamento contratual nas "hipóteses nas quais a determinação do regulamento se procura através da aplicação de regras formuladas de modo genérico, indeterminado, elástico, para consentir – ou até impor – ao juiz, o exercício de um amplo poder de valoração autônoma, e assim reservar-lhe uma grande margem de apreciação discricionária: exemplos: as noções de ordem pública ou de bons costumes, ou as normas que requerem do juiz determinações segundo a equidade (fala-se então, para alguns destes concretos casos elásticos e esfumados, de cláusulas gerais)".

do conteúdo do plano de recuperação judicial que buscará a tutela dos interesses dos credores, deverá haver maior diálogo entre os credores e o Poder Judiciário, de modo a se superar o antagonismo que orientou as legislações anteriores sobre a matéria[143].

Em síntese, adotamos a posição de Jorge Lobo[144] no sentido de que a LRE, diferentemente dos diplomas falimentares que a antecederam, dá espaço para que os objetivos traçados no art. 47 sejam casuisticamente avaliados, pelos credores e pelo juiz, com base nos princípios da razoabilidade e da proporcionalidade, para que se busque maior efetividade ao instituto recuperacional:

> Para atingir esses escopos no processo de recuperação judicial, acentue-se, por fim, que a assembleia geral de credores e o juiz da causa deverão empenhar-se (a) na ponderação dos princípios da preservação e da função social da empresa, da dignidade da pessoa humana e da valorização do trabalho e da segurança jurídica e da efetividade do direito e (b) na ponderação dos fins imediatos da LRE – conservar a empresa, manter os empregos e garantir os créditos –, por meio do princípio da razoabilidade ou proporcionalidade, conforme resta induvidoso da norma do art. 53, caput, da LRE, que versa sobre o 'plano de recuperação judicial'.

Assumindo estas premissas, o que discutirá mais profundamente nos tópicos a seguir são os mecanismos de diálogo entre credores e o Poder Judiciário, de modo a se verem alcançados os objetivos da LRE.

De forma esquemática, ver-se-á que tal dialética poderá ser alcançada por meio de três níveis de atuação judicial: (a) controle de legalidade estrita, baseada na verificação, pelo magistrado, do atendimento aos procedimentos

---

[143] O famigerado dualismo pendular de COMPARATO (op. cit., p. 96)

[144] LOBO, Jorge, Comentários, in TOLEDO, Paulo Fernando Campos Salles de, ABRÃO, Carlos Henrique (coord.), Comentários à Lei de Recuperação de Empresas e Falências, São Paulo, Saraiva, 2012, p. 221. Nesse mesmo sentido é a opinião de Ronaldo Vasconcelos: "a atuação jurisdicional deverá ponderar os valores em conflito e selecionar dentro das alternativas legítimas do sistema a solução que privilegiar o valor preponderante. Sempre respeitando a ótica da (i) mais adequada solução do caso em busca da efetividade, em conjugação com (ii) a menor intervenção possível na esfera de direitos da parte afetada" (VASCONCELOS, Ronaldo, Direito Processual Falimentar de Acordo com a lei 11.101, de 9 de fevereiro de 2005, São Paulo, Editora Quartier Latin, 2008, p. 85).

e vedações impostos pela LRE; (b) controle de juridicidade, por meio do qual o Poder Judiciário avaliará se as medidas adotadas pelos credores no âmbito de sua autonomia privada estão em consonância com os princípios gerais de direito (boa-fé, probidade, lealdade, etc.); e (c) controle de adequação às diretrizes impostas pela própria LRE, por meio do qual os juízes se encarregarão de verificar se, além de observarem os princípios gerais de direito, os arranjos obtidos entre a devedora e os credores em decorrência de sua autonomia negocial atendem aos objetivos da LRE, qual sejam, a tutela da empresa viável e a tutela da recuperabilidade do crédito.

Assim, o que se discutirá com mais profundidade não é a supressão da autonomia privada dos credores pela atividade jurisdicional, mas a equalização judicial de tal autonomia com os objetivos traçados pela lei[145].

---

[145] Sobre este ponto, confira-se a opinião de Gerson Branco: "Neste sentido, não se deve ver um antagonismo entre os poderes do juiz e os poderes dos credores, mas uma relação dialética que, quando contraposta, possa ser harmonizada. (...) Os poderes dos credores devem ser preservados, pois os princípios da autonomia e da ativa participação também contribuem para a unidade de sentido gerada pela empresa e sua função social. E, para esse fim, não basta o juiz usar o argumento de sua autoridade, pois para afastar o poder que a lei outorgou aos credores é preciso que o argumento tenha autoridade" (BRANCO, op. cit., p. 68-69).

3.
A atuação do juiz na recuperação judicial

3.1. Noções introdutórias de fundo constitucional

Traçados os panoramas histórico e jurídico da Recuperação Judicial, passar-se ao desenvolvimento do tema central deste trabalho: a atuação do juiz no bojo do procedimento de recuperação.

Antes de se adentrar no cerne da discussão, relacionado à profundidade e à extensão da intervenção do juiz no processo de recuperação, faz-se necessária uma análise dos aspectos constitucionais relacionados ao tema.

Isso porque a Recuperação Judicial desenha uma situação em que o Estado, representado pelo Poder Judiciário, imiscui-se em questões originalmente privadas, decorrentes da crise de solvência da empresa.

Uma análise sobre a atuação judicial na recuperação judicial deve, necessariamente, passar pela averiguação de princípios e conceitos próprios do Direito Processual, na medida em que se trata de um procedimento que se desenrola perante uma autoridade investida de jurisdição[146].

---

[146] Rachel Sztajn diferencia a recuperação judicial da extrajudicial, sustentando que a primeira, por ser processada em juízo, pressupõe certo grau de dominação estatal, sendo a extrajudicial aquela verdadeiramente baseada em acordo de credores (voluntariedade): "A Lei [LRE] prevê dois esquemas de recuperação de empresas em crise: a judicial e a extrajudicial. A primeira, como resulta evidente da denominação, será processada em juízo; a outra decorre de acordo entre credores e devedor que, voluntariamente e por deliberação majoritária por classe, ajustam mecanismo de preservação da atividade" (SZTAJN, Rachel, Comentários à Lei de Recuperação de

No entanto, como ensina Cândido Rangel Dinamarco, o processo não exprime somente um procedimento para solução de um litígio, mas representa o instrumento para a defesa de direitos e liberdades dos cidadãos garantidos pela Constituição da República[147].

Nesse sentido, José Carlos Barbosa Moreira[148] trabalha com a ideia de processo socialmente efetivo, que é aquele que "capaz de veicular aspirações da sociedade como um todo e de permitir-lhes a satisfação por meio da Justiça."

Por esse motivo é que Ronaldo Vasconcelos[149] afirma que o processo deve ser entendido como um instrumento a serviço do Direito Constitucional e não como mero exercício formal de direitos processuais. Em razão disso é que não se devem examinar os institutos processuais como se fossem dissociados dos institutos de direito material que pretendem tutelar[150].

Dito isso, faz-se necessário examinar quais os aspectos constitucionais mais intrinsecamente relacionados ao processo de Recuperação Judicial. Essa análise demonstrará a necessidade (ou a desnecessidade) de atuação do juiz para a superação das decisões relativas ao futuro da empresa em crise, tomadas em Assembleia Geral de Credores.

Para balizar tal averiguação, serão usados como diretrizes os dispositivos constitucionais mais nitidamente aplicáveis ao Direito Concursal, a saber: (a) o art. 5º, inciso XXV da Constituição, que trata da inafastabilidade[151]

Empresas e Falência, SOUZA JUNIOR, Francisco Satiro de (coord.); PITOMBO, Antônio Sérgio A. de Moraes (coord.), 2ª edição, Editora Revista dos Tribunais, São Paulo, 2007, p. 219-222).

[147] DINAMARCO, Cândido Rangel, Instituições de Direito Processual Civil, v. 1, 7ª edição, São Paulo, Editora Malheiros, 2013, p. 191. Nesse mesmo sentido, VASCONCELOS, Ronaldo, Direito Processual Falimentar op. cit., p. 72.

[148] MOREIRA, José Carlos Barbosa, Por um processo socialmente efetivo, in Temas de Direito Processual, oitava série, São Paulo, Saraiva, 2004, p.16.

[149] VASCONCELOS, op. cit. 74.

[150] Nesse sentido é a lição do Prof. José Roberto dos Santos Bedaque: "A relativização do binômio direito/processo constitui inafastável premissa de um sistema processual eficiente, pois a tutela jurisdicional vai atuar exatamente no plano das relações substanciais" (BEDAQUE, José Roberto dos Santos, Direito e processo: influência do direito material sobre o processo, 3ª ed, São Paulo, Malheiros, 2003, p. 18).

[151] A respeito da inafastabilidade da tutela jurisdicional: "compreende-se, modernamente, na cláusula do devido processo legal o direito ao procedimento adequado: não só deve o procedimento ser conduzido sob o pálio do contraditório [...], como também há de ser aderente à realidade social e consentâneo com a relação de direito material controvertida." (CINTRA,

da tutela jurisdicional[152] 152; (b) o art. 5º, caput, que revela o princípio da isonomia, o qual, em matéria concursal é interpretado como a garantia da *par conditio creditorum*; e (c) o art. 170, que cuida dos princípios gerais da ordem econômica.

Em vista dos princípios que norteiam o ordenamento, nota-se que por mais que se atribua autonomia à assembleia geral, não se pode afastar o crivo judicial porque à assembleia geral não é dada a competência para decidir sobre matérias de direito, principalmente as de ordem pública[153]. Nesse sentido, é a posição de Arthur Mendes Lobo e Antônio Evangelista de Souza Netto[154]:

> (...) a assembleia de geral de credores não pode deliberar 'soberanamente' quando abusividades e ilegalidades se verificarem (...). Não pode um plano (ainda que aprovado, por maioria, pelo conclave assemblear) produzir efeitos de modo a contrariar a lei, os princípios gerais do direito e a jurisprudência, sob o frágil argumento de que a assembleia geral de credores seria absolutamente soberana.

Antonio Carlos Araujo, DINAMARCO, Cândido Rangel, GRINOVER, Ada Pellegrini, Teoria Geral do Processo, 24ª edição, Editora Malheiros, São Paulo, 2008, p. 88-91). Nesse mesmo sentido é a lição de Kazuo Watanabe, "o princípio da inafastabilidade do controle jurisdicional, inscrito no inciso XXXV do art. 5º da Constituição Federal, não assegura apenas o acesso formal aos órgãos judiciários, mas sim o acesso à justiça que propicie a efetiva e tempestiva proteção contra qualquer forma de denegação da justiça e também o acesso à ordem jurídica justa." (WATANABE, Kazuo, Tutela antecipada e tutela específica das obrigações de fazer e não fazer, in TEIXEIRA, Sálvio de Figueiredo (coord.) Reforma do Código de Processo Civil, São Paulo, Saraiva, 1996, p. 20).

[152] Sobre a aplicação prática do princípio da inafastabilidade da jurisdição em matéria de recuperação judicial, vide anotação de Arthur Lobo e Antônio Netto: "Com efeito, nenhuma ilegalidade pode ser superada simplesmente por "deliberação assemblear", sob pena de ofensa ao princípio da inafastabilidade do controle judicial, previsto no art. 5, XXXV, da CF. Além disso, a mera homologação do plano de recuperação judicial pelo Magistrado, sem juízo crítico sobre as questões veiculadas, pode implicar agudas violações constitucionais" (LOBO, Arthur Mendes; NETTO, Antônio Evangelista de Souza, Nulidades no processo de recuperação judicial, in Revista de Processo – RePro, n. 237, 2014, p. 347).

[153] Nesse sentido, anota o Prof. Newton De Lucca: "Se a lei exige a homologação do juiz é exatamente para que ele não faça as vezes de inocente útil" (DE LUCCA, Abuso de Direito, op. cit., p. 231).

[154] LOBO e NETTO, op. cit., p. 346

A análise do controle judicial das decisões tomadas em Assembleia Geral de Credores se trata, portanto, de uma verificação delicada, na medida em que, como mencionado no tópico de Panorama Jurídico, deve circunscrever, além dos princípios maiores do ordenamento (boa-fé, equidade, probidade), aqueles princípios positivados na própria LRE, quais sejam: (a) a recuperação da empresa em crise e a manutenção da fonte produtiva; e (b) a tutela dos interesses dos credores[155].

Em síntese, a nosso ver, a atuação judicial deve, ao mesmo tempo, preservar as garantias constitucionais, garantir a legalidade do procedimento e das votações, e promover a tutela aos interesses dos credores e da empresa viável. Assumindo essa premissa, buscaremos as posições da doutrina e da jurisprudência a respeito de sua aplicabilidade.

3.2. O ato judicial inicial: ato ordinatório ou juízo de admissibilidade?

Na sequência dos estudos sobre a atuação do magistrado na recuperação judicial, faz-se necessária a análise da decisão de processamento da recuperação judicial, tratada do art.52, caput da LRE, por ser ela a primeira oportunidade de atuação jurisdicional no bojo do processo de recuperacional e porque, a partir dela, uma série de efeitos jurídicos[156] já são gerados em prol da empresa peticionária, dentre eles, suspensão, por prazo inicial de 180 (cento e oitenta) dias, de todas as execuções ajuizadas em face da empresa.

---

[155] Vale mencionar que a tutela dos interesses dos credores não se baseia apenas na tutela efetiva de cada crédito em aberto, mas também na tutela de um tratamento igualitário entre credores com direitos de crédito homogêneos. Do ponto de vista processual, a nosso ver, a noção de par conditio creditorum é amparada pelo princípio da lealdade processual, na medida em que o concurso de credores se desenvolve ante um foro judicial: "(...) a relação processual, quando se forma, encontra as partes conflitantes em uma situação psicológica pouco propícia a manter um clima de concórdia; e o processo poderia prestar-se, mais do que os institutos de direito material, ao abuso de direito. As regras condensadas no denominado princípio da lealdade visam exatamente a conter os litigantes e a lhes impor uma conduta que possa levar o processo a consecução de seus objetivos." (CINTRA, DINAMARCO e GRINOVER, op. cit., p. 78).

[156] Os efeitos jurídicos decorrentes do deferimento do processamento da recuperação judicial são aqueles tratados pelo artigo 6 da LRE, e não se limitam à suspensão das execuções movidas em face da empresa, mas levam também à suspensão da prescrição das obrigações da recuperanda, até que seja transitada em julgado a sentença concessiva da recuperação judicial. Nesse sentido, PACHECO, José da Silva, Processo de Recuperação Judicial, Extrajudicial e Falência, 3 edição, Rio de Janeiro, Editora Forense, 2009, p. 56-57.

Em razão dos muitos efeitos que gera – que afetam não só a esfera jurídica da peticionária, mas também de seus credores e de terceiros – a decisão de deferimento do pedido de processamento da recuperação judicial deve ser tomada pelo juiz não como um mero ato de impulso processual, mas como uma análise preliminar de cabimento da ação de recuperação judicial para a empresa em questão.

Ao analisar o tema, o ex-ministro Sidnei Beneti[157] sustenta que o ato judicial em questão não configura decisão do ponto de vista técnico, mas mero despacho positivo. Segundo BENETI, o ato regido pelo caput do art. 52 da LRE não se presta a deferir a recuperação, o que só ocorrerá após o exame do plano de recuperação judicial, mas somente dá início ao seu processamento:

> A recuperação não, é de início, deferida, até porque ainda não existe plano de recuperação judicial, mas apenas o processamento do pedido de recuperação (arts. 51 e 52). A apreciação do pedido de processamento pelo juiz deve dar-se incontinenti à apresentação, após exame extremamente perfunctório, sem possibilidades de delongas de maior verificação, pois se trata, como dito, de mera determinação de processamento, devendo o exame aprofundar-se ulteriormente, até a sentença de deferimento da recuperação. Mas a decisão deve ser motivada, como todas as decisões judiciais (CF, art. 93, IX; CPC – 1973, art. 165), mas motivação perfunctória e sumária, sem ingressar na questão de fundo.

Ainda sobre o tema, BENETI afirma que a LRE, nos parágrafos do art. 52, estabelece requisitos rígidos ao deferimento da recuperação, e que, neste sentido, caberia ao juiz apenas verificá-los e enumerá-los no ato judicial que permite o início do procedimento.

Analisando o mesmo aspecto da LRE, José Miguel Garcia Medina e Samuel Hubler[158] sustentam posicionamento diverso daquele esposado

---

[157] BENETI, Sidnei Agostinho, O processo da Recuperação Judicial, in Direito Falimentar e a Nova Lei de Falências e Recuperação de Empresas, op. cit., p. 233, 234 e 241.
[158] "Dentre as incumbências reservadas ao magistrado encontra-se o exercício do juízo de admissibilidade da demanda, o qual poderá ser positivo, negativo ou ordinatório, no qual se verificará o preenchimento, ou não, das condições da ação e dos pressupostos processuais." (MEDINA, José Miguel Garcia, HUBLER, Samuel, Juízo de admissibilidade da ação de recuperação judicial – Exposição das razões da crise econômico-financeira e demonstração perfunctória

por BENETI, ao afirmar que o ato judicial regido pelo art. 52 é uma decisão interlocutória[159] que representa verdadeiro juízo de admissibilidade[160] da ação de recuperação judicial, por adentrar na verificação das condições da ação e dos pressupostos processuais[161].

Continuando neste diapasão, MEDINA e HUBLER[162] sustentam que os requisitos impostos à petição inicial, tratados no art. 48 da LRE, representam os pressupostos processuais positivos da recuperação judicial e que as condições da ação seriam (a) a exposição das razões da crise econômico-financeira; e (b) a demonstração perfunctória da viabilidade econômica. É o que passaremos a averiguar.

3.2.1. Os pressupostos processuais da ação de recuperação judicial

De acordo com MEDINA e HUBLER, existem pressupostos processuais negativos e positivos, quando se trata de recuperação judicial. Segundo eles, os negativos seriam aqueles tratados no art. 2o da LRE, que trata dos sujeitos de direito aos quais não se aplicam os procedimentos tratados

---

da viabilidade econômica, in Revista de Direito Bancário e do Mercado de Capitais, Editora RT, ano 17, volume 63, p. 131-147).

[159] Nesse mesmo sentido é o posicionamento de Geraldo Fonseca de Barros Neto: "Tem natureza de decisão interlocutória o ato judicial que defere o processamento da recuperação judicial." (BARROS NETO, Geraldo Fonseca de, Aspectos Processuais da Recuperação Judicial, Editora Conceito, Florianópolis, 2014, p. 191).

[160] Assim também entende José da Silva Pacheco: "Trata-se, como se vê, de decisão, como está expresso no inciso I do § 1 do art. 52 da lei que comentamos [LRE], e como decorre de seu conteúdo decisório, visto que o deferimento do processamento da recuperação pressupõe a apreciação de todos os elementos, objeto da petição inicial, das questões delas derivadas e do objeto das determinações consequentes". – op. cit. p. 188.

[161] Ao analisarem o tema, MEDINA e HUBLER adotam os famosos conceitos de condições da ação e pressupostos processuais trazidos por Ada Pellegrini, Antônio Carlos Cintra e Cândido Dinamarco, que estão inseridos na noção de requisitos de admissibilidade do provimento jurisdicional. Assim, MEDINA e HUBLER utilizam, respectivamente, as seguintes ideias sobre condições da ação e pressupostos processuais: "São denominadas condições da ação (possibilidade jurídica do pedido, interesse de agir e legitimação ad causam), as condições para que legitimamente se possa exigir, na espécie, o provimento jurisdicional"; e "são os requisitos para a constituição de uma relação processual válida (ou seja, com viabilidade para se desenvolver regularmente)." (CINTRA, GRINOVER, DINAMARCO, Teoria Geral do Processo, op. cit., p. 276 e 309).

[162] Op. cit. p. 136-139.

no referido diploma (empresas públicas, sociedades de economia mista, instituições financeiras públicas ou privadas e entidades equiparáveis).

Já os pressupostos positivos, aqueles que a empresa, seus sócios e administradores devem comprovar cumprimento, seriam aqueles cumulativamente enumerados no caput e nos incisos do art. 48 da LRE, quais sejam: (a) demonstração, no momento do pedido de recuperação, de exercício regular das atividades empresariais há mais de dois anos; (b) não ser falido, ou ter seus processos de falência definitivamente extintos; (c) não ter obtido concessão de recuperação judicial (inclusive aquela destinadas às micro e pequenas empresas) há menos de 5 (cinco) anos; e (d) não ter sido condenado ou não ter, como administrador ou sócio controlador, pessoa condenada por qualquer crime falencial tratado na LRE.

Continuando em sua explicação sobre o tema, MEDINA e HUBLER sustentam que não basta que a devedora comprove o atendimento aos pressupostos trazidos nos arts. 2o e 48 da LRE, mas é também necessário avaliar a petição inicial da recuperação judicial sob a ótica dos requisitos de petição inicial trazidos pela legislação processual, que impõem ao autor da demanda os ônus de (a) demonstrar os fatos e os fundamentos jurídicos de seu pedido; e de (b) juntar a documentação indispensável para a demonstração de seu direito.

De acordo com MEDINA e HUBLER, estas exigências da lei processual estão refletidas no artigo 51, I da LRE[163], que traria a "causa de pedir" da recuperação, e nos incisos seguintes do mesmo artigo, que regeriam os tais "documentos indispensáveis"[164].

3.2.2. As condições da ação de recuperação judicial

Seguindo em sua construção sobre os requisitos de admissibilidade da recuperação judicial, MEDINA e HUBLER[165] defendem não bastar que a empresa devedora demonstre o cumprimento aos pressupostos processuais tratados acima, mas também que comprove o atendimento às condições

---

[163] Segundo o art. 51, I da LRE, a petição inicial da recuperação judicial deve conter a "exposição das causas concretas da situação patrimonial do devedor e das razoes da crise econômico-financeira".

[164] Nas palavras de MEDINA e HUBLER, o artigo 51, I da LRE representa a especificação do artigo 282, III do Código de Processo Civil de 1973, enquanto que os incisos II a IX seriam a especificação do artigo 283 do CPC-1973, que impõe a necessidade de produção liminar das provas documentais. Op. cit. p. 137.

[165] Idem, p. 139 a 141.

da ação de recuperação judicial, representadas pela (a) demonstração, por meio de narrativa concreta e embasada, da real situação patrimonial da empresa e das razões que levaram ao cenário de crise econômico-financeira que justificaria o deferimento do pedido; e pela (b) demonstração, mesmo que em tese, de sua viabilidade econômica.

3.2.2.1. Exposição das causas concretas da crise econômica e da situação patrimonial efetiva da empresa devedora

De acordo com os MEDINA e HUBLER[166], a análise judicial acerca da narrativa feita pela empresa sobre a sua situação patrimonial e as razões da crise que vem enfrentando deve ser cuidadosa e intimamente voltada à realidade da devedora, sob pena de se banalizar o instituto recuperacional – que é, por natureza, um procedimento de sacrifício (mesmo que parcial) aos credores – ao se conceder as suas benesses a empresas que reputam sua crise financeira a causas genéricas, como circunstancias desfavoráveis da macroeconomia e a necessidade de tomada de crédito no mercado:

> Não é suficiente a mera alusão à existência de dívidas junto a credores, situação comum a qualquer empresa, para demonstrar a adequação do procedimento. Essa situação poderia ensejar diversas medidas, tais como, renegociação da dívida, ação revisional de contrato, ou até mesmo falência, mas não necessariamente a recuperação judicial, meio mais benéfico ao devedor e oneroso aos credores de todas as classes.

A respeito da configuração da crise que justifica a concessão dos benefícios da recuperação judicial, o Prof. Paulo Salvador Frontini[167] ensina que:

> Entende-se por crise econômico-financeira a situação efetiva (e não meramente contábil) de empresário ou sociedade empresária que, por

---

[166] Idem ibidem.

[167] FRONTINI, Paulo Salvador, Do estado do falido: sua configuração – inovações da nova lei de recuperação e falência, in Revista de Direito Mercantil, Industrial, Econômico e Financeiro, São Paulo, Malheiros, v. 44, n. 138, p. 7-24, abr/jun 2005. Nessa mesma linha, segue Fredrico Viana Rodrigues, que sustenta haver três principais tipos de crise pelas quais uma empresa pode passar, quais sejam, a crise financeira, a crise patrimonial e a crise econômica. No entanto, segundo o autor, apenas a crise econômica é digna de tutela do direito recuperacional (RODRIGUES, Frederico Viana, Reflexões sobre a viabilidade econômica da empresa no novo regime concursal brasileiro, in Revista de Direito Mercantil, Industrial, Econômico e Financeiro, v. 44, n. 138, São Paulo, Editora Malheiros, abr/jun de 2005, p. 102-122).

insuficiência de ativo patrimonial, ou por indisponibilidade de liquidez monetária, não reúne condições de dar prosseguimento normal à sua atividade empresarial.

Sobre este mesmo tema, a Profa. Rachel Sztajn[168] explica a diferença entre iliquidez e insolvência, deixando claro que são merecedoras do benefício da recuperação judicial apenas as empresas que passam por crises de iliquidez, já que a crise de solvência somente é superável pela falência:

> Crise financeira implica iliquidez, incapacidade de, momentaneamente, adimplir, que não tem como causa desequilíbrio patrimonial negativo ou adverso. Daí que a concessão ou ampliação do prazo para adimplir permite liquidar alguns ativos que, transformados em moeda, servirão para pagar o passivo sem que isso afete a solvência futura do devedor. O receituário não serve para a hipótese de o total do ativo ser inferior ao total do passivo [insolvência] de vez que aqui a crise se manifesta como impossibilidade de satisfazer à totalidade das obrigações mesmo com a liquidação de todo o ativo. Ressalta-se que o pedido de recuperação judicial é facultado aos empresários devedores, dada à premissa de viabilidade da continuação da atividade sob mesma ou outra forma de organização.

A respeito deste ponto, MEDINA e HUBLER[169] continuam argumentando que, encontrando o juiz deficiências na exposição concreta feita pela empresa devedora ou inconsistências nos documentos por ela apresentados, deveria ele determinar a realização de prova pericial contábil para verificar se a realidade apresentada pelos documentos condiz com a situação de crise narrada pela empresa na peça vestibular.

Esta posição proativa do magistrado, defendida por MEDINA e HUBLER encontra respaldo na teoria dos poderes instrutórios do juiz, cujo maior expoente é o Prof. José Roberto dos Santos Bedaque[170], a qual se baseia

---

[168] SZTAJN, Rachel, Comentários, op. cit., p. 219-222.
[169] Op. cit. p. 140-141.
[170] BEDAQUE, José Roberto dos Santos, Poderes instrutórios do juiz, 3 edição, São Paulo, Revista dos Tribunais, 2001, p. 16. De acordo com BEDAQUE, a iniciativa judicial de se buscar a verdade material deve ser louvada, porque, segundo ele, "verdade formal é sinônimo de mentira formal, pois constituem as faces do mesmo fenômeno: o julgamento feito à luz de elementos insuficientes para a verificação da realidade jurídico material".

na busca da verdade material pelo magistrado, de modo a permitir que o resultado do processo seja alcançado com base na verificação da realidade e não na mera leitura dos documentos juntados aos autos.

Além disso, do ponto de vista eminentemente técnico do procedimento de recuperação judicial, há que se destacar que são levadas ao conhecimento do juiz inúmeras provas sobre as quais ele pode não ter conhecimento específico. Nessas situações, a doutrina recuperacional já admitiu algo que a doutrina processual defende há tempos: o magistrado pode (e deve) ser auxiliado por peritos e assistentes versados em matéria contábil e financeira. Nesse sentido, leciona Manoel Justino Bezerra Filho[171]:

> O juiz não é um técnico em contabilidade e não conta com a necessária assessoria técnica que lhe permita uma eficaz análise dos documentos contábeis apresentados (...). É necessário que se propicie essa efetiva assessoria ao juiz, que, repita-se, não é técnico em contabilidade, administração ou finanças. Como há intenção, em diversas unidades da federação, de criar varas especializadas para a recuperação e a falência, seria necessária a criação também dessa assessoria de natureza contábil em tais varas.

Além do amparo na doutrina processual e falimentar, é importante destacar que o posicionamento adotado por MEDINA e HUBLER acerca do ativismo judicial na determinação de produção de prova pericial para a busca da verdade material da crise da empresa para fins de deferimento ou não do pedido de recuperação judicial é uma questão que já foi enfrentada pelo Tribunal de Justiça do Estado de São Paulo[172] e pelo Tribunal de Justiça do Estado do Rio de Janeiro[173].

---

[171] BEZERRA FILHO, Manoel Justino, Lei de Recuperação de empresas e falência: Lei 11.101/2005 comentada artigo por artigo, 7 edição, São Paulo, Editora Revista dos Tribunais, 2011, p. 148

[172] Destacam-se os seguintes julgados da 1ª Câmara Reservada de Direito Empresarial do TJSP, ambos de relatoria do Desembargador Teixeira Leite: Agravo de Instrumento 0194436-42.2012.8.26.0000, julgado em 02.10.2012 e Agravo de Instrumento 2058626-90.2014.8.26.0000, julgado em 03.07.2014. Em ambos os casos, o Desembargador Relator Teixeira Leite manteve a decisões de primeira instância nas quais o juizo da recuperação judicial determinou a realização de perícia prévia à decisão concessiva do processamento.

[173] Nesse mesmo sentido, destaca-se o acórdão proferido pela Décima Quarta Câmara Cível do Tribunal de Justiça do Estado do Rio de Janeiro no julgamento do Agravo de Instrumento 0019573-97.2015.8.19.0000, no qual o Desembargador Relator José Carlos Paes entendeu não

Nos casos que avaliaram, ambas as Cortes entenderam como salutar a produção da perícia prévia, para que fosse verificado, de forma concreta, o preenchimento dos requisitos de admissibilidade impostos pela LRE.

3.2.2.2. A verificação, *in status assertionis*, da viabilidade econômica da empresa

Além da análise da exposição a respeito das causas concretas da crise financeira da empresa e de sua situação patrimonial efetiva, MEDINA e HUBLER[174] sustentam que o magistrado deve também analisar, como condição da ação de recuperação judicial, a viabilidade, mesmo que em tese, da empresa se soerguer após a concessão dos benefícios da recuperação judicial[175][176].

---

haver qualquer irregularidade na perícia prévia determinada pelo juiz a quo, para a avaliação do pedido de deferimento de uma recuperação judicial. A seguir estão trechos elucidativos do voto do relator: "In casu, note-se que antes de deferido o processamento da recuperação judicial, o Juízo a quo, para análise prévia da viabilidade do pedido inicial, bem como requisitos legais, nomeou perito – prerrogativa do magistrado – de forma que a análise dos documentos constantes dos autos, a fim de auxiliá-lo acerca dos requisitos autorizadores do deferimento do processamento da recuperação judicial, deve se submeter à máxima de que o juiz é o destinatário final das provas, cabendo-lhe escolher profissional de sua confiança para auxiliá-lo. (...) No que tange ao trabalho realizado, o expert concluiu pela presença dos requisitos legais para o deferimento do processamento do pedido, em relação a algumas das empresas autoras. Frise-se que nesta fase processual, após juízo sumário de cognição, não se está concedendo o pedido inicial, mas tão somente deferindo o seu processamento, motivo pelo qual nada obsta que, ao final, conclua o Juízo a quo pelo decreto de falência do devedor" (TJRJ, Agravo de Instrumento nº 0019573-97.2015.8.19.0000, 14ª Câmara Cível, Relator Desembargador José Carlos Paes, julgado em 27.05.2015).

[174] Op. cit. p. 141-145 – "A LRF reserva a recuperação judicial àquelas empresas capazes de soerguer-se e, portanto, superar a situação de crise econômico-financeira em que se encontram no momento em que pleiteiam em juízo a recuperação. (...) Assim, a concessão da recuperação judicial é benefício destinado, exclusivamente, às empresas economicamente viáveis. De outra forma, estar-se-ia postergando o inevitável destino da falência".

[175] Nesse mesmo sentido é o posicionamento de Geraldo Fonseca de Barros Neto: "Serve a recuperação à superação da crise momentânea a qual atravessa o devedor empresário. Nesse contexto, a causa de pedir fática da recuperação judicial é o estado de crise econômico-financeira do devedor, que pode ser superada com a utilização adequada de instrumentos jurídicos e econômicos, dentre os quais a concessão de prazos e descontos pelos credores. Portanto, fundamentam a recuperação judicial a crise e a possibilidade de sua sólida superação; em outras palavras, que, apesar a crise, seja viável a empresa." (BARROS NETO, op. cit., p. 99).

[176] Analisando a questão da perícia em processos de recuperação judicial Frederico Viana Rodrigues faz críticas à sua aplicabilidade sustentando que ela carece de substrato concreto, na

Sobre este ponto, Daniel Carnio Costa[177], juiz da 1ª Vara de Falências e Recuperações Judiciais de São Paulo, em artigo publicado na revista do Instituto Brasileiro de Administração Judicial – IBAJUD sustentou que:

> É certo que nesse momento inicial do processo, não é possível aferir se a empresa é realmente viável, até porque essa conclusão pode depender de diversos outros fatores que são, inclusive, externos à empresa, como as condições de mercado, a obtenção de novos investimentos, etc. (...) Todavia, também é certo que a recuperação judicial é um instituto aplicável apenas para empresas viáveis, a fim de que a manutenção da atividade empresarial possa gerar os benefícios sociais e econômicos que são decorrentes do exercício dessa atividade. Se não é possível aferir a viabilidade da empresa nesse momento inicial, pode ser possível aferir-se, ao contrário, a sua inviabilidade. Essa deve ser a preocupação do juiz nesse momento inicial. (...) É absolutamente inviável, por exemplo, uma empresa que já não tenha atividade por longo período, não tenha funcionários, não produza, não recolha tributos, não tenha mais sede, não tenha patrimônio sequer compatível com o desenvolvimento mínimo da atividade empresarial pretendida, etc. (...) Não seria razoável que o juiz deferisse o processamento da recuperação judicial, blindando o patrimônio dessa empresa em relação aos seus credores, se já é possível concluir desde logo que não será possível a divisão equilibrada de ônus e que não serão obtidos os benéficos resultados sociais e econômicos decorrentes da atividade empresarial.

MEDINA e HUBLER[178] sustentam ainda que esta análise revelará o binômio "utilidade/necessidade"[179] do processo de recuperação judicial no sentido de que, caso a empresa já demonstre, em petição inicial, a sua total inviabi-

---

medida em que se baseia numa análise em tese, quando a viabilidade somente pode ser aferida numa ótica de mercado, em que se detecte o valor da empresa, frente aos interesses manifestados por aqueles que se beneficiarão com sua manutenção: "se de um lado poderia aferir em tese a viabilidade econômica da empresa, por outro, a teoria afastar-se-ia da prática sempre que inexistissem interessados da continuidade da empresa" (RODRIGUES, op. cit., p. 112).

[177] COSTA, Reflexões, op. cit.
[178] Op. cit., p. 114.
[179] Nessa mesma linha é a opinião de Daniel Carnio Costa: "Do ponto de vista do processo, esse pressuposto lógico [de viabilidade da empresa recuperanda] deve ser interpretado como uma condição da ação de recuperação judicial ligada ao interesse processual, na modalidade adequação (...)." (COSTA, op. cit.).

lidade, a tutela jurisdicional representada pela recuperação não se mostrará efetiva, e deverá ser prontamente indeferida pelo magistrado[180] para evitar os altos custos sociais gerados por recuperações judiciais temerariamente ajuizadas.

Sobre esse custo social gerado pelo ajuizamento de recuperações por empresas que não apresentam capacidade de superação da crise, o Prof. Fabio Ulhoa Coelho[181] ensina que:

> Nem toda empresa merece ser recuperada. A reorganização de atividades econômicas é custosa. Alguém há de pagar pela recuperação, seja na forma de investimentos no negócio em crise, seja na de perdas parciais ou totais dos créditos. Em última análise, como os principais agentes econômicos acabam repassando aos seus respectivos preços as taxas de risco associadas à recuperação judicial ou extrajudicial do devedor, o ônus da reorganização das empresas no Brasil recai na sociedade brasileira como um todo (...) Quando o aparato estatal é utilizado para garantir a permanência de empresas insolventes inviáveis, opera-se uma inversão inaceitável: o risco da atividade empresarial transfere-se do empresário para seus credores.

Ainda sobre o custo social de tentativa de recuperação de uma empresa inviável, destaca-se a opinião do Ministro do Superior Tribunal de Justiça, Luis Felipe Salomão, emanada no julgamento do Recurso Especial n. 1.359.311-SP[182]:

> Por esse viés teleológico, a recuperação judicial, por tentar promover o equilíbrio entre os interesses dos credores e a manutenção da empresa, com todos os seus benfazejos consectários, também se diferencia da falência. (...) Todavia, é exatamente por isso que a recuperação judicial também traz consigo

---

[180] Ainda na vigência do Decreto-lei 7.661/1945, Nelson Abrão defendia esta mesma ideia, com relação à concordata: "O procedimento [de concordata] é aplicável às empresas viáveis, e não às irremediavelmente perdidas, situações essas avaliáveis mediante a indispensável perícia judicial". (ABRÃO, Nelson, Curso de Direito Falimentar, São Paulo, Editora Revista dos Tribunais, 1993, p. 32).

[181] COELHO, Fábio Ulhoa, Curso de Direito Comercial, 10. Edição, São Paulo, Editora Saraiva, 2009, p.382.

[182] SUPERIOR TRIBUNAL DE JUSTIÇA, Recurso Especial n. 1.359.311-SP, Quarta Turma, Relator Ministro Luis Felipe Salomão, Julgado em 09.09.2014.

um custo social e de mercado, que é a submissão dos credores, inclusive trabalhadores, a formas não propriamente mercadológicas de recuperação do crédito – e, inicialmente, não previstas ou não quistas por seus titulares. (...) Com efeito, esse custo à coletividade de credores, decorrente da paralisação de suas pretensões de solvência imediata do crédito, deve ser sopesado com o benefício social e mercadológico da recuperação. Daí por que a recuperação judicial, se por um lado, não constitui "favor legal" ao comerciante – como era a concordata na sistemática passada –, por outro não consubstancia direito público subjetivo a toda e qualquer empresa em crise, mas somente uma possibilidade conferida àquelas economicamente viáveis.

Nesse mesmo sentido, MEDINA e HUBLER sustentam que a demonstração, mesmo que perfunctória, da viabilidade econômica pela empresa recuperanda é necessária para que se comprove que (a) a empresa é merecedora das benesses oferecidas pela LRE; e (b) o custo social da concessão de tais benefícios será menor do que o custo social possivelmente gerado pelo encerramento de suas atividades e liquidação de seus ativos.

Este posicionamento é também adotado por COSTA[183]:

> A questão que se coloca é a seguinte: deve o juiz fazer uma análise formal da documentação apresentada, apenas conferindo se os documentos exigidos por lei foram juntados ou deve o juiz analisar, ainda que de maneira perfunctória nessa fase do processo o conteúdo dos documentos? É evidente que o juiz não pode exercer uma conduta meramente formal, fazendo apenas um *check list* da documentação apresentada pela devedora, mas deve analisar o seu conteúdo a fim de aferir a eventual e patente inviabilidade da empresa.

Neste ponto, vale ressaltar que esta análise de viabilidade preliminar tratada por MEDINA e HUBLER e COSTA é aquela tratada *in status assertionis*, com base na exposição feita na petição inicial e nos documentos que a instruíram.

Repisa-se, portanto, que a averiguação de viabilidade proposta por MEDINA e HUBLER e por COSTA (perfunctória, *in status assertionis*) se assemelha àquela verificação das condições da ação feita pelos magistrados

---

[183] COSTA, Reflexões, op. cit.

nas ações civis ordinárias em dois momentos principais: (a) na decisão de recebimento da petição inicial; e (b) na decisão saneadora.

Sobre este ponto, como bem pontua BARROS NETO[184], em razão das especificidades do procedimento de recuperação judicial e do fato de a LRE não prever uma fase ordinatória de saneamento do processo, a verificação judicial do preenchimento dos requisitos de admissibilidade da ação deve ser feita *ab initio*, na deliberação acerca do deferimento (ou indeferimento) do pedido de processamento, tratado no artigo 52 da LRE.

Continuando em sua explanação sobre o tema, MEDINA e HUBLER[185] afirmam que, caso o juiz não se convença das demonstrações feitas pela empresa peticionária acerca da utilidade do procedimento recuperação para a superação de sua crise financeira – convencimento este que pode ser alcançado com base na própria exposição e documentos juntados pela empresa ou nas conclusões do laudo pericial preliminar tratado acima – caberia ele indeferir a petição inicial para evitar os prejuízos (processuais e econômicos) causados pela tramitação de uma ação desnecessária[186]:

---

[184] A respeito do momento de verificação dos requisitos de admissibilidade do pedido de recuperação judicial, Geraldo Fonseca de Barros Neto sustenta o seguinte: "Especialmente no processo de recuperação judicial, o juízo de admissibilidade deve ser cuidadosamente proferido, desde logo, por várias razões. De um lado, porque o deferimento do processamento, por si, já repercute na esfera de direitos do devedor e movimenta a coletividade dos credores, gerando importantes efeitos (...). De outro lado, porque não é previsto no procedimento um momento posterior para aferição da presença dos requisitos de admissibilidade." (BARROS NETO, op. cit. p. 97).

[185] Op. cit., p. 146.

[186] A este respeito, vale menção ao posicionamento contrário esposado pelo Tribunal de Justiça do Estado do Rio de Janeiro, no julgamento da apelação n. 0105323-98.2014.8.19.0001, interposta contra sentença que indeferiu a petição inicial de uma recuperação judicial por suposto desatendimento ao requisito de demonstração das razões concretas da crise econômico financeira e exposição perfunctória da viabilidade econômica. Ao analisar o caso, a relatora do caso, Desembargadora Renata Cotta sustentou que a recuperação judicial deveria ser deferida porque, na fase inicial da recuperação, não caberia ao juiz qualquer análise de viabilidade econômica, mas tão somente a verificação do atendimento de requisitos formais pelaempresa peticionária: "O juiz não pode, porém, analisar a viabilidade econômica da empresa para deferir ou não o processamento da recuperação, na oportunidade mencionada no artigo 52 da Lei 11.101/05. No caso em tela, houve o indeferimento do processamento do pedido de recuperação judicial feito pela sociedade apelante por não ter sido preenchido o requisito legal do art. 51, I, da Lei 11.101/05. Da leitura da peça inicial, verifica-se que houve a exposição das causas concretas da situação patrimonial da sociedade apelante e as razões de sua crise econômico financeira. (...)

A fim de evitar que o custo social da recuperação judicial não seja assimilado e de propiciar as referidas plenas condições a devedor e credores, o juiz, ao exercer seu papel de condução e fiscalização deve realizar juízo de admissibilidade da demanda, deve ser rigoroso, indeferindo, de imediato, pretensões temerárias.

Em síntese, na visão de MEDINA e HUBLER, que também é esposada por BARROS NETO e COSTA, o juiz somente poderia determinar o prosseguimento do processo de recuperação judicial nos termos do art. 52 da LRE após (a) avaliar o cumprimento dos requisitos do arts. 2o (pressupostos negativos) e 48 (pressupostos positivos) da LRE; (b) verificar a regularidade dos documentos juntados pela devedora; (c) analisar a lógica e a coerência das razões narradas pela devedora para a sua atual configuração econômico- financeira; e (d) constatar, ainda que de forma perfunctória, a viabilidade econômica da empresa.

Isso porque, segundo os autores, apesar de haver um importante aspecto deliberativo desenvolvido entre a empresa devedora e os credores, cabe ao magistrado a função de conduzir e fiscalizar o processo, sendo tal função representada, inclusive, pela análise acurada da petição inicial para verificação do preenchimento dos pressupostos processuais e, mais importante que isso, para a constatação de que a recuperação judicial é o procedimento necessário, útil e adequado para o sucesso da tutela pretendida pela empresa recuperanda, que é, em última análise, a superação de sua crise econômica.

3.2.3. Síntese crítica – necessidade de juízo de admissibilidade da recuperação judicial

A questão da possibilidade de uma atuação judicial mais proativa no que diz respeito ao deferimento do processamento da recuperação judicial

---

Tal narrativa atende perfeitamente aos ditames do art. 51, I da Lei 11.101/2005, sendo certo que nessa fase processual o juiz avaliará apenas o preenchimento dos requisitos formais, não podendo se imiscuir no mérito da viabilidade econômica da empresa e, portanto, atendidos os requisitos formais, o processamento da recuperação judicial deverá ser deferido". TJRJ, Apelação n. 0105323-98.2014. 8.19.0001, Terceira Câmara Cível, Relatora Desembargadora Renata Cotta, julgada em 25.02.2015.

está longe de ser tema pacífico, apesar do crescente número de posicionamentos doutrinários e jurisprudenciais favoráveis.

Grande parte da doutrina recuperacional sequer questiona a regra contida no artigo 52 da LRE e apenas replica as palavras da lei, atestando que, estando em ordem a petição inicial, o juiz deferirá o processamento do pedido de recuperação, como se tal deferimento constituísse um direito subjetivo da recuperanda, de aplicação automática.

Dentre os autores que se aventuraram a esmiuçar a matéria, há aqueles, como BENETI[187], que se restringem a afirmar que a atuação do juiz na fase postulatória da recuperação deve ser extremamente perfunctória, para que não haja delongas na fase inicial.

Com todo respeito a este posicionamento, é preciso analisar o instituto da recuperação judicial não só à luz de seus princípios orientadores (positivados no artigo 47 da LRE), mas também à luz de questões práticas.

Como amplamente defendido pela doutrina[188], o instituto da recuperação se volta à tutelar as empresas viáveis, que enfrentam crises econômico-financeiras momentâneas. Assim, se já na petição inicial o magistrado tiver acesso a dados e documentos que relevem que a empresa peticionária é inviável – porque, por exemplo, está sem exercer atividade comercial há tempo considerável, ou porque não tem funcionários –, entendemos que ele tem poder e legitimidade para indeferir o pedido de processamento, por meio de sentença terminativa, porque (a) do ponto de vista da análise das condições da ação, a empresa em questão carecerá de interesse de agir, porque a recuperação não se mostrará medida processual adequada para a satisfação concomitante dos seus interesses, dos interesses dos seus credores e dos interesses da sociedade[189]; e (b) do ponto de vista dos

---

[187] Vide nota n. 3.

[188] Vide tópicos 2.2 e 2.3 deste trabalho

[189] Segundo Cândido Rangel Dinamarco, "Há o interesse de agir quando o provimento jurisdicional postulado for capaz de efetivamente ser útil ao demandante, operando uma melhora em sua situação na vida comum – ou seja, quando for capaz de trazer-lhe uma verdadeira tutela, a tutela jurisdicional. O interesse de agir constitui o núcleo fundamental do direito de ação, por isso que só se legitima o acesso ao processo e só é lícito exigir do Estado o provimento pedido, na medida em que ele tenha essa utilidade e essa aptidão". (DINAMARCO, Cândido Rangel, Instituições de Direito Processual Civil, volume II, 6 edição, São Paulo, Editora Malheiros, 2009, p. 309).

impactos sociais, evitar-se-iam os altos custos gerados pelo processamento de uma recuperação judicial que se mostrará, mais cedo ou mais tarde, ineficaz.

Neste ponto, vale ressaltar que a questão da análise de viabilidade da empresa, em juízo de admissibilidade, foi largamente debatida no ano de 2015, por juristas renomados que compuseram o Grupo II – Falência e Recuperação, da II Jornada de Direito Comercial organizada pelo Instituto dos Advogados de São Paulo – IASP.

Tanto é verdade, que um dos enunciados que foi proposto pelo Grupo II para deliberação plenária tem a seguinte redação[190]:

> Enunciado 2.06 (proposta 2.25 aprovada, com alteração de redação): Presentes fortes indícios da ausência de efetivo exercício das atividades da devedora ou da sua irregularidade, nos termos, nos termos do art. 48 da Lei 11.101/05, pode o magistrado determinar providências para a sua constatação previamente ao deferimento do processamento da recuperação judicial.

É certo que o enunciado acima proposto não direciona o juiz a um indeferimento direto da petição inicial, mas lhe faculta determinar a produção de prova pericial prévia (dentre outras providências), que certamente lhe dará elementos mais robustos para a averiguação da real situação da empresa, o que pode evitar que a máquina judiciária seja movida de forma desnecessária e que os custos de transação, inerentes à manutenção de um agente de mercado ineficiente, sejam gerados ou aumentados.

Em vista disso, no que diz respeito ao ato judicial inaugural do processo de recuperação judicial, abraçamos o posicionamento defendido por MEDINA e HUBLER e também por BARROS NETO, no sentido de que se trata de juízo de admissibilidade, que deve ser feito de forma rigorosa pelo magistrado, de modo a se evitar a banalização das benesses da recuperação judicial – que trazem em si, inexoráveis prejuízos aos credores em concurso – e a

---

[190] O Grupo II – Falência e Recuperação Judicial teve como principais membros o Dr. Ivo Waisberg, na posição de coordenador geral, o Dr. Alberto Camiña Moreira, na posição de presidente do Grupo de Trabalho II e o Dr. Ronaldo Vasconcelos, na posição de relator das propostas de enunciados. Informações disponíveis no website do IASP (http://www.iasp.org.br/2015/09/ii-jornada-paulista-de-direito-comercial/), acessado em 08.10.2015.

premiar as empresas viáveis[191], que tornarão efetivo e positivo o instituto recuperacional[192].

[191] Nesse sentido, destaca-se o posicionamento da Profa. Rachel Sztajn a respeito do âmbito de aplicação da LRE no que diz respeito aos critérios de eficiência econômica. Segundo a professora, o aplicador da LRE (juiz ou tribunal), deve pautar suas decisões em critérios de eficiência e não se deixar levar por motivações assistencialistas: "As boas intenções do legislador requerem, contudo, que se tenha presente aspectos econômicos que ficam subjacentes às normas legais, que se respeite o critério de eficiência e que o aplicador da Lei não se deixa levar por motivações ideológicas assistencialistas em que a preservação de atividades inviáveis seja deferida para atender a alguns interesses de certa parcela da sociedade (civil)". (...) A função social da empresa só será preenchida se for lucrativa, para o que deve ser eficiente. Eficiência, nesse caso, não é apenas produzir os efeitos previstos, mas é cumprir a função despendendo pouco ou nenhum esforço; significa operar eficientemente no plano econômico, produzir rendimento, exercer a atividade de forma a obter os melhores resultados. Se deixar de observar a regra de eficiência, meta-jurídica, dificilmente, atuando em mercados competitivos, alguma empresa sobreviverá. Esquemas assistencialistas não são eficientes na condução da atividade empresária, razão pela qual não podem influir, diante de crise, na sua recuperação. (Op. cit., p. 222-224).

[192] A respeito da efetividade da ação de recuperação judicial, o Prof. Jorge Lobo publicou recentemente artigo no site Consultor Jurídico – ConJur trazendo dados relevantes a respeito: "Apenas 5% das quase 7 mil ações de 'Recuperação Judicial da Empresa', ajuizadas nos dez anos de vigência da Lei 11.101, de 2005 (LRFE), não foram convoladas em falência, segundo esclarece o eminente professor Carlos Henrique Abraão, desembargador do TJ-SP e fundador e presidente do Instituto Nacional de Recuperação Empresarial, com base em levantamento por amostras realizado por sua área técnica. (...) A causa do fracasso não está na LRFE, mas, na equivocada, as mais das vezes temerária, utilização da recuperação judicial, que deveria basear-se exclusivamente na razão, jamais em desejos e esperanças: desejos de ver a empresa reerguer-se das 'cinzas'; esperança de ver surgir uma solução milagrosa. Fundar a ação de recuperação judicial na razão é verificar, com esmero e a assessoria e assistência de especialistas independentes de notória capacidade técnica e indiscutível idoneidade moral, a existência de pressuposto objetivo da ação antes de distribuí-la, isto é, verificar se a empresa é econômica e financeiramente viável antes de acionar o Poder Judiciário." – LOBO, Jorge, Recuperação Judicial é válida quando a empresa apresenta perfil favorável, artigo publicado em 26.09.2015, no site ConJur (www.conjur.com.br) também acessível no seguinte endereço (http://www.gladiusconsultoria.com.br/noticia/recuperacao-judicial-e-valida-quando-empresa-apresenta-perfil-favoravel-165), acesso em 08.10.2015. Como se pode notar, na visão de Jorge Lobo, uma das razões da aparente ineficácia do instituto da recuperação judicial está no fato de que as empresas que pleiteiam judicialmente o benefício não fazem um estudo prévio e rigoroso acerca de sua própria situação e de a que custo se daria sua recuperação. A nosso ver, a posição do professor é correta, mas não impede que as empresas ajuízem as ações de recuperação mesmo sabendo que não apresentam o perfil necessário. Justamente por esse motivo, entendemos que caberia ao juiz analisar, com assistência de profissionais técnicos em finanças e contabilidade,

3.3. O controle de legalidade

Assim como na questão do juízo de admissibilidade/despacho inicial, a doutrina ainda diverge sobre a possibilidade de atuação do juiz na análise dos planos de recuperação negociados entre devedora e credores.

Nos primeiros anos de vigência da LRE, a corrente doutrinária majoritária sustentava que a decisão tomada pelos credores em assembleia geral vinculava o juiz, que não teria margem de discricionariedade[193] para decidir em contrário, por suposta falta de conceitos abertos no dispositivo legal que rege a matéria (art. 58 da LRE).[194]

Seguindo nessa linha, anotou Frederico Simionato[195] que, em relação à deliberação da assembleia de credores, os poderes do juiz são limitados à verificação de formalidades:

> A Lei de Falências vive na prática dos embates judiciais, e por isso a sua aplicação deve ser reta e correta. Não há espaço para improvisos ou conchavos. Por isso, dentre as regras gerais sobre as assembleias de credores que merecem ser ressuscitadas estão: a) o juiz as presidirá, mantendo o respeito e a ordem

---

a realidade da empresa, de modo a avaliar, ab initio, o atendimento das condições da ação e dos pressupostos processuais.

[193] Nesse sentido, se posiciona Alberto Camiña Moreira: "à aprovação do plano pela assembleia de credores segue-se o pronunciamento judicial vinculado a essa vontade. (...) Não é o juiz que concede a recuperação; são os credores. O juiz homologa a vontade dos credores, expressa em assembleia e registrada em ata; o juiz deve proceder à verificação meramente formal da atuação da assembleia de credores, quórum de instalação e de deliberação, enfim, a regularidade do procedimento. (...) O juiz não examina o conteúdo do plano aceito; assim como não examina o conteúdo dos acordos que ele homologa frequentemente no processo". (MOREIRA, Alberto Camiña, op. cit., p. 249 e ss.).

[194] Confira-se posição do Prof. Mauro Rodrigues Penteado: "Doravante a 'concessão' pelo juiz da recuperação judicial pressupõe, sempre, a aprovação dos credores, (i) seja pela ausência de objeções de qualquer um deles ao Plano, (ii) seja pela aprovação do Plano pela Assembleia Geral de Credores. (...) O papel do juiz (...) é em princípio sancionatório, o que leva à conclusão de que a nova Lei disciplina um negócio jurídico privado bilateral porque celebrado entre duas partes". (PENTEADO, op. cit., p. 84). A respeito da falta de conceitos abertos, aptos a dar discricionariedade ao juiz, MUNHOZ afirma: "uma vez preenchidos os requisitos da lei, que nesse aspecto não adota nenhuma cláusula aberta ou conceito indeterminado, e aprovado o plano pela assembleia geral de credores, cumpre ao juiz conceder a recuperação; se, por outro lado, não se configurar tal hipótese, cabe ao juiz decretar a falência" (MUNHOZ, op. cit., p. 190-191).

[195] SIMIONATO, Frederico Augusto Monte, Tratado de Direito Falimentar, Rio de Janeiro, Editora Forense, 2008, p. 101.

das discussões, resolvendo de pronto as dúvidas que suscitarem (poder de polícia do juiz); b) este poder, porém, não o autoriza a ingerir-se no mérito das discussões e deliberações, salvo quando contrárias à lei; c) a intervenção do juiz é meramente formal e serve para a documentação dos resultados da assembleia.

Tal corrente doutrinária sustentava que a única forma de o juiz superar a vontade da maioria dos credores era por meio da aplicação da regra de *cram down* prevista no parágrafo primeiro do art. 58, desde que cumulativamente observados os incisos do mesmo parágrafo. Nesse sentido, vide opinião de Gladston Mamede[196]:

> Este quórum especial de aprovação [do art. 58, parágrafo primeiro] pode ser aferido em qualquer das votações, preliminares ou finais. (...) Daí a importância de todas as votações havidas na assembleia geral terem seus resultados registrados na respectiva ata, permitindo a aplicação dessa norma especial. Afora essa licença extraordinária, não me parece que o legislador tenha outorgado ao juiz qualquer poder de, contrariando a deliberação majoritária dos credores, conceder a recuperação judicial do empresário ou sociedade empresária. A recuperação judicial, ao contrário da concordata (sob o regime do Decreto-lei 7.664/45), não é mais um benefício titularizado e concedido pelo Estado, segundo os critérios deste, mas um acordo coletivo, uma transação judicial coletiva.

No entanto, com o passar dos anos de vigência da LRE, a doutrina foi diversificando o entendimento a respeito desse papel homologatório do juiz e passou a admitir que o magistrado realizasse, além do controle de legalidade formal (aquele de verificação de requisitos procedimentais), um crivo de "legalidade material", que segundo Jorge Lobo[197], seria a análise de ocorrência de situações invalidantes, como fraudes, abusos de direito de voto, má-fé, etc.[198]

---

[196] MAMEDE, Gladston, Direito Empresarial Brasileiro – Falência e Recuperação de Empresas, 2ª edição, São Paulo, Editora Atlas, 2008, p. 249.
[197] LOBO, Comentários, op. cit., p. 219.
[198] Nesse sentido, é o entendimento de Sheila Cerezetti: "(...) a LRE modificou os fundamentos do direito concursal brasileiro e concedeu a alguns credores pode quase soberano no que diz

De acordo com essa corrente doutrinária, que tem como um de seus expoentes o professor Paulo Fernando Campos Salles de Toledo[199], o juiz estaria vinculado à decisão da assembleia de credores no que diz respeito ao conteúdo negocial do plano[200], mas poderia realizar "juízo de legalidade" do plano e do contexto da deliberação, de modo a evitar abusos de direito.

Vai no mesmo sentido a opinião de Fabio Ulhoa Coelho[201]:

> O procedimento da recuperação judicial, no direito brasileiro, visa criar um ambiente favorável à negociação entre o devedor em crise e seus credores. O ato do procedimento judicial em que privilegiadamente se objetiva a ambientação favorável ao acordo é, sem dúvida, a assembleia de credores. Por essa razão, a deliberação assemblear não pode ser alterada ou questionada pelo Judiciário, a não ser em casos excepcionais como a hipótese do art. 58, § 1º,

---

respeito ao destino do devedor. Desta opção legislativa decorre necessariamente o afastamento da atuação jurisdicional no que tange à avaliação de viabilidade da empresa devedora, cabendo aos credores decidir sobre a proposta de recuperação. Esta medida da valorização do papel dos credores e restrição às funções jurisdicionais é bastante recorrente nos atuais sistemas concursais. Ela não significa, contudo, que ao magistrado reste mero papel homologatório da vontade dos agentes privados. (...) o Estado-juiz assume a vital função de garantir o adequado deslinde do processo, seja pela observância de regras procedimentais, seja pela certeza de que direitos, como o de voto, não foram exercidos de forma abusiva" (CEREZETTI, Sheila Christina Neder, As classes de credores como técnica de organização de interesses: em defesa da alteração da disciplina das classes na recuperação judicial, in Direito das Empresas em Crise: Problemas e Soluçoes, TOLEDO, Paulo Fernando Campos Salles de; SOUSA JUNIOR, Francisco Satiro (coords.), São Paulo, Editora Quartier Latin, 2012, p. 380-381). Em outra obra de sua autoria, Sheila Cerezetti afirma nesse mesmo sentido: "Cabe destacar que ao juiz aparentemente se concede o simples papel de homologar a decisão dos credores. Todavia, conforme visto, a ele deve a fundamental função de, entre outras, apreciar a boa-fé das partes e o correto exercício do direito de voto pelos credores, identificando casos de abuso" (CEREZETTI, A recuperação Judicial, op. cit., p. 310-311).

[199] TOLEDO, O plano de recuperação, op. cit., p. 307-326.

[200] Nesse sentido é o entendimento de Luis Felipe Salomão e Paulo Penalva Santos: "a participação do Estado nesse processo, seja no âmbito do Poder Executivo, seja no Judiciário, interferindo nas 'leis de mercado', deve ser considerada sob a perspectiva do interesse público, mas a recuperação judicial não se traduz na fórmula simplista da substituição da iniciativa privada pela atividade do juiz". SALOMÃO, Luis Felipe; SANTOS, Paulo Penalva, Recuperação Judicial, extrajudicial e falência: teoria e prática, Rio de Janeiro, Editora Forense, 2012, p. 10-12.

[201] COELHO, Fabio Ulhoa, Comentários à Lei de Falências e de recuperação de empresas, 8ª edição, São Paulo, Editora Saraiva, 2011, p. 246-247.

ou a demonstração de abuso de direito de credores em condições formais de rejeitar, sem fundamentos, o plano articulado pelo devedor.

Sérgio Campinho[202] também adota a mesma posição:

> Verificadas todas as condições, a recuperação deverá ser concedida pelo magistrado. O vocábulo "poderá" empregado no texto legal (§ 1. do art. 58) não quer traduzir uma faculdade do juiz, mas sim um poder-dever. Só não irá concedê-la caso verifique a ocorrência de ilegalidade no conteúdo do plano ou nas pré-condições para o devedor entrar em recuperação.

Nessa mesma linha, são as manifestações dos ministros do Superior Tribunal de Justiça[203]: o Ministro Luis Felipe Salomão, sustentou, no voto proferido durante o julgamento do Recurso Especial nº 1.359.311, que a natureza contratual da recuperação judicial seria tão evidente, que a LRE limitou de forma taxativa e episódica as possibilidades de ingerência judicial na aprovação do plano[204]:

> De fato, internamente às tratativas referentes à aprovação do plano de recuperação, muito embora de forma mitigada, aplica-se o princípio da liberdade contratual, decorrente da autonomia da vontade. São apenas episódicos – e pontuais, com motivos bem delineados – os aspectos previstos em lei em que é dado ao Estado intervir na avença levada a efeito entre devedor e credores.

Ainda nesse mesmo diapasão, o Ministro Salomão[205] sustentou que o caráter negocial é ainda reforçado pelo fato de que a LRE permite ao juiz a concessão da recuperação judicial contra decisão assemblear (preenchidos

---

[202] CAMPINHO, Sérgio, Falência e recuperação de empresas, 2. Ed, Rio de Janeiro, Renovar, 2006, p. 84. Nesse mesmo sentido, AMORIM, Pedro Henrique Vizzoto, Análise de julgado: O conflito entre a supremacia dos preceitos constitucionais, principiológicos e legais e a soberania da Assembleia Geral de Credores na Recuperação Judicial, in Revista de Dierito Bancário e do Mercado de Capitais, ano 16, vol. 59, 2013, p. 407-423.
[203] SUPERIOR TRIBUNAL DE JUSTIÇA, Recurso Especial n. 1.314.209, Terceira Turma, Relatora Ministra Nancy Andrighi, julgado em 22.05.2012
[204] SUPERIOR TRIBUNAL DE JUSTIÇA, Recurso Especial n. 1.359.311-SP, Quarta Turma, Relator Ministro Luis Felipe Salomão, Julgado em 09.09.2014.
[205] Idem ibidem.

os requisitos de *cram down* trazidos pelo parágrafos do art. 58), mas não dá ao magistrado o poder de agir inversamente, ou seja, de decretar a falência em caso de plano aprovado pela assembleia.

O entendimento esposado pela doutrina acima mencionada e pelos julgados do Superior Tribunal de Justiça está também em linha com os enunciados 44 e 46 da I Jornada de Direito Comercial, realizada no ano de 2013[206]:

> 44. A homologação do plano de recuperação judicial aprovado pelos credores está sujeita ao controle judicial de legalidade. (...)
> 46. Não compete ao juiz deixar de conceder a recuperação judicial ou de homologar a extrajudicial com fundamento na análise econômico-financeira do plano de recuperação aprovado pelos credores.

Em poucas palavras, a corrente doutrinária atualmente predominante – que encontra amplo respaldo jurisprudencial, inclusive na corte superior – é aquela que defende que a atuação judicial acerca do plano de recuperação judicial está limitada à averiguação de ilicitudes e não de viabilidade econômica de seu conteúdo, que seria matéria restrita à análise e aprovação dos credores submetidos aos efeitos do plano[207].

No entanto, como se verá abaixo, as opiniões sobre essa matéria estão sendo largamente debatidas pela jurisprudência, conforme resta demonstrado nos julgados comentados ao longo deste capítulo. Como será possível

---

[206] A íntegra dos enunciados aprovados no bojo da I Jornada de Direito Comercial está disponível em http://www.cjf.jus.br/CEJ-Coedi/jornadas-direito-comercial/LIVRETO%20-%20I%20JORNADA%20DE%20DIREITO%20COMERCIAL.pdf (acesso em 17.10.2015).

[207] De forma a sintetizar as concepções desta corrente doutrinária, colaciona-se a muito didática afirmação do Prof. Francisco Satiro de Sousa Junior: "A LRF não prevê nenhum mecanismo de avaliação objetiva da viabilidade da empresa. Se no art. 53, II da LRF há o pressuposto de que o devedor demonstre sua viabilidade, isso se dá no intuito de instruir os credores para a tomada de sua decisão. Isso porque a decisão sobre a viabilidade econômica da empresa cabe exclusivamente aos credores. Trata-se, portanto, de uma 'viabilidade subjetiva', ou seja, decorrente da soma dos variados interesses individuais dos credores submetidos. Prova disso é que, ainda que o devedor apresentasse um plano rigorosamente impecável, com base em premissas coerentes e propostas razoáveis, uma vez que os credores o tivessem reprovado, não poderia o juiz decidir pela homologação sob o fundamento de satisfação do princípio da preservação da empresa" (SOUZA, Autonomia, op. cit., p. 113).

perceber, a possibilidade de crivo de legalidade já é largamente aceita, não havendo, no entanto, um verdadeiro consenso a respeito da extensão e da profundidade desse juízo.

Feita esta breve introdução acerca do controle de legalidade, averiguaremos com mais profundidade as hipóteses que vêm sendo admitidas pela doutrina e pela jurisprudência como passíveis de intervenção judicial no bojo da deliberação a respeito do plano de recuperação judicial.

Após essa verificação, serão apresentadas as concepções de uma nova corrente doutrinária, que defende a possibilidade de o juiz, além de avaliar a legalidade do plano de recuperação e da deliberação assemblear, verificar se seu conteúdo atende aos objetivos da LRE, quais sejam, a tutela institucional da empresa e a tutela institucional do crédito.

3.3.1. O controle de legalidade estrita

Como dito acima, nos primeiros anos de vigência da LRE, o caráter negocial do plano de recuperação era visto quase que de forma absoluta, fazendo com que a doutrina e a jurisprudência afirmassem que caberia ao Estado-juiz intervir na deliberação assemblear (ou em seus resultados) apenas nos casos em que a assembleia ou o plano violassem os procedimentos estabelecidos pela LRE, ou as limitações já impostas pela lei ao conteúdo do plano.

Seguindo nessa linha, o Ministro Luis Felipe Salomão, do Superior Tribunal de Justiça[208], afirmou que caberia ao juiz verificar se as limitações impostas pela LRE à liberdade negocial das partes estaria atendida pelo plano:

> Têm-se, como exemplos, as seguintes hipóteses de ingerência legal na seara negocial do plano de recuperação: (a) que o plano não preveja 'prazo superior a 1 (um) ano para pagamento dos créditos derivados da legislação do trabalho ou decorrentes de acidentes do trabalho vencidos até a data do pedido de recuperação judicial, ou prazo superior a 30 (trinta) dias para

---

[208] SUPERIOR TRIBUNAL DE JUSTIÇA, Recurso Especial n. 1.359.311-SP, Quarta Turma, Relator Ministro Luis Felipe Salomão, Julgado em 09.09.2014. Nota-se que as hipóteses levantadas pelo Ministro Salomão se encaixam no conceito de controle de legalidade estrita pelo fato de que todos os parâmetros estão claramente fixados no texto da LRE. A análise, nesse caso, seria de subsunção do plano de recuperação à norma.

o pagamento, até o limite de 5 (cinco) salários-mínimos por trabalhador, dos créditos de natureza estritamente salarial vencidos nos 3 (três) meses anteriores ao pedido de recuperação judicial (art. 54); (b) possibilidade de alteração do plano apresentado, desde que não implique 'diminuição dos direitos exclusivamente dos credores ausentes' à assembleia (art. 56, §3º); (c) aprovação do plano de recuperação judicial por todas as classes de credores (art. 45), salvo na hipótese da cram down, quando se mitiga tal exigência, nos termos do art. 58, § 1º, mas que fica ainda interditada à possibilidade de tratamento diferenciado entre os credores da classe que houver rejeitado o plano (art. 58, § 2º).

A atuação judicial nesses casos é óbvia e indispensável, porque não poderia o Poder Judiciário confirmar atos jurídicos manifestamente contrários ao texto da lei que os regula.

Partindo das classificações propostas por Jorge Lobo[209] a respeito da atuação judicial no âmbito do processo de recuperação, as hipóteses listadas pelo Ministro Salomão como passíveis de crivo judicial estariam compreendidas na categoria de controle de legalidade formal (ou estrita), no qual o juiz estaria limitado a verificar se a assembleia (desde sua convocação até o seu desfecho) e o plano deliberado em foro assemblear atendiam aos claros requisitos impostos no texto da LRE.

Em tais hipóteses a doutrina e a jurisprudência já admitiam, desde os primeiros anos de vigência da LRE, os requisitos e vedações impostos pela LRE como limitações à autonomia da vontade dos credores e da recuperanda. Assim, diante dessa sorte de ilegalidade, o juiz não estaria realizando juízo discricionário, mas sim juízo de subsunção[210].

Considerando as hipóteses enumeradas acima pelo Ministro Salomão, baseadas em dispositivos prescritivos bastante claros da LRE, passa-se a discorrer a respeito das hipóteses mais paradigmáticas de controle de legalidade estrita, encontradas na jurisprudência.

---

[209] LOBO, Comentários, op. cit., p. 171-172.
[210] Aqui entende-se como juízo de subsunção aquele de enquadramento de uma situação concreta a uma situação abstrata tipificada em norma propositiva. Nesse sentido: FERRAZ JUNIOR, Tercio Sampaio, Introdução ao Estudo do Direito – Técnica, decisão, dominação, 5a edição, São Paulo, Editora Atlas, 2007, p. 331.

3.3.1.1. Plano votado em desacordo com as regras procedimentais

A primeira modalidade de controle judicial de legalidade estrita no bojo da recuperação judicial diz respeito não ao plano em si, mas ao foro em que tal plano será discutido, qual seja, a assembleia geral de credores. Nesse sentido, existem importantes precedentes de controle de legalidade estrita que levam à invalidação de deliberações assembleares tomadas em desacordo com os procedimentos de convocação e realização impostos pela LRE, mais especificamente seus artigos 36 e 37.

Nesse sentido, destaca-se julgado da 2ª Câmara Reservada de Direito Empresarial do Tribunal de Justiça do Estado de São Paulo que anulou deliberação a respeito de alterações num plano de recuperação judicial apresentado pela empresa Floralco Açúcar e Álcool Ltda.[211], por terem (a) a apresentação do novo plano e (b) a convocação da nova assembleia, descumprido as regras procedimentais da LRE. Confira-se trecho do voto proferido pelo Desembargador Relator José Reynaldo:

> Publicado o edital de convocação em 25.03.2013 e realizadas as AGC em 12.04.2013 (primeira convocação) e em 19.04.2013 (segunda convocação por ausência de quórum para instalação da primeira), verifica-se cumprido o prazo mínimo de 15 (quinze) dias de antecedência. Contudo, os demais requisitos legais exigidos para a validade do ato não se verificam presentes. O edital de convocação dos credores não especificou na ordem do dia a apresentação de proposta de alteração do plano de recuperação judicial, tendo se limitado a apontar a inclusão na pauta de deliberação e eventuais providências acerca do pedido de convolação da recuperação em falência. Não há também qualquer indicação do local onde os credores poderiam, se fosse o caso, obter cópia do plano de recuperação alterado que foi submetido à deliberação da assembleia naquela ocasião. Conforme ata da Assembleia Geral de Credores realizada em 19 de abril de 2013, diversos credores apontaram que não tiveram conhecimento prévio das alterações efetuadas no plano de recuperação, o que impediria fosse levado à votação naquela data.

Diante de tal situação, a Corte Paulista entendeu por bem invalidar a deliberação, por descumprimento das formalidades previstas no art. 36 da

---

[211] TJSP, Agravo de Instrumento no 0110681-86.2013.8.26.0000, 2ª Câmara Reservada de Direito Empresarial, Relator Desembargador José Reynaldo, julgado em 03.02.2014.

LRE – principalmente indicação de ordem do dia e do local onde poderia ser obtida a cópia do novo plano submetido à votação – por tais formalidades representarem os verdadeiros requisitos de validade da assembleia de credores[212].

Adotando a mesma solução, o Desembargador Renato Naves Barcellos do Tribunal de Justiça do Paraná[213] invalidou a assembleia geral de credores da empresa Wosgrau Participações Indústria e Comércio Ltda., por ter sido ela convocada em desacordo com os requisitos de publicidade impostos pelo art. 36 da LRE. Confira-se trecho do voto proferido pelo desembargador relator:

> Quanto às irregularidades no edital de convocação da assembleia geral de credores – antecedência mínima de quinze dias entre a data de publicação do ato convocatório e sua realização, bem como veiculação do edital do órgão oficial e em jornais de grande circulação nas localidades da sede e filiais – ao contrário do respeitável pronunciamento da ilustrada Procuradoria Geral da Justiça, estou plenamente convencido de que não houve a observância dos requisitos legais previstos no art. 36 da nova Lei de Falências. (...) o art. 36, caput, da Lei 11.101/2005 exige a publicação do edital de convocação da assembleia de credores, tanto no órgão oficial como no jornal de circulação no local da sede da empresa recuperanda e de suas filiais com antecedência mínima de quinze dias. (...) O não atendimento aos requisitos cumulativos expressamente estabelecidos na lei especial acarreta a nulidade da assembleia de credores que delibera sobre o plano de recuperação judicial e de todos os atos subsequentes do processo de recuperação. (...) Diante de tal quadro, verificando o vício de forma insanável – o desrespeito à antecedência mínima de quinze dias exigida para a publicação do edital da assembleia de credores, nos órgãos da imprensa oficial e privada, bem como ausência de veiculação do instrumento convocatório no local da filial – nos termos especificados na lei, impõe-se a

---

[212] Também nesse mesmo sentido são as lições de Luiz Roberto Ayoub e Cássio Cavalli: "A não observância de todos os requisitos formais de convocação, que são cumulativos, conduzirá à invalidação da assembleia geral de credores. Com efeito, a publicação na imprensa oficial e em jornal de circulação na localidade da sede da empresa devedora são requisitos cumulativos". (AYOUB, Luiz Roberto; CAVALI, Cássio, A Construção Jurisprudencial da Recuperação Judicial de Empresas, Rio de Janeiro, Editora Forense, 2013, p. 267).

[213] TJPR, Agravo de Instrumento nº 327.929-0, 18ª Câmara Cível, Relator Desembargador Renato Naves Barcellos, julgado em 31.07.2007.

declaração de nulidade da assembleia de credores que deliberou acerca do plano de recuperação, com a consequente cassação da decisão agravada.

Diante de tais exemplos, vê-se que há entendimento claro a respeito do poder-dever de controle de legalidade que deve ser realizado pelo juiz diante das violações aos requisitos procedimentais impostos pela LRE para a realização válida de Assembleia Geral de Credores.

3.3.1.2. Plano com previsão de extensão dos efeitos da recuperação a coobrigados

A respeito do controle de legalidade dos planos, nos parecem também dignas de nota as decisões judiciais que se voltam contra as tentativas feitas por algumas recuperandas (com a aprovação da maioria de seus credores) de estender os efeitos da recuperação aos seus coobrigados.

Planos que propõem esse tipo de situação representam clara disposição *contra legem* (a saber, contra o art. 49, § 1o da LRE) justificando intervenção judicial sobre o conteúdo do negócio entabulado no bojo da recuperação, e impedindo a sua homologação.

Nesse sentido, destacam-se algumas decisões das cortes locais[214] e também o entendimento recentemente fixado pelo Superior Tribunal

---

[214] Votando pela ilegalidade da extensão dos efeitos da recuperação judicial aos coobrigados da recuperanda, destacam-se os seguintes julgados: TJSP, Agravo de Instrumento n. 2084119-35.2015.8.26.0000, 2ª Câmara Reservada de Direito Empresarial, Relator Desembargador Fábio Tabosa, julgado em 05.10.2015; TJSP, Agravo de Instrumento n. 2084002-44.2015.8.26.0000, 2ª Câmara Reservada de Direito Empresarial, Relator Desembargador Fábio Tabosa, julgado em 05.10.2015; TJSP, Agravo de Instrumento n. 2035673-98.2015.8.26.0000, 2ª Câmara Reservada de Direito Empresarial, Relator Desembargador Fábio Tabosa, julgado em 05.10.2015; TJSP, Agravo de Instrumento n. 2084345-40.2015.8.26.0000, 1ª Câmara Reservada de Direito Empresarial, Relator Desembargador Francisco Loureiro, julgado em 09.09.2015; TJSP, Agravo de Instrumento n. 0289541-80.2011.8.26.0000, 1ª Câmara Reservada de Direito Empresarial, Relator Desembargador Pereira Calças, julgado em 31.07.2012; TJRS, Agravo de Instrumento n. 700063007009, Sexta Câmara Cível, Relator Desembargador Ney Wiedmann Neto, julgado em 29.01.2015; TJRS, Agravo de Instrumento n. 70062827571, Sexta Câmara Cível, Relator Desembargador Ney Wiedmann Neto, julgado em 11.12.2014; TJRS, Agravo de Instrumento n.70058702085, Décima Quinta Câmara Cível, Relator Desembargador Angelo Maraninchi Giannakos, julgado em 04.07.2014; TJRS, Agravo de Instrumento n. 70057138729, Décima Segunda Câmara Cível, Relator Desembargador Mario Crespo Brum, julgado em 24.10.2013; TJMG, Agravo de Instrumento n.0080461-34.2014.8.13.0000, Décima Sétima Câmara Cível,

de Justiça no julgamento do Recurso Repetitivo – Recurso Especial n. 1.333.349/SP[215], no qual se assentou que os efeitos da recuperação judicial se estendem aos sócios solidários da recuperanda, mas não a terceiros garantidores:

> RECURSO ESPECIAL REPRESENTATIVO DE CONTROVÉRSIA. ART. 543-C DO CPC E RESOLUÇÃO STJ N. 8/2008. DIREITO EMPRESARIAL E CIVIL. RECUPERAÇÃO JUDICIAL. PROCESSAMENTO E CONCESSÃO. GARANTIAS PRESTADAS POR TERCEIROS. MANUTENÇÃO. SUSPENSÃO OU EXTINÇÃO DE AÇÕES AJUIZADAS CONTRA DEVEDORES SOLIDÁRIOS E COOBRIGADOS EM GERAL. IMPOSSIBILIDADE. INTERPRETAÇÃO DOS ARTS. 6º, CAPUT, 49, § 1º, 52, INCISO III, E 59, CAPUT, DA LEI N.11.101/2005. 1. Para efeitos do art. 543-C do CPC: "A recuperação judicial do devedor principal não impede o prosseguimento das execuções nem induz suspensão ou extinção de ações ajuizadas contra terceiros devedores solidários ou coobrigados em geral, por garantia cambial, real ou fidejussória, pois não se lhes aplicam a suspensão prevista nos arts. 6º, caput, e 52, inciso III, ou a novação a que se refere o art. 59, caput, por força do que dispõe o art. 49, § 1º, todos da Lei n. 11.101/2005". 2. Recurso especial não provido.

Nos termos do voto do ministro relator, a suspensão de ações de cobrança e de execuções decorrente do deferimento da recuperação judicial abrangeria somente a recuperanda (devedora principal) e os seus sócios solidários.

Segundo o ministro, no que diz respeito à primeira fase da tramitação da recuperação judicial, a previsão legal do caput do art. 6 da LRE se prestaria a tutelar os sócios de sociedades tipificadas na forma de sociedade em nome coletivo (art. 1.039 do Código Civil) ou sociedade comandita por ações (art. 1.045 do Código Civil), que têm como característica a responsabilidade

---

Relator Desembargador Leite Praça, julgado em 03.04.2014; TJMG, Agravo de Instrumento n. 0025719-59.2014.8.13.0000, Décima Sétima Câmara Cível, Relator Desembargador Leite Praça, julgado em 20.03.2014.

[215] SUPERIOR TRIBUNAL DE JUSTIÇA, Recurso Especial n. 1.333.349/SP, Segunda Seção, Relator Ministro Luis Felipe Salomão, julgado em 26.11.2014.

pessoal e solidária dos sócios, não subsidiária ou limitada às suas participações societárias[216].

Continua o ministro afirmando que a LRE dispõe dessa forma porque, nestes tipos societários, a falência da devedora principal acarreta também a falência dos sócios solidários, sendo que o credor particular do sócio, em caso de falência, deverá habilitar seu crédito perante o juízo universal da execução concursal.

Seguindo sua linha de raciocínio, o Ministro Salomão afirma que em situação diametralmente inversa estariam os devedores solidários e os coobrigados, porque a LRE prevê expressamente, no art. 49, § 1., a preservação de suas obrigações como garantidores, mesmo na hipótese de deferimento da recuperação judicial da devedora principal. Sintetizando seu raciocínio, o ministro relator afirma que os credores manteriam seu poder de cobrar e executar os coobrigados da recuperanda, exceto na hipótese de tais devedores solidários sem, também, sócios solidários na forma dos artigos 1.039 e 1.045 do Código Civil.

Com relação à segunda fase da recuperação judicial – aprovação do plano e novação das dívidas – o Ministro Salomão afirma que a novação operada no âmbito da recuperação judicial é distinta daquela regulada pela lei civil, fazendo com que a aprovação do plano não resulte automaticamente na liberação das garantias prestadas pelos devedores solidários. Nesse sentido, vide trecho do voto do ministro relator[217]:

> Com efeito, percebe-se de logo que a novação prevista na lei civil é bem diversa daquela disciplinada na Lei 11.101/2005. Se a novação civil faz, como regra, extinguir as garantias da dívida, inclusive as reais prestadas por terceiros estranhos ao pacto (art.364 do Código Civil), a novação decorrente do plano

---

[216] Vale ressaltar que essa impossibilidade extensão dos efeitos do deferimento da recuperação judicial aos coobrigados foi reafirmada no enunciado n. 43 da I Jornada de Direito Comercial, realizada em 2012: "43. A suspensão das ações e execuções previstas no art. 6º da Lei n. 11.101/2005 não se estende aos coobrigados do devedor". A íntegra dos enunciados aprovados no bojo da I Jornada de Direito Comercial está disponível em http://www.cjf.jus.br/CEJ-Coedi/jornadas-direito-comercial/LIVRETO%20-%20I%20JORNADA%20DE%20DIREITO%20COMERCIAL.pdf (acesso em 17.10.2015).

[217] SUPERIOR TRIBUNAL DE JUSTIÇA, Recurso Especial n. 1.333.349/SP, Segunda Seção, Relator Ministro Luis Felipe Salomão, julgado em 26.11.2014.

de recuperação traz, como regra, ao reverso, a manutenção das garantias (art. 59, caput, da Lei. 11.101/2005), as quais só serão suprimidas ou substituídas mediante 'aprovação expressa do credor titular da respectiva garantia', por ocasião de alienação do bem gravado (art. 50, § 1.). Por outro lado, a novação específica da recuperação desfaz-se na hipótese de falência, quando então os 'credores terão reconstituídos seus direitos e garantias nas condições originalmente contratadas' (art. 61, § 2.).

Concluindo sua exposição a respeito do tema, o Ministro Salomão sustenta que, justamente por haver uma diferença substancial entre a novação civil e a novação recuperacional, os efeitos em relação aos acessórios da dívida são absolutamente diversos em cada um dos casos. Nesse sentido, afirma o ministro[218]:

> Portanto, muito embora o plano de recuperação judicial opere novação das dívidas a ele submetidas, as garantias reais ou fidejussórias são preservadas, circunstância que possibilita ao credor exercer seus direitos contra terceiros garantidores e impõe a manutenção das ações e execuções aforadas em face de terceiros, avalistas ou coobrigados em geral. (...) Ressalta-se, por oportuno, que o entendimento abraçado de forma unânime nas Turmas de Direito Privado vale para todas as formas de garantias prestadas por terceiro, sejam elas cambiais, reais ou fidejussórias.

Justificando a diferença entre as duas formas de novação, o ministro relator sustenta que a novação da recuperação judicial é sempre submetida à condição resolutiva representada pelo cumprimento do plano pela recuperanda. Isso porque, em razão de expressa disposição legal, as garantias são integralmente restabelecidas em caso de falência[219].

---

[218] Idem ibidem.
[219] Nesse sentido, transcreve-se o entendimento do Prof. Fabio Ulhoa Coelho: "As novações, alterações e renegociações realizadas no âmbito da recuperação judicial são sempre condicionais. Quer dizer, valem e são eficazes unicamente na hipótese de o plano de recuperação ser implementado e ter sucesso. Caso se verifique a convolação da recuperação judicial em falência, os credores retornam, com todos os seus direitos, ao status quo ante. A substituição de garantia no exemplo acima cogitado se desfaz, e o credor será pago, no processo falimentar, como se não tivesse havido nenhum plano de recuperação da devedora. De observar também que os credores sujeitos aos efeitos da recuperação judicial conservam intactos seus direitos contra

Assim, numa hipótese em que o plano de recuperação previsse a liberação das garantias, estendendo os efeitos da recuperação ao coobrigados, seria impossível o restabelecimento das garantias, previsto no art. 61, § 2º da LRE, em caso de convolação da recuperação judicial em falência. Por essa razão, seriam ilegais os planos que contemplassem tal extensão.

Encerrando a discussão a respeito deste tema, os membros da turma julgadora lavraram o seguinte entendimento, para efeito de recurso repetitivo[220]:

> A recuperação judicial do devedor principal não impede o prosseguimento das execuções nem induz suspensão ou extinção das ações ajuizadas contra terceiros devedores solidários ou coobrigados em geral, por garantia cambial, real ou fidejussória, pois não se lhes aplicam a suspensão prevista nos arts. 6, caput, e 52, III, ou a novação a que se refere o art. 59, caput, por força do que dispõe o art. 49, § 1, todos da Lei 11.101/2005.

Diante da exposição do Ministro Salomão no julgamento do recurso repetitivo em comento, vê-se sedimentada a discussão a respeito da não extensão dos efeitos da recuperação judicial ao coobrigados da recuperanda, permitindo aos magistrados que, diante de planos que prevejam tal extensão de efeitos, efetuem controle de legalidade estrita, invalidando tais disposições, frente à clara redação do art. 49, § 1º da LRE.

3.3.1.3. Votos proferidos por credores não submetidos ao plano

Ainda sobre o tema de controle de legalidade estrita, destacam-se algumas decisões que têm afastado votos proferidos em assembleia por serem realizados por credores excluídos dos efeitos da recuperação judicial e, portanto, sem direito a voto nos termos do art. 49, §§ 3º e 4º da LRE.

---

coobrigados, fiadores e obrigados de regresso. Desse modo, o portador de nota promissória firmada pela sociedade empresária em recuperação pode executar o avalista deste título de crédito, como se não houvesse o benefício. Cabe ao avalista suportar, nessa situação, o sacrifício direto representado pela recuperação judicial do avalisado". (COELHO, Fábio Ulhoa, Curso de Direito Comercial, volume 3, 11ª Edição, São Paulo, Editora Saraiva, 2012, p. 425).

[220] SUPERIOR TRIBUNAL DE JUSTIÇA, Recurso Especial n. 1.333.349/SP, Segunda Seção, Relator Ministro Luis Felipe Salomão, julgado em 26.11.2014.

Nesse sentido foi o entendimento do Des. Romeu Ricupero do Tribunal de Justiça do Estado de São Paulo, no julgamento do Agravo de Instrumento n. 0282540- 15.2009.8.26.0000[221].

No caso em questão, o plano de recuperação proposto pela recuperanda foi rejeitado em assembleia, mesmo tendo sido aprovado pela totalidade dos credores da classe I e pela maioria dos credores da classe III (não havia credores da classe II). Os votos mais decisivos para a rejeição do plano no âmbito da classe III foram proferidos por dois credores cujos créditos tinham altos valores, eram decorrentes de contratos de arrendamento mercantil, e que já haviam requerido a sua exclusão do quadro de credores, em razão de seus créditos serem extraconcursais por força do art. 49, § 3 da LRE.

Ao julgar o caso, o TJSP entendeu que os votos dos referidos credores deveriam ser desconsiderados para a aferição do resultado final da votação, por serem ilegais.

Isso porque, tais credores eram titulares de créditos excluídos dos efeitos da recuperação, tendo a própria LRE lhes retirado o direito de voto. A ilegalidade dos votos era ainda reforçada pelo fato de que os próprios credores haviam ajuizado incidentes de impugnação requerendo a retificação da classificação de seus créditos, de modo que fossem excluídos do quadro geral dos submetidos aos efeitos do plano.

Assim, desconsiderados os votos de tais credores, e refeito o cálculo da deliberação, viram-se preenchidos os requisitos estabelecidos pelos incisos II e III do art. 58 § 1o da LRE, tendo sido aprovado o plano de recuperação judicial por *cram down* (figura que será melhor discutida abaixo).

3.3.1.4. Violação à regra dos pagamentos à classe de créditos trabalhistas

Seguindo na análise de situações em que o Poder Judiciário realizou controle de legalidade estrita de planos de recuperação judicial, há que se mencionar as decisões que consideraram ilegais os planos que tratam os pagamentos aos credores trabalhistas de forma diversa à que estabelece o art. 54 da LRE[222].

---

[221] TJSP, Agravo de Instrumento n. 0282540-15.2009.8.26.0000, Extinta Câmara de Falência e Recuperação de Empresas, Relator Desembargador Romeu Ricupero, julgado em 01.06.2010.
[222] Art. 54. O plano de recuperação judicial não poderá prever prazo superior a 1 (um) ano para pagamento dos créditos derivados da legislação do trabalho ou decorrentes de acidentes de trabalho vencidos até a data do pedido de recuperação judicial. Parágrafo único. O plano

Nesse sentido, destaca-se o entendimento do Tribunal de Justiça do Estado de São Paulo que, entendeu ilegais as seguintes disposições do plano de recuperação judicial proposto pelas empresas Alta Paulista Indústria e Comércio Ltda., Alta Paulista Agrocomercial Ltda. e Junqueirópolis Agrocomercial Ltda.[223]:

> os créditos de natureza estritamente salarial, até o limite de 05 (cinco) salários mínimos por trabalhador, vencidos nos 03 (três) meses anteriores ao pedido de Recuperação Judicial serão pagos em até 30 (trinta) dias úteis, após a aprovação deste PRJ em AGC, mediante quitação integral do contrato de trabalho e de todas as dívidas dele decorrentes. Os demais créditos derivados da legislação do trabalho ou decorrentes de acidente do trabalho, respeitando o limite de 150 (cento e cinquenta) salários mínimos, serão pagos em 6 (seis) parcelas, com vencimentos em 30.04.2013, 30.05, 2013, 30.06.2013, 30.07.2013, 30.08.2013 e 30.09.2013, respeitando, portanto, o prazo de 01 (um) ano do art. 54 da LFR. Os créditos que ultrapassarem esse limite, conforme disposição do art. 83, inciso I c/c inciso IV, alínea c da LRF serão pagos na forma dos créditos quirografários, aos quais será aplicado deságio de 70% (setenta por cento) sobre o saldo que ultrapassar o limite de 150 (cento e cinquenta) salários mínimos, sendo o saldo remanescente de 30% (trinta por cento) pago conforme o item 4.3 deste PRJ.

Diante deste clausulado, o Des. Pereira Calças entendeu que havia frontal violação ao art. 54 da LRE na medida em que o plano reduziu o valor que seria pago aos credores trabalhistas dentro do prazo anuo previsto no referido dispositivo.

Nos termos do argumento construído pelo desembargador, se a LRE não restringiu o valor que deveria ser pago aos trabalhadores dentro do prazo de um ano – estabelecido no ar. 54 – é porque tal valor deveria ser totalmente quitado dentro do dito prazo. Confira-se, nesse sentido, o seguinte excerto do voto proferido pelo desembargador relator[224]:

não poderá, ainda, prever prazo superior a 30 (trinta) dias para o pagamento, até o limite de 5 (cinco) salários-mínimos por trabalhador, dos créditos de natureza estritamente salarial vencidos nos 3 (três) meses anteriores ao pedido de recuperação judicial.

[223] TJSP, Agravo de Instrumento n. 0103311-56.2013.8.26.0000, Primeira Câmara Reservada de Direito Empresarial, Relator Desembargador Pereira Calças, julgado em 25.11.2014.
[224] Idem ibidem.

É notório, pelo texto do plano retro transcrito e disposição do art. 54 que não há, na proposta submetida à Assembleia Geral de Credores, o requisito básico de cumprimento da lei, o que impede a concessão da recuperação judicial, ainda que este tenha sido aprovado pelo órgão deliberativo. A proposta apresentada não só não estende o prazo de pagamento com ainda reduz o valor dos créditos, o que é vedado pela legislação em vigor. A redação do plano cita como subterfúgio a redação do art. 83 da Lei 11.101/2005 que trata da classificação dos créditos na falência (e, no caso em comento, temos o instituto da recuperação judicial sob análise). Ainda, além de limitar o montante dos créditos a serem pagos no prazo de 1 (um) ano, apresenta deságio de 70% no valor que sobejar a baliza legal (destaque-se, parâmetro este restrito às hipóteses de falência e para a qual não existe qualquer previsão de desconto ou remissão). A fixação da importância na preferência do recebimento dos créditos existe apenas em casos de falência e, frise-se, aqui tratamos de recuperação judicial. (...) Este Tribunal de Justiça não pode concordar com tamanho descalabro para com os trabalhadores.

Ao analisarem situação semelhante, Luiz Roberto Ayoub e Cássio Cavali sustentam que, por ser o crédito trabalhista submetido à recuperação judicial, o plano pode prever diferentes formas de seu pagamento, no entanto, tais formas não podem extrapolar o prazo de um ano determinado no art. 54 da LRE, nem modificar o valor do crédito[225]. Assim, ao anular o plano em questão, a Corte Paulista realizou claro controle de legalidade estrita, fazendo valer a determinação contida no artigo que trata do pagamento dos créditos da classe I.

3.3.1.5. Plano com previsão de supressão de garantia real sem anuência do credor titular da garantia

Outra hipótese de controle de legalidade estrita pode ser verificada quando o plano de recuperação judicial viola as limitações objetivas ao conteúdo do plano, previstas nos parágrafos do art. 50 da LRE: (a) limitação à supressão ou substituição de garantia real; e (b) limitação à alteração da variação cambial para créditos em moeda estrangeira.

Segundo redação expressa dos referidos dispositivos, as cláusulas do plano de recuperação judicial serão ineficazes perante os credores que

---

[225] AYOUB e CAVALI, op. cit., p. 226-227.

(a) sendo titulares de créditos garantidos por garantias reais, não concordarem com a supressão (ou substituição) de suas garantias (art. 50, § 1º da LRE); ou (b) sendo titulares de créditos em moeda estrangeira não aceitarem o afastamento da variação cambial como forma de indexação de seus créditos (art. 50, § 2º da LRE).

A respeito da segunda hipótese, referente à variação cambial, existem muitos julgados a respeito da data em que se converte o câmbio para a moeda nacional[226], mas não encontramos grandes discussões judiciais a respeito da falta de anuência do credor a respeito do afastamento da variação cambial como índice indexador de seu crédito.

No entanto, com relação à limitação imposta no § 1º do art. 50, referente à supressão de garantia real, encontramos interessantes decisões judiciais que, fazendo alusão ao poder de controle de legalidade dos juízes, vetaram disposições de planos de recuperação que violavam tal regra[227].

Cita-se, nesse diapasão, recente julgado do Tribunal de Justiça do Estado de São Paulo, no qual foi julgada ineficaz[228], em relação ao titular

---

[226] A esse respeito, a jurisprudência do Tribunal de Justiça do Estado de São Paulo fixou entendimento, baseado no princípio da equivalência, no sentido de que a conversão da moeda deve utilizar a cotação vigente à data do vencimento original da obrigação e não aquela vigente na data em que se dará o pagamento. Nesse sentido, confiram-se os seguintes julgados: TJSP, Agravo de Instrumento no 0012403-50.2013.8.26.0000, 2ª Câmara Reservada de Direito Empresarial, Relator Desembargador Araldo Telles, julgado em 14.04.2014; TJSP, Agravo de Instrumento no 0253736-66.2011.8.26.0000, Extinta Câmara Reservada à Falência e Recuperação, Relator Desembargador Pereira Calças, julgado em 27.03.2012.

[227] Casos relacionados à supressão irregular de garantias reais por planos de recuperação foram tão recorrentes no Tribunal de Justiça do Estado de São Paulo que a Corte Paulista sumulou seu entendimento, no enunciado 61, que tem a seguinte redação: "Na recuperação judicial, a supressão de garantia ou sua substituição somente será admitida mediante aprovação expressa do titular". Citam-se, ainda, nesse mesmo sentido, os seguintes precedentes da Corte Paulista: TJSP, Agravo de Instrumento no 0233692-89.2012.8.26.0000, 2ª Câmara Reservada de Direito Empresarial, Relator Desembargador Ricardo Negrão, julgado em 20.01.2013; TJSP, Agravo de Instrumento no 0076442-56.2013.8.26.0000, 1ª Câmara Reservada de Direito Empresarial, Relator Desembargador Enio Zuliani, julgado em 29.08.2013; TJSP, Agravo de Instrumento no 0231352-75.2012.8.26.0000, 2ª Câmara Reservada de Direito Empresarial, Relator Desembargador Araldo Telles, julgado em 22.07.2013.

[228] A respeito da ineficácia das cláusulas de planos de recuperação judicial que preveem a supressão de garantias reais, Luiz Roberto Ayoub e Cássio Cavalli seguem na mesma linha da orientação do Tribunal de Justiça do Estado de São Paulo: "A limitação contida no § 1º do art. 50 da LRF diz respeito à ineficácia da cláusula. Com efeito, o plano de recuperação judicial

de garantia real, a seguinte disposição do plano de recuperação da empresa Floralco Açúcar e Álcool Ltda.[229]:

> 6.8. Quitação dos Créditos com Garantia Real e dos Créditos Não Sujeitos ao Plano Reestruturados [sic]. Os Créditos com Garantia Real e dos Créditos Não Sujeitos ao Plano Reestruturados [sic] serão integralmente quitados com o pagamento, a tais credores, dos valores decorrentes da aquisição da Unidade Produtiva Isolada Floralco. Na hipótese de a proposta de aquisição da Unidade Produtiva Isolada Floralco estabelecer a assunção, pela Sociedade UPI Floralco, de dívidas representadas pelos Créditos com Garantia Real e dos Créditos Não Sujeitos ao Plano Reestruturados [sic], haverá a quitação integral de todos os referidos créditos e seus acessórios e garantias em relação ao Grupo Bertolo. Nesse caso, a Sociedade UPI Floralco será responsável pelo pagamento dos referidos Credores, cujos créditos serão quitados com o pagamento previsto na respectiva proposta de aquisição.

De acordo com a narrativa contida no acórdão de relatoria do Des. José Reynaldo, a previsão do plano de recuperação acima transcrita violava a regra contida no art. 50, § 1º da LRE porque pressupunha que a UPI Floralco seria alienada livre de quaisquer ônus, mesmo sendo ela um bem utilizado como garantia real do crédito detido pelo agravante, o Banco Bradesco S.A.

De acordo com o desembargador relator, uma disposição de tal natureza só produziria efeitos se fosse expressamente aprovada pelo credor titular da garantia, o que não havia ocorrido no caso. Confira-se, assim, trecho do voto proferido pelo relator[230]:

---

pode conter cláusula de substituição ou supressão de garantias reais, mas essa cláusula não terá eficácia perante o credor titular da garantia se ele não a aprovar expressamente. Ademais, a norma do art. 50, § 1º, da LRF não impede a alienação de bem objeto de garantia real. Contudo, se o plano contiver previsão de alienação de bem gravado, o gravame acompanhará o bem, e o novo proprietário adquirirá bem onerado. Aqui, deve-se ter o cuidado de distinguir a regra do art. 50, § 1º, da LRF, daquela outra do art. 29 da Lei 9.514/1997, que trata da transmissão de bem objeto de alienação fiduciária". (AYOUB e CAVALLI, op. cit., p. 227-228).

[229] TJSP, Agravo de Instrumento no 0110681-86.2013.8.26.0000, 2ª Câmara Reservada de Direito Empresarial, Relator José Reynaldo, julgado em 03.02.2014.

[230] Idem ibidem.

Nos termos das disposições legais que regem a matéria (Lei 11.101/2005) resulta a necessidade de autorização expressa do credor para fim de liberação das garantias reais, a qual não se fez presente por parte do agravante que, ao contrário, votou contra a aprovação da alteração, conforme documentos de fls. 89/94. (...) De acordo com o entendimento das Câmaras integrantes do Grupo Reservado de Direito Empresarial deste Tribunal, a novação decorrente da aprovação do Plano de Recuperação Judicial não atinge as garantias dos créditos anteriores ao pedido quando ausente autorização expressa nesse sentido. (...) Disso resulta a ineficácia de tal cláusula em relação ao ora agravante.

Concluindo esta breve análise sobre o controle de legalidade estrita, pode-se afirmar que se enquadram nessa categoria de atuação jurisdicional as decisões judiciais que analisam e aplicam sanções (a) às violações de formalidades direcionadas à realização das assembleias; e (b) às violações das limitações impostas pela LRE ao conteúdo dos planos, como aquelas representadas por cláusulas que visam a estender os efeitos da recuperação judicial a devedores solidários da recuperanda e coobrigados em geral.

3.3.2. O *Cram Down* brasileiro – superação de veto

Continuando nas hipóteses de atuação do juiz no âmbito da recuperação judicial, vale tecer breves comentários a respeito da figura do *cram down* brasileiro, regulado pelo parágrafo primeiro do art. 58 da LRE.

Em poucas palavras, trata-se do instrumento judicial de superação de veto de uma classe, cuja consequência é a aprovação forçada de plano rejeitado em assembleia.

Pela leitura da letra fria da LRE, constata-se que a intervenção judicial representada pelo *cram down*, não representa nem um juízo de legalidade tampouco um juízo de viabilidade do plano rejeitado em assembleia, mas, tão somente, a verificação de um quórum alternativo para aprovação do plano[231].

---

[231] MUNHOZ, Eduardo Secchi, Comentários à lei de recuperação judicial de empresas e falencia, SOUSA JUNIOR, Francisco Satiro; PITOMBO, Antônio Sérgio A. de Moraes (coords.), 2ª Edição, São Paulo, Editora Revista dos Tribunais, 2007, p.289-291.

Esta configuração do instituto do mecanismo do *cram down* brasileiro recebeu severas críticas de MUNHOZ, já nos primeiros momentos de vigência da LRE, por não cuidar das relações horizontais e verticais dentro do plano, mas somente limitar o poder de atuação do juiz:

> Em outras palavras, o art. 58, §1º, acaba por criar um quórum alternativo para a aprovação do plano pela assembleia geral, além daquele previsto no art. 45. (...) A interpretação sistemática da Lei leva a concluir que, estando presentes os requisitos previstos nos incisos I a III do §1º e no §2º do art. 58, o juiz não poderá deixar de conceder a recuperação, superando, portanto, o veto apresentado por uma classe de credores. (...) Os critérios estabelecidos para o *cram down* da lei brasileira diferem dos escolhidos pela lei norte-americana, fonte primeira do instituto. A lei norte-americana (*Section* 1129(b), BC) prevê a possibilidade de o juiz superar o veto imposto por classes de credores afetadas pelo plano, desde que não implique *unfair discrimination* e que seja *fair and equitable*. (...) Em breve digressão pelo direito comparado – o aprofundamento desse estudo ultrapassaria os objetivos do presente trabalho – é útil para demonstrar que a lei brasileira, em tema de *cram down*, adotou um regime que se afasta das diretrizes geralmente reconhecidas como válidas. Revelando a clara preocupação de limitar o poder do juiz, preferiu adotar critérios vinculados à obtenção de determinado número de votos na assembleia geral (art. 58, §1º, incs. I a III), acrescidos apenas da exigência de tratamento uniforme nas relações horizontais da classe que rejeitou o plano. Na prática, portanto, como já afirmado, o art. 58, §1º, encerra quase que um quórum alternativo para a aprovação do plano em relação ao quórum estabelecido no art. 45, com o agravante de que, no sistema daquele dispositivo, não há nenhuma proteção à *absolute priority rule*.

Como se verá a seguir, as severas críticas ao instituto somadas a temerárias situações levadas ao conhecimento dos juízes vêm gerando uma flexibilização dos requisitos do *cram down* brasileiro, alinhando-o às práticas internacionais mais festejadas[232], nas quais o instituto do *cram down* é

---

[232] Como exemplo das boas práticas internacionais em matéria de superação de veto em assembleia de credores, destaca-se a análise feita por juízes norte-americanos a respeito dos planos rejeitados em assembleia. De acordo com as disposições do Bankruptcy Code, os juízes podem superar os vetos impostos pelos credores, desde que o plano apresentado seja factível

uma ferramenta utilizada pelo juiz não para a realização de uma análise aritmética dos votos obtidos em assembleia, mas sim para a verificação (a) do tratamento dado aos credores pelo plano, tanto sob a perspectiva das relações horizontais[233], quanto sob a das relações verticais[234] e (b) da viabilidade do plano no que se refere ao alcance do objetivo de superação da crise financeira pela empresa.

3.3.3. O Controle de Legalidade Material – Juízo de Juridicidade

As hipóteses acima analisadas de atuação jurisdicional no âmbito da LRE – controle de legalidade estrita e *cram down* – são aquelas que a doutrina mais voltada ao caráter privatista da recuperação judicial entendiam como as únicas hipóteses de interferência do juiz no resultado das deliberações mantidas entre a devedora e os credores[235].

e não gere discriminação indevida entre credores titulares de créditos da mesma natureza, nem viole prioridades de pagamento estabelecidas por lei. Nesse sentido, anota Frederico Simionato: "Nos EUA, o procedimento do Capítulo 11 do novo Bankrupcty Code (Corporate Reorganization) pode se resumir nos seguintes princípios: (...) d) reconhecimento de amplos poderes aos jurisdicionais ao magistrado com a função de tutela e regularidade, mas principalmente, a possível determinação direta e obrigatória aos credores para que aceitem o plano de recuperação apresentado pelo devedor economicamente viável, ou seja, o sistema da 'cram down'." (SIMIONATO, op. cit., p. 123-124).

[233] A preocupação na análise das relações horizontais em matéria de cram down foi consubstanciada numa regra do Bankrupcty Code que impede os juízes de realizarem cram down de planos que gerem unfair discrimination, que, em poucas palavras, seria o tratamento de forma injustamente discriminatória entre credores titulares de créditos da mesma natureza.

[234] Em outro passo, no que diz respeito às relações verticais entre os credores, o juiz norte-americano também não pode realizar cram down de plano que atente contra as relações verticais, fazendo com que prioridades de pagamento sejam desrespeitadas. Nesse sentido, é o comentário de Richard Maloy: "Unlike the "unfair discrimination" requirement, which requires protection on a horizontal plane," the "fair and equitable" requirement operates on a vertical plane; it protects each class of creditors against involuntary loss of their priority status vis-a-vis other classes of different rank". (MALOY, Richard, "A primer on cram down – How and why it works", St. Thomas Law Review 16 (2003-2004), Heinonline. Disponível em: https://www.copyright.com/ccc/basicSearch.do?&operation=go&searchType=0&lastSearch=simple&allon&t itleOrStdNo=1065-318X, acesso em 18.08.2015).

[235] Sintetizando esta posição doutrinária, cita-se passagem de artigo muito didático publicado por Frederico Viana Rodrigues, logo no início da vigência da LRE: "Partindo do pressuposto de que a recuperacao judicial tem como escopo a tutela da fonte produtora, do emprego dos trabalhadores e dos interesses dos credores, visando à preservação da empresa, sua função social e estímulo à atividade econômica, a nova lei concursal brasileira lança mão do auxílio dos

Ocorre que, como manifestado acima, a doutrina e a jurisprudência evoluíram nesse sentido, permitindo que o magistrado passasse a controlar os planos de recuperação judicial também sob um ponto de vista material, coibindo situações invalidantes dos negócios jurídicos em geral tais como abusos de direito, má-fé, etc.

A nosso ver, não se poderia cogitar privar o magistrado do poder de realizar esse "controle de legalidade material"[236] do plano porque tal juízo se enquadra no que o Prof. Tércio Sampaio Ferraz Junior chama de discricionariedade[237], sendo essa uma das ferramentas indispensáveis à aplicação do direito pelos magistrados.

Segundo o professor, a discricionariedade é um princípio de aplicação do direito baseado não na letra da lei (tal como o princípio da legalidade), mas sim nos standards (ou cláusulas gerais) que conformam o *telos* do ordenamento.

Assim, ao realizar o controle de legalidade material de um plano de recuperação judicial ou de um conclave assemblear, o magistrado não estará se voltando às regras imperativas e propositivas da LRE em si, mas sim a conceitos indeterminados e valorativos que norteiam o ordenamento

---

credores na decisão acerca do destino da empresa – não na qualidade de únicos interessados – mas como termômetro do mercado quanto à viabilidade econômica da empresa. (...) A regra é que a decisão judicial deve acompanhar a orientação da assembleia geral de credores (...) De tal forma, a Lei 11.101/2005 parece atribuir aos credores, de modo quase soberano, a decisão sobre a preservação da empresa (...)" (RODRIGUES, op. cit., p. 113-114).

[236] Usamos aqui a nomenclatura cunhada por Jorge Lobo, já mencionada acima.

[237] FERRAZ JUNIOR, op. cit., p. 332. Confira-se, nesse sentido, didático trecho da obra ora citada: "A concreção dos conteúdos normativos, conceituados, eventualmente, de forma vaga e ambígua, porém, não é arbitrária, mas vem balizada pelo próprio sistema. Assim, o controle do processo decisório encontra princípios de balizamento da aplicação. No direito moderno, o mais importante é o da legalidade, que vincula o decididor à lei e se expressa pela proibição da decisão contra legem. Tomado estritamente, porém, o princípio conferiria insuportável inflexibilidade à aplicação do direito, apesar de todas as nuanças interpretativas que possam existir. Para evitar a extrema rigidez, aparecem, então, outros princípios, como o da discricionariedade, que obriga o decididor ao telos geral do sistema, mas abre a possibilidade de escolha de meios, conforme um juízo valorativo de oportunidade. (...) Não se trata de uma regra de interpretação, como se fosse dado ao intérprete corrigir, por um juízo de valor, o sentido da lei, mas sim um princípio de aplicação, que autoriza o decididor a aproveitar as nuanças do caso concreto em confronto com o texto legal: é a decisão que deve atender aos fins sociais e às exigências do bem comum. Que o sentido da lei satisfaça a ambos é um pressuposto interpretativo do legislador racional".

brasileiro como um todo, tais como os previstos no art. 5o da Lei de Introdução às Normas de Direito Brasileiro[238] e nos artigos 187 e 422 do Código Civil[239].

Em outras palavras, o controle de legalidade material (ou juízo discricionário) não visa a coibir violações aos elementos prescritivos de uma determinada regra, mas sim busca sancionar afrontas aos princípios que permeiam o ordenamento, tais como a boa-fé, a probidade, a tutela ao interesse público.

Neste ponto cabe uma pequena digressão a respeito da afirmação feita por alguns doutrinadores[240] no sentido de que o art. 58 da LRE, que trata da homologação judicial do plano, não traria conceitos abertos que possibilitassem ao juiz um olhar discricionário. De fato, a redação do art. 58, vista de forma isolada, é bastante clara: satisfeitas as exigências da lei, o juiz concederá a recuperação judicial. Ocorre que as "exigências da lei" não podem ser entendidas apenas como as prescrições de procedimentos e limitações aqui já discutidas, mas abrangem também os princípios conformadores do ordenamento como um todo – esses de conteúdo aberto e valorativo, somente concretizados por meio de juízos discricionários.

Assim, por mais que se argumente que o texto da LRE é carente de conceitos abertos – o que entendemos ser bastante discutível frente à redação do art. 47 – o ordenamento brasileiro, no qual a LRE inegavelmente se insere, não o é.

Assim, é evidente que cabe ao magistrado um controle de legalidade a respeito do atendimento aos procedimentos e às limitações impostas de forma prescritiva pela LRE; mas também – e mais importante – cabe a ele uma análise de juridicidade a respeito do plano de recuperação, para que se verifique se os valores (standards) entendidos como válidos para as leis brasileiras estão sendo igualmente observados.

---

[238] "Art. 5º. Na aplicação da lei, o juiz atenderá aos fins sociais a que ela se dirige e às exigências do bem comum".

[239] "Art. 187. Também comete ato ilícito o titular de um direito que, ao exerce-lo, excede manifestamente os limites impostos pelo seu fim econômico ou social, pela boa fé ou pelos bons costumes. (...) Art. 422. Os contratantes são obrigados a guardar, assim na conclusão do contrato, como em sua execução, os princípios de probidade e boa fé"

[240] Confira-se, nesse sentido, a categórica opinião de Alberto Camiña Moreira, mencionada nas notas no 58 e 193.

Fechado esse parêntese, analisaremos abaixo as duas situações de controle de legalidade material (ou de juridicidade) que nos parecem mais paradigmáticas no que tange à aplicação da LRE.

Como se verá abaixo, os tribunais brasileiros, utilizando-se de princípios como a boa-fé, a lealdade processual e a probidade, têm afastado votos proferidos por determinados credores, por entenderem que extrapolam o exercício regular do direito de voto e têm anulado disposições de planos de recuperação judicial nos quais se utiliza das exceções à regra da par conditio creditorum para a manipulação dos resultados da assembleia.

3.3.3.1. Verificação de conflito de interesses – a teoria do abuso de direito de voto

Como dito acima, a concepção de um direito recuperacional baseado na vinculação do juiz à deliberação dos credores encontrou muitos adeptos na doutrina brasileira até o ano de 2009, quando, no bojo da recuperação judicial da empresa Varig Logística S.A.[241], a juíza da recuperação, Dra. Renata Mota Maciel, superou a vontade da assembleia geral e homologou o plano que havia sido rejeitado pelos credores.

A decisão da magistrada foi amparada no argumento de que, de acordo com as regras de Direito da Concorrência, o voto de alguns dos credores estava buscando única e exclusivamente a tutela de interesses próprios de eliminação de um agente de mercado concorrente[242] e que tal conduta violava o interesse geral dos credores, que era o de permanência da empresa.

Ao proceder desta forma, a Dra. Renata Mota inaugurou um novo parâmetro de avaliação das decisões assembleares, que é o requisito negativo de ausência de conflito de interesses para que o voto seja considerado válido e eficaz.

---

[241] Processo que tramita na Primeira Vara de Falências de São Paulo, sob o número 0121755- 70.2009.8.26.0100.

[242] Analisando o julgamento feito pela Dra. Renata Maciel, o Prof. Newton De Lucca anota que, frente a situações de abuso de direito de voto cabe ao magistrado evitar que a democracia de credores se transforme numa tirania em busca de interesses ilegítimos: "É mais do que evidente que o interesse individual de u ou de alguns credores pode estar em conflito com o conjunto de interesses dos demais credores, os quais estão empenhados no recebimento de seus créditos e não na eliminação de um concorrente do mercado. Caberá ao magistrado impedir que a real democratização da deliberação – tal como foi concebida pelo legislador – não seja conspurcada por interesses ilegítimos" (DE LUCCA, op. cit., p. 232).

A teoria do conflito de interesses, que é muito trabalhada em Direito Societário, tem sua aplicação um tanto alterada em matéria recuperacional porque, enquanto no contrato de sociedade pressupõe-se que haja convergência de interesses das várias partes para o bom andamento da empresa, no "contrato" representado pelo plano de recuperação judicial, o conflito de interesses é intrínseco e inevitável, ante o fato de que a relação débito-crédito mantida entre cada credor e a recuperanda é, por essência, polarizada e conflitante.

A esse respeito, o Prof. Francisco Satiro de Sousa Junior explica que beiraria a ingenuidade pensar que os credores alterarão seu modo de enxergar um débito a partir do momento em que a devedora requer o processamento da recuperação judicial, por inexistir um "interesse comum" aos credores[243]. Em outras palavras, a própria aplicação do conceito de "conflito de interesses" em matéria de recuperação seria inócua, na medida em que, por natureza, o interesse dos credores tende a ser o de satisfação imediata do crédito, enquanto que o da devedora orbita em torno de sua reestruturação econômica e de competitividade frente ao mercado[244]. Em

---

[243] Ao contrário do que afirma SOUZA JUNIOR a respeito da ausência de interesse comum entre os credores em concurso, o Prof. Paulo Fernando Campos Salles de Toledo afirma que existe tal interesse e que, justamente por isso, os credores devem votar em assembleia de modo a evitar que seus interesses individuais se sobreponham aos interesses dos demais credores: "O direito subjetivo, inclusive o direito de voto, existe tendo em vista a finalidade para a qual foi instituído. No caso das assembleias de credores, não se pode perder de vista que se trata do órgão máximo de representação dos titulares de crédito, o meio maior que lhes deu a lei para a defesa de seus interesses. Estes, sem deixarem de ser individuais – no que diz respeito a cada um dos credores – são também de projeção coletiva, na medida em que existe um concurso. Assim, há um conjunto de credores, ao qual se pode atribuir um interesse comum, que, para ser atendido, não permite que os interesses individuais de alguns prevaleçam sobre os dos outros." (TOLEDO, Paulo Fernando Campos Salles de, Recuperação Judicial – Sociedades Anônimas – Debêntures – Assembleia Geral de Credores – Liberdade de Associação – Boa-fé objetiva – Abuso de Direito – Cram Down – Par Conditio Creditorum, in Revista de Direito Mercantil, Industrial, Econômico e Financeiro, v.142, p. 277-279).

[244] Analisando este mesmo aspecto, sob a ótica do Direito Falimentar Português, Menezes Cordeiro ensina: "Na falência jogam-se interesses opostos que o Direito procura harmonizar; assim: o comerciante falido pretende retardar ou evitar a falência e, quando ela porventura se dê, atravessá-la com um mínimo de danos; os credores visa a obtenção de um máximo de valor, por forma a minorar os prejuízos que, em princípio, irão sofrer nos seus direitos de crédito; os terceiros aspiram à normal prossecução de sua actividade, sem serem afectados pelas operações falimentares que, a seu lado, venham a decorrer; a comunidade e o Estado desejariam, por fim,

vista disso, explica Sousa Junior que apesar de os credores comporem uma comunhão frente à devedora, esta comunhão é legal (e não voluntária) e que, justamente pela discrepância de interesses, seria tautológico falar em conflito de interesses.

Em outras palavras, na opinião de Sousa Junior, não existiria um interesse convergente entre os credores submetidos à recuperação judicial e, muito menos, um acordo associativo. Assim, se não fosse por expressa disposição legal, muito provavelmente, a devedora não encontraria ambiente para promover uma negociação coordenada que visasse à sua reestruturação.

A respeito dessa comunhão forçada (não voluntária), Sousa Junior esclarece:

> (...) há que se destacar que o simples fato de os credores submetidos constituírem uma comunhão não significa que eles tenham, de fato, interesses alinhados. A comunhão é criada pela LRF em abstrato. Concretamente, cada credor deliberará na exata medida de seu interesse individual, desde que legítimo.

Avançando sobre este ponto, Sousa Junior esclarece que o conflito de interesses em matéria recuperacional tem, portanto, características distintas do conflito de interesses verificado em matéria societária porque (i) em matéria societária, está em conflito de interesses aquele sócio/acionista que vota em assembleia na tutela de interesse próprio, mas contrário ao melhor interesse da companhia e/ou dos demais sócios; enquanto que (ii), em matéria concursal, está em conflito de interesse aquele credor que vota em assembleia buscando a satisfação de interesses outros que não a tutela efetiva de seu próprio crédito. É como explica Sousa Junior[245]:

> (...) a avaliação do componente subjetivo do voto não pode tomar como referência a busca pela preservação da empresa. Credores não votam pelo bem comum dos demais credores, nem vinculados pelo princípio da preservação

---

que a empresa em dificuldades as ultrapasse, de modo a prosseguir na sua tarefa criadora de riqueza. Registre-se ainda que os diversos credores do falido, entre os quais, normalmente, o próprio Estado, têm entre si, interesses antagônicos: dado o fenômeno do rateio, a vantagem de um é, tendencialmente, o prejuízo do outro". (Cordeiro, Antônio Menezes, Manual de Direito Comercial, volume 1, Editora Almedina, Coimbra, 2003, p. 346).

[245] Sousa Junior, op. cit., p. 113-114.

da empresa, ainda que possam eventualmente cooperar durante o processo na busca de uma solução mais eficiente. Credores votam na AGC no interesse próprio, desde que legítimo, não cabendo analogia com o interesse social que vincula os votos dos sócios nas AGO/Es.

Nessa mesma linha seguem as posições de Gabriel Buschinelli[246] e José Marcelo Martins Proença[247], que sustentam, em apertada síntese, que, apesar de os credores guardarem entre si interesses antagônicos, no momento em que são lavados a concurso, tais interesses formam uma comunhão, baseada na possibilidade de cada um dos credores, em maior ou menor medida, influir na esfera jurídica dos demais. Em vista disso, por mais que a associação dos credores em concurso não seja voluntária (mas sim decorrente de lei), faz-se necessário que, ao mesmo tempo em que tutelem seus próprios interesses, os credores busquem não violar o "interesse comum" de satisfação dos créditos, cooperando para a produção de um resultado ótimo.

Vê-se, portanto, que em matéria de direito concursal, é legítimo que o credor vote em assembleia buscando a tutela de seu crédito, o que, por si só, é conflitante com a posição jurídica ocupada da devedora e pelos demais credores, mas que não caracteriza situação de abuso. O abuso residiria,

---

[246] Detalha-se aqui a opinião de Gabriel Buschinelli sobre o tema: "Com o início do procedimento concursal, os credores são reunidos em uma coletividade obrigatória que não tem natureza jurídica de pessoa jurídica, nem de litisconsórcio, nem de comunhão. Formam comunhão de interesses, instituto dogmático marcado pela circunstância de que, a despeito da ausência de copropriedade, os integrantes têm o poder de influir na esfera jurídica dos demais. A circunstância de que um credor possa impor sua vontade aos demais, ou de que conflua para a formação da vontade majoritária, outorga-lhe um poder que não pode vir desacompanhado da respectiva responsabilidade. Como decorrência da situação de comunhão, vige, entre os credores, um dever recíproco de lealdade" (BUSCHINELLI, op. cit., p. 147).

[247] José Marcelo Martins Proença aborda a necessidade de cooperação entre os credores usando as lições de John Nash a respeito da teoria dos jogos: "[V]oltando à teoria dos jogos, uma de suas vertentes propõe a cooperação, ao invés da competição, nas situações de disputa por recursos escassos, como acontece quando credores buscam a satisfação dos seus créditos por parte de um devedor insolvente. (...) só a cooperação entre eles [os credores] conduzirá a um melhor resultado para todos, pois depende o seu ressarcimento de um fonte escassa, o patrimônio do devedor insolvente. (...) [O] patrimônio do devedor insolvente é escasso e, caso não ordenado o comportamento dos credores pelo direito, fica exposto à pilhagem destes, extinguindo-se com prejuízo de todos ou da maioria" (PROENÇA, op. cit., p. 193-194).

no entanto, nas hipóteses em que o interesse do credor contrariasse o interesse comum dos credores em concurso. Nesse sentido é a opinião do Prof. Erasmo Valladão[248]:

> Não é fácil, entretanto, conceituar o que seja o interesse comum dos credores. Segundo uma autorizada opinião doutrinária, tal interesse consistiria no interesse que tem cada credor em, ao menos a médio prazo, minimizar os seus prejuízos, mediante a ampliação das disponibilidades da massa.

A respeito do tratamento do voto proferido em conflito de interesses, conforme anotaram os professores Erasmo Valladão[249] e Newton De Lucca[250], a LRE é silente, o que torna sua identificação uma tarefa difícil ante o fato de que o "interesse comum" dos credores não é propriamente o reerguimento da empresa, mas sim a maximização do retorno de seus créditos, o que pode acontecer por meio da recuperação judicial ou por meio da falência, a depender do caso.

Assim, conforme ensina o Prof. De Lucca[251], o que vai diferenciar um voto conflitante de um voto regular é a busca, pelo credor, da satisfação de interesses ilegítimos frente à empresa recuperanda:

> É certo que ele [credor] tem todo direito de votar e de fazê-lo, evidentemente, contra o plano, se este for contrário a seus legítimos interesses. Não é suficiente, porém, que o credor tenha interesse em votar contra. Necessário se torna que esse interesse seja legítimo, isto é, em consonância com a ordem jurídica vigente. Em termos práticos, é preciso que haja legítima fundamentação por parte do credor para que o plano de recuperação apresentado seja por ele rejeitado. (...) É sobre tal aspecto, sem dúvida, que importa analisar a ocorrência de um eventual abuso do direito de voto de um credor em assembleia geral. Parece indubitável que o credor que rejeita o plano de recuperação de uma empresa concorrente com o único propósito de eliminá-la do mercado,

---

[248] FRANÇA, op. cit., p. 190-191. Nesse mesmo sentido, SZTAJN, Rachel, Notas sobre as Assembleias de Credores na Lei de Recuperação de Empresas, in Revista de Direito Mercantil, Industrial, Econômico e Financeiro, São Paulo, Editora Malheiros, n. 138, abril-junho de 2008, p. 79-80.
[249] Idem ibidem.
[250] DE LUCCA, op. cit., p. 223-249
[251] Idem ibidem.

deixando claro que seu voto foi conflitante com o seu interesse simples de credor, não está exercitando legitimamente o seu direito.

A situação de busca pela satisfação do crédito não configura, portanto, um conflito de interesses que pudesse viciar o voto do credor, pelos simples fatos de que (i) a posição jurídica do credor ante a empresa em recuperação é, por essência, antagônica; e (ii) porque o direito de crédito e sua tutela são objetivos também acobertados pela LRE[252].

Assim, a antagonia de interesses, intrínseca à relação creditícia, não conforma um cenário de conflito de interesses em matéria concursal, mas sim, a existência de outros interesses não legítimos que estejam sendo buscados pelo credor ao exercer seu voto.

Analisando este ponto no bojo do processo que foi levado ao seu conhecimento, a Dra. Renata Mota Maciel entendeu que certos credores da Varig Logística S.A. não estavam buscando unicamente a tutela de seus direitos de crédito, mas viram na votação em assembleia geral a possibilidade de eliminar um agente competidor de mercado[253].

Vale ressaltar que, logo no início da vigência da LRE, esta hipótese já havia sido levantada pelo Prof. Erasmo Valladão[254] como um conflito de interesses em matéria de recuperação judicial que justificasse uma intervenção judicial:

> Como hipóteses mais concretas de conflitos de interesses, podem ser imaginadas, por exemplo, a de uma credora, indústria automobilística, que vote contrariamente à aprovação de plano de recuperação judicial viável por

---

[252] Em vista da inescapável configuração da relação débito-crédito, segundo SOUSA JUNIOR, não faria sentido, no âmbito de uma análise de recuperação de empresas, cogitar pela intervenção judicial no resultado de uma assembleia de credores pelo simples fato de haver interesses conflitantes. Segundo ele, a intervenção estatal somente seria justificável, em caso de o credor votar em busca da tutela de interesses ilegítimos – Idem ibidem.

[253] Vide trecho da decisão proferida pela Dra. Renata Mota Maciel nos autos do processo em comento: "(...) ao analisar o conteúdo da votação e o próprio contexto fático da presente recuperação, inevitável não se deparar com questões relacionadas ao direito da concorrência, que de maneira direita importaram na rejeição do plano por alguns detentores de créditos submetidos à recuperação, desde que no exercício de seu direito de voto buscaram fazer prevalecer interesses reflexos ao mero recebimento de seus créditos, em postura nitidamente incongruente com tal objetivo, revelando verdadeiro abuso do direito de voto.

[254] FRANÇA, op. cit., p. 192-193.

estar interessada na falência do devedor, seu concessionário, a fim de passar a concessão a outrem; ou do credor interessado na falência de seu agente ou distribuidor (art. 710 do CC), igualmente para transferir a outrem a agencia ou a distribuição de seus produtos; ou ainda, do credor que tenha interesse na falência de seu devedor simplesmente por ser seu concorrente. (...) a disciplina do direito de voto em conflito de interesses – que é uma espécie de abuso do direito de voto – destina-se a proteger o interesse do grupo, sendo assim aplicável tanto ao voto da maioria como ao da minoria.

De acordo com a decisão proferida pela Dra. Maciel, essa configuração representava abuso de direito de voto, porque o credor estava aproveitando de sua oportunidade de manifestação em assembleia (que é legítima) para buscar a satisfação de interesses não tutelados pela LRE (o que é ilegítimo).

Frente a este cenário, a MM. Juíza entendeu por bem superar o resultado da deliberação de credores e acolher o plano de recuperação judicial que havia sido apresentado pela devedora – e rejeitado em assembleia – ante (i) a ocorrência de abuso de direito[255] de voto; e (ii) o fato de que as disposições do plano convenceram a magistrada a respeito de sua viabilidade[256].

---

[255] Aqui se adota o conceito de abuso de direito trabalhado por Luiz Gastão Paes de Barros Leães: "O abuso de direito é, em suma, um desvio no seu exercício regular, seja por faltar ao titular legítimo interesse para exercê-lo daquele modo; seja porque a sua destinação econômica e social tenha sido frustrada." (LEÃES, Luiz Gastão Paes de Barros, Conflito de Interesses, in Estudos e Pareceres sobre Sociedades Anônimas, São Paulo, Editora RT, 1989, p. 16). Nesse mesmo sentido, é a opinião de Humberto Theodoro Júnior: "[o abuso de direito] e dará sempre que o agente invocar uma faculdade prevista em lei, aparentemente de forma adequada, mas para alcançar objetivo ilegítimo ou não tolerado pelo consenso social." (THEODORO JÚNIOR, Humberto, Comentário ao art. 187, in Comentários ao Novo Código Civil, TEIXEIRA, Sálvio de Figueiredo, volume III, tomo II, Rio de Janeiro, Editora Forense, 2003, p. 113).

[256] Aqui é inegável que a Dra. Renata, ao aprovar o plano que havia sido rejeitado pela assembleia de credores, além de ter feito controle de legalidade para coibir os votos abusivos, realizou também análise de viabilidade. Nesse sentido, vide outro trecho da decisão por ela prolatada: "Diante desse quadro, entendo deva prevalecer o princípio da preservação da empresa, sobretudo pelo interesse social em jogo, com destaque para a manutenção do emprego, ao passo que o plano apresentado, com as alterações discutidas na assembleia (...) dispõe de maneira ampla sobre os projetos de reestruturação da companhia, com o pagamento dos credores de acordo com cronograma minuciosamente estabelecido, ressaltando-se a ampla discussão travada com seus credores ao longo das assembleias, e que deixou à mostra a viabilidade do plano, com base em resultados operacionais e observado o fluxo de caixa real e o projetado".

Conforme já dito acima, a LRE não disciplina o tratamento ao voto abusivo, o que fez com que alguns doutrinadores cogitassem, no início da vigência da lei, não haver possibilidade análise judicial sobre esta matéria.

Ocorre que, mesmo não havendo regra própria na LRE, o ordenamento brasileiro contempla normas que coíbem o exercício irregular de direitos e que podem ser transportadas, por analogia, às matérias recuperacionais. Nesse sentido, anota Gabriel Buschinelli[257]:

> Com a devida vênia, parece que seja possível a ocorrência de abuso na deliberação que rejeita um plano de recuperação judicial e, ademais, que a figura do abuso de direito ofereça fundamento dogmático para controlar a legalidade de voto assim proferido. (...) o exercício do direito de voto não pode desrespeitar os limites impostos pelo seu fim econômico ou social, pela boa-fé, ou pelos bons costumes (CC, art. 187).

Sobre hipóteses como essa de exercício abusivo de direito[258], existe aceitação, por parte de respeitável doutrina, de entendimento no sentido de que o juiz pode (e deve) intervir na deliberação e avaliar sua legalidade. Confira-se, por exemplo, o Prof. Paulo Fernando Campos Salles de Toledo[259]:

> O plano votado com abuso de direito, submetido à apreciação judicial, não pode ser homologado. Ainda que presentes requisitos extrínsecos, como a aprovação assemblear, a observância do quorum, a votação favorável de todas as classes, ainda assim o exame da espécie não resistirá ao teste da legalidade substancial. O resultado a que se chegou a assembleia terá decorrido de um

---

[257] BUSCHINELLI, op. cit., p. 136.
[258] Vide definição de exercício abusivo de direito dada pelo Prof. Paulo Fernando Campos Salles de Toledo: "O Código Civil, ao tratar dos atos ilícitos, dispõe, no art. 187, que também os comete 'o titular de um direito que, ao exercê-lo, excede, manifestamente os limites impostos por seu fim econômico ou social, pela boa-fé ou pelos bons costumes'. Como se percebe, o que se veda ao agente é que este, ao exercer um direito de que é efetivamente titular, ultrapasse os limites traçados por suas finalidades sociais ou econômicas, pela boa-fé ou pelos costumes. O exercício do direito é, a princípio, regular, mas deixa de o ser, transformando-se em ilícito, quando exercido abusivamente, em desconformidade com um dos parâmetros elencados na norma ora em foco." (TOLEDO, Recuperação Judicial – Sociedades Anônimas, op. cit., p. 263-281).
[259] Idem, p. 278.

ato ilícito (abuso de direito), e um ato assim viciado não pode obter o respaldo jurisdicional.

Esse posicionamento atual foi inclusive consagrado no Enunciado n. 45 da I Jornada de Direito Comercial[260], realizada em 2012:

> 45. O magistrado pode desconsiderar o voto de credores ou a manifestação de vontade do devedor, em razão de abuso de direito.

Como se viu, atualmente já não há grandes conflitos na doutrina a respeito da possibilidade de o magistrado intervir no processo de recuperação judicial quando constatado que o voto proferido por um credor (ou por um grupo de credores) for abusivo, buscando a tutela de interesses que suplantam a tutela do direito de crédito.

A questão que se coloca a seguir é: podendo o magistrado intervir em casos de abuso de direito, haveria uma fórmula para se identificar aprioristicamente, as situações em que a atuação jurisdicional seria necessária? Numa primeira tentativa de resposta a este questionamento, o Prof. Newton de Lucca[261] afirma que a construção dessa fórmula viria, inexoravelmente, da experiência trazida pela casuística.

Aprofundando a resposta a este questionamento, Gabriel Buschinelli[262] aponta que os anos de vigência da LRE trouxeram os seguintes exemplos

---

[260] A íntegra dos enunciados aprovados no bojo da I Jornada de Direito Comercial está disponível em http://www.cjf.jus.br/CEJ-Coedi/jornadas-direito-comercial/LIVRETO%20-%20I%20JORNADA%20DE%20DIREITO%20COMERCIAL.pdf (acesso em 17.10.2015).

[261] DE LUCCA, op. cit., p. 233. Nesse mesmo sentido, Moacyr Lobato de Campos Filho: "Ao juiz caberá, no caso concreto, identificar as hipóteses de exercício abusivo de direito de voto, impondo as sanções correspondentes. (...) Não obstante a ausência de parâmetros sobre o exercício abusivo de direito de voto na lei falimentar, o juiz poderá reconhecê-lo em razão do exercício manifestamente excedente os limites impostos pelo fim econômico ou social, pela boa-fé ou pelos bons costumes pelo titular do direito de voto" (CAMPOS FILHO, Moacyr Lobato de, Falência e Recuperação Judicial, Belo Horizonte, Editora Del Rey, 2007, p. 145).

[262] BUSCHINELLI, op. cit., p. 149. Neste ponto, vale ressaltar que as situações abusivas tratadas neste ponto por BUSCHINELLI revelam o que ele chama de "abuso positivo de direito de voto", que seria a situação na qual o credor se vale do seu direito de voto para a busca de vantagens pessoais ilegítimas. Ocorreria, no entanto, "abuso negativo de direito de voto" quando o credor adota um comportamento obstrutivo, rejeitando um plano sem fundamento legítimo.

de situações de abuso de direito de voto, que deveriam ser coibidas pelos magistrados:

> No abuso positivo do direito de voto, foi analisada casuística com as principais, ou mais prováveis, formas de ocorrência de abuso, tendo sido analisadas as seguintes hipóteses: (i) exercício de voto mediante contraprestação; (ii) abuso do direito de voto pelo estabelecimento de tratativas com o devedor; (iii) aquisição de poder de voto por meio da aquisição de créditos; (iv) abuso do direito de voto pelo credor quirografário que, não obstante de sua condição, desfruta de garantia pessoal ou real outorgada por terceiro; (v) abuso do direito de voto por meio do exercício de uma classe de créditos para a obtenção de tratamento vantajoso em relação a créditos de outra classe; (vi) abuso do direito de voto pelo credor concorrente que busca falência do devedor para obter vantagens concorrenciais; e (vii) abuso do direito de voto quando o credor celebrou com devedor negócio jurídico que estaria sujeito à revogação ou ineficácia em hipóteses de falência e, para evitá-la, aceita sacrifício desproporcional ao crédito proposto em plano de recuperação judicial.

Encerrando este ponto, a última discussão que se coloca é: ante a constatação de exercício abusivo ao direito de voto, qual seria a melhor sanção a ser aplicada pelo magistrado? A nosso ver, correta está a posição de BUSCHINELLI[263], que adota também a linha anteriormente traçada por FRANÇA[264], de que o voto abusivo, por ser ilícito (nos termos do art. 187 do Código Civil), é também nulo. A deliberação na qual se insere o voto abusivo pode ou não ser anulada[265], a depender da relevância do voto abusivo (e nulo) para a formação da maioria.

3.3.3.1.1. Abuso de minoria – tratamento via *cram down*

Além da invalidação do voto (ou da própria assembleia), a constatação de um voto abusivo pode levar também a situações de *cram down*[266], ou seja, de

---

[263] Idem, op. cit., p. 150.
[264] FRANÇA, op. cit., p. 191.
[265] Daí a razão porque a consequência para a deliberação é a anulabilidade e não a nulidade de pleno direito.
[266] A respeito da expressão cram down, Richard Maloy aponta que ela não está escrita nos artigos do Chapter 11 do Bankruptcy Code estadunidense, mas foi uma expressão cunhada (e replicada) pela jurisprudência das cortes norte-americanas quando queriam dizer que o plano

aprovação forçada de plano de recuperação judicial que, ao ser proposto e votado em assembleia, recebeu o veto de uma das classes de credores. Isso vem ocorrendo em razão de flexibilizações feitas pela jurisprudência em relação aos requisitos estabelecidos pela LRE para a realização de *cram down*.

Antes de se adentrar nas situações em que as regras de *cram down* estão sendo – salutarmente – flexibilizadas, vale uma pequena digressão a respeito das crítica que os requisitos de *cram down* da LRE já receberam, principalmente quando confrontadas com regras estrangeiras de objetivo semelhante[267]. Justamente por esse motivo é que Sheila Cerezetti[268] afirmou que o *cram down* da LRE representou uma importação incompleta de um relevante instrumento:

> A mera apresentação, de maneira bastante simplista, da experiência estrangeira sobre o assunto demonstra que a Lei de Recuperação e Falência cuida de requisitos, por um lado, excessivos e, por outro, insatisfatórios. (...) Dentre os quatro requisitos positivados na lei brasileira, os três primeiros referem-se à existência de quóruns. Primeiramente, um quórum de maioria do valor dos créditos, independentemente de classes, refere-se a algo não encontrado em qualquer dos ordenamentos estrangeiros estudados, e que pode representar exigência excessiva à aprovação do plano, se cumulada com as demais

---

de recuperação foi empurrado "goela abaixo" dos credores da classe dissidente. "some Courts have stated it, the plan is crammed 'down the throats' of the objectors" (MALOY, Richard, op. cit., p. 3).

[267] A respeito do tratamento geralmente dado pelas regras estrangeiras de cram down, BATISTA, et al., explicam que, na maior parte dos sistemas falimentares atuais, principalmente o sistema estadunidense e o sistema alemão, os principais requisitos que o magistrado deve observar para superar um veto não dizem respeito a quórum, mas sim aos seguintes pontos: (a) que o plano tenha sido aprovado por, pelo menos, uma das classes afetadas; (b) que não haja tratamento diferenciado entre os membros da classe dissidente (para que não reste caracterizado unfair discrimination); (c) que o plano contemple regras que façam dele justo e equitativo no que se refere ao tratamento da classe dissidente (fair and equitable rule); e (d) que o plano traga disposições de pagamento aos credores, inclusive os dissidentes, de valores que representem, no mínimo, o que seria obtido em caso de falência (BATISTA, Carolina Soares João; CAMPANHA FILHO, Paulo Fernando; MIYAZAKI, Renata Yumi; CEREZETTI, Sheila Cristina Neder, A prevalência da vontade da Assembleia Geral de Credores em questão: o Cram Down e a apreciação judicial do plano aprovado por todas as classes, in Revista de Direito Mercantil, Industrial, Econômico e Financeiro, nº 143, junho-setembro de 2006, São Paulo, p. 202-243).

[268] CEREZETTI, A Recuperação, 2012, op. cit., p. 312-316.

maiorias exigidas. Em segundo lugar, requer-se que a maioria das classes – pelo menos quando as três classes existirem –, e não apenas uma delas, como ocorre no Direito Norte-Americano, aprove o plano. Por fim, também é necessário que uma parcela dos credores que compõem a própria classe dissidente tenha concordado com o plano. A presença de tantos requisitos relacionados à obtenção de diferentes maiorias dentre os credores concordantes, além de não ser encontrada nem mesmo em ordenamentos cujo objetivo primordial é a satisfação dos credores, parece ir de encontro ao propósito de preservação da empresa constante da Lei de Recuperação e Falência. Não se pode compreender os motivos pelos quais uma lei que prima pela salvação da empresa viável estipule tantos requisitos formais para a superação do veto de uma classe de credores.

Justamente por essa incompatibilidade entre os requisitos de *cram down* e os objetivos da LRE é que o Tribunal de Justiça do Estado de São Paulo passou a flexibilizar tais requisitos, em duas hipóteses paradigmáticas: (i) em ações de recuperação judicial nas quais a classe de credores com garantia real (classe tratada no inciso II do art. 41 da LRE) era composta por apenas um credor, que, visando a falência da recuperanda, rejeitava injustificadamente o plano, de modo a não ser atingido o quórum de aprovação previsto no art. 45 da LRE; e (ii) em ações de recuperação judicial em que só havia uma classe de credores (a classe III de credores quirografários), na qual uma minoria de credores, detentora da maioria dos créditos, obstaculizou a aprovação de plano aprovado pela maioria dos credores presentes[269].

---

[269] Sobre essas situações hoje mais claramente tuteladas pelo Tribunal de Justiça do Estado de São Paulo, há que se pontuar que (a) não existe, dentro da própria Corte Paulista um consenso a respeito da possibilidade de utilização do cram down para a superação do veto de uma minoria; e (b) não há igualmente consenso na doutrina a esse respeito, considerando que há quem afirme que o simples fato de um credor exercer seu direito de voto no sentido contrário ao que exerceu a maioria, não faz com que tal voto seja abusivo. A respeito da afirmação feita no item (a) acima, cita-se recente julgado da 2ª Câmara Reservada de Direito Empresarial do TJSP que, em abril de 2015, julgou pela manteve do resultado da assembleia geral de credores e determinou a convolação da recuperação judicial da empresa BBLC Empreendimentos e Serviços Ltda. em falência, mesmo tendo sido o plano aprovado pela maioria quantitativa dos credores e rejeitado pelo único credor que compunha a classe dos créditos com garantia real (e que detinha o crédito de maior valor). De acordo com o voto proferido pelo Desembargador Relator Tasso Duarte de Melo, o credor regularmente habilitado, qualquer que seja o valor de seu crédito, teria liberdade de aprovar ou rejeitar a proposta formulada pela recuperanda, não

Na primeira hipótese, o TJSP constatou a ocorrência de "abuso de minoria"[270] – situação caracterizada quando o voto desfavorável de um único credor de determinada classe leva à falência da devedora – e aplicou como sanção ao voto abusivo a aprovação forçada do plano (*cram down*), numa interpretação sistemática do art. 58, § 1º, III da LRE com os objetivos consagrados no art. 47[271]. Nesse sentido, vide excerto de voto proferido pelo Desembargador Romeu Ricupero, no julgamento do Agravo de Instrumento nº 0342925-26.2009.8.26.0000[272]:

havendo qualquer irregularidade nesse sentido (TJSP, Agravo de Instrumento n. 2158969-94.2014.8.26.0000, 2ª Câmara Reservada de Direito Empresarial, Relator Desembargador Tasso Duarte de Melo, julgado em 07.04.2015). A respeito da afirmação feita no item (b) acima, citam-se as opiniões de Álvaro Mariano e Eduardo Goulart Pimenta: "o voto pela quebra do devedor, por si só, não constitui violação dos limites econômicos e sociais do direito e, portanto, isoladamente, não pode ser considerado um abuso de direito". (MARIANO, Álvaro A.C., Abuso de voto na Recuperação Judicial, Tese de Doutorado apresentada à Faculdade de Direito da Universidade de São Paulo, São Paulo, 2012, p. 297); "Também não se configura abuso de voto quando o credor único de uma das classes da Assembleia Geral de Credores desaprova o plano. Não se pode agravar-lhe a situação pelo simples fato de estar isolado em determinada categoria de participantes do conclave" (PIMENTA, Eduardo Goulart, Recuperação judicial de empresas, Cram Down e voto abusivo em Assembleia Geral de Credores: estudo de casos, in Revista de Direito Empresarial – RDEmp, Belo Horizonte, ano 10, n.1, p.
129-144, jan./abr. 2013).

[270] A autoria da expressão "abuso de minoria" em contexto recuperacional é atribuída a Jorge Lobo (LOBO, Comentários, op. cit., p. 173).

[271] A respeito da necessidade de flexibilização dos critérios adotados pela LRE para a realização de cram down, MUNHOZ já propunha no início da vigência da lei: "(...) seria recomendável a revisão dos critérios estabelecidos no art. 58 da lei que respeita ao cram down, estabelecendo-se outros que sejam mais adequados à consecução da função pública da Lei de Recuperação. Tais critérios devem ampliar, anda que sob limites bem definidos, o poder de interferência do juiz em relação à matéria, de sorte a evitar que o veto manifestado por uma classe de credores possa levar a um resultado incompatível com o interesse da sociedade na recuperação da empresa". (MUNHOZ, Comentários, 2007, p. 292-293).

[272] TJSP, Agravo de Instrumento nº 0342925-26.2009.8.26.0000, Extinta Câmara de Falência e Recuperação Judicial, Relator Desembargador Romeu Ricupero, julgado em 18.08.2009. Nesse mesmo sentido, há farta jurisprudência da Corte Paulista: TJSP, Agravo de Instrumento nº 9026505-60.2009.8.26.0000, Extinta Câmara de Falência e Recuperação Judicial, Relator Desembargador Romeu Ricupero, julgado em 18.08.2009; TJSP, Agravo de Instrumento nº 2044822-55.2014.8.26.0000, 1ª Câmara de Reservada de Direito Empresarial, Relator Desembargador Enio Zuliani, julgado em 03.07.2014; TJSP, Agravo de Instrumento nº 0106661-86.2012.8.26.0000, 1ª Câmara de Reservada de Direito Empresarial, Relator Desembargador

No que concerne ao inciso III [do § 1º do art. 58 da LRE], impende mencionar que, se uma das classes é constituída por apenas um credor, como ocorre aqui, não se pode exigir o voto favorável de mais de um terço dos credores, computados na forma do § 1º do art. 45 da Lei nº 11.101 de 2005, porque, de qualquer maneira, a rejeição pelo credor único representaria sempre a decretação de falência da recuperanda e, como é sabido, a Lei nº 11.101 de 2005, no aludido § 1º do art. 58, procura evitar o abuso de minoria, isto é, que o voto desfavorável de credor único em determinada classe implique em falência da recuperanda. Em outras palavras, havendo credor único em determinada classe, seu voto desfavorável ao plano na assembleia geral de credores representaria sempre o não preenchimento do requisito do inciso III do § 1º do art. 58 da Lei nº 11.101 de 2005. (....) Não parece ter sido cogitada pelo legislador a hipótese de credor único com garantia real, cuja não aprovação do plano, por qualquer motivo, implicaria na decretação de falência. Não se pode admitir validade à rejeição de plano por credor único em determinada classe, apesar dos critérios limitados do *cram down* da lei brasileira, sob pena de configurar-se abuso no exercício do direito de votar o plano na assembleia geral sempre que o credor privilegiasse posições excessivamente individualistas, em detrimento dos demais interesses em jogo.

Logo, percebe-se que a sanção ao abuso de direito de voto em assembleia de credores pode ser vista por vários ângulos e pode ocasionar (a) a declaração de nulidade do voto; (b) a anulabilidade de toda a deliberação ou, até mesmo, (c) a superação de um veto à aprovação do plano, nos casos atípicos de cram down acima referidos, em que, pela configuração do quadro de credores, é dado a um único credor o poder de obstaculizar a recuperação judicial[273].

Francisco Loureiro, julgado em 03.07.2014; TJSP, Agravo de Instrumento nº 2017379-32.2014.8.26.0000, 1ª Câmara de Reservada de Direito Empresarial, Relator Desembargador Enio Zuliani, julgado em 11.09.2014; TJSP, Agravo de Instrumento nº 2158969-94.2014.8.26.0000, 2ª Câmara de Reservada de Direito Empresarial, Relator Desembargador Tasso Duarte de Melo, julgado em 07.04.2015; e TJSP, Agravo de Instrumento nº 2050098-67.2014.8.26.0000, 2ª Câmara de Reservada de Direito Empresarial, Relator Desembargador Ramon Mateo Júnior, julgado em 16.03.2015.

[273] A respeito da superação de vetos representada pela regra de cram down (art. 58, § 1º da LRE), Gerson Branco alerta que um ativismo judicial para a flexibilização do "quórum alternativo" é louvável desde que não seja usado de forma acrítica pelo magistrado, sem que sejam

Na segunda hipótese, o TJSP também constatou abuso de minoria e confirmou decisão do juízo de primeiro grau que realizou *cram down* de um plano de recuperação judicial rejeitado em assembleia em razão da peculiar composição de seu quadro de credores. A única classe votante era a dos credores quirografários, composta por 25 credores: dentre eles, 22 credores aprovaram o plano; no entanto, os três que o rejeitaram detinham 73, 86% dos créditos, o que levou à rejeição do plano em assembleia[274].

Ao analisar esta situação, o TJSP entendeu que, em razão do valor dos créditos detidos pelos credores dissidentes, qualquer proposta apresentada pela devedora teria dificuldade de aprovação sem a concordância desses três credores. Em outras palavras, foi constatado que o futuro da recuperanda estava nas mãos dos três credores em questão, e não da coletividade de credores.

Diante disso, o TJSP avaliou os fundamentos da rejeição apresentada por tais credores e as disposições do plano e concluiu que as rejeições eram injustificadas e, portanto, deviam ser superadas, porque o plano apresentado pela recuperanda atendia aos objetivos da LRE. Nesse sentido, confira-se excerto do voto proferido pelo Des. José Reynaldo[275]:

> Os agravados [recuperandas] apontaram a manutenção dos empregos, o aumento do faturamento e possibilidade de pagamento com recursos próprios, demonstrando a viabilidade econômica da empresa. Indicaram, também, a ausência de deságio e de carência no plano apresentado, bem como o prazo final para seu cumprimento, com incidência de juros e correção monetária,

---

analisadas as peculiaridades de cada caso. Em outras palavras, a preocupação do professor gaúcho gira em torno de se evitar um fenômeno em que juízes, suportados pela regra flexibilizada de cram down, forçam a aceitação de planos de recuperação cuja votação não está eivada de qualquer vício (Branco, op. cit., p 57-59). Nesse mesmo sentido anota Sheila Cerezetti, afirmando que a falta de uma boa disciplina sobre cram down está levando à aplicação em hipóteses incabíveis. Como exemplo, Cerezetti cita aplicação indevida de cram down no caso da recuperação judicial da VASP – Viação Aérea São Paulo S/A, em que o juiz da causa, ignorando os requisitos impostos pela LRE, utilizou o cram down sob o argumento de que a lei privilegia a preservação da empresa como motivo para a superação do veto de uma classe de credores. (Cerezetti, A recuperação, op. cit., p. 318-319).

[274] TJSP, Agravo de Instrumento n. 0100844-07.2013.8.26.0000, 2ª Câmara Reservada de Direito Empresarial, Relator Desembargador José Reynaldo, julgado em 03.02.2014.
[275] Idem ibidem.

não representando anistia dos créditos regularmente constituídos, razão pela qual o MM. Juízo a quo o considerou 'consistente, viável e, portanto, factível', afastando, assim a insurgência em relação à taxa de juros. Por outro lado, a objeção apresentada pelo agravante carece de fundamentação, apontando a impossibilidade de 'reaver seu crédito de forma minimamente satisfatória'. (...) Assim considerando, a rejeição injustificada somente por parte das instituições financeiras revela-se abusiva, uma vez que impede a recuperação de empresa que apresenta condições mínimas de se manter produtiva e em atividade, cumprindo o seu papel social e econômico.

Vê-se, portanto, que a partir do paradigmático caso da Varig Logística S.A., a doutrina e a jurisprudência evoluíram permitindo a intervenção judicial (controle de legalidade material ou, como preferimos, controle de juridicidade) nas hipóteses em que a deliberação está viciada[276], pelo fato de credores exercerem seus direitos de voto em prol de interesses ilegítimos.

Além do exercício de voto em prol de interesses ilegítimos, a jurisprudência e a doutrina[277] têm entendido como abusivos, e passíveis de superação via a aplicação flexibilizada das regras de *cram down*, os votos proferidos por minorias de credores no intuito de obstaculizar, injustificadamente, a aprovação do plano proposto pela devedora.

O que se verá abaixo é que além das hipóteses de abuso de direito, a doutrina e a jurisprudência brasileiras têm aceitado o controle de legalidade

---

[276] Ao tratarmos dessa hipótese de deliberação viciada, estamos, em verdade, utilizando o conceito de 'vício de voto' trabalhado pelo Prof. Erasmo Valladão, na modalidade de vício de voto na qual o voto viciado é essencial para a formação da maioria. De acordo com o Professor, existem, na verdade, três hipóteses de vícios que podem afetar uma assembleia de credores: "(a) vícios da própria assembleia – que pode ter sido irregularmente convocada (ou mesmo, não convocada) ou instalada, hipótese em que a sua invalidação trará como consequência, obviamente, a invalidade de todas as deliberações que nela forem tomadas; (b) vícios das deliberações – nessa hipótese, o vício de voto de uma das deliberações não se estende às demais, que não sejam viciadas; (c) vícios de voto – nessa hipótese, o vício de voto só acarretará o vício de uma determinada deliberação se o voto foi decisivo para a formação da maioria; senão, será irrelevante, só atingindo o próprio voto viciado". (FRANÇA, op. cit., p. 190-191).

[277] Nesse sentido, destaca-se a posição de Welder Queiroz dos Santos que entende que o juiz pode desconsiderar o voto do credor único em sua classe desde que o plano de recuperação não lhe tenha conferido tratamento desfavorável em relação aos outros credores (SANTOS, Welder Queiroz dos, As formas de aprovação do plano de recuperação de recuperação judicial, in Revista de Direito Empresarial, Curitiba, n. 13, jan./jun. 2010, p. 97-123).

também em casos nos quais o próprio plano traz situações abusivas, prevendo, por exemplo, desequilíbrio – não consentido[278] – entre credores componentes de uma mesma classe.

3.3.3.2. Verificação de tratamento desigual e ilegítimo a credores da mesma classe – *unfair discrimination*

Outra faceta do controle judicial de legalidade material é representada pela possibilidade, já admitida pela doutrina e pela jurisprudência, de intervenção judicial nos planos de recuperação que tragam disposições que afastam ilegitimamente o princípio da *par conditio creditorum* seja para prejudicar diretamente alguns credores, seja para manipular quóruns de aprovação em assembleia. Tratam-se, portanto, de situações de *unfair discrimination*[279], ou seja, hipóteses nas quais o princípio da *par conditio creditorum* é afastado em prol de motivos não tutelados pelo direito.

---

[278] Sobre este ponto, vide anotação de Gladston Mamede: "se os credores aprovarem o plano de recuperação judicial, desde que nele não haja ilegalidade, como tratamento prejudicial a determinado credor ou classe de credores, sem a respectiva anuência, caracterizando transação judicial, o juiz não poderá recusá-la". (MAMEDE, op. cit., p. 228).

[279] Ao tratar do conceito de unfair discrimination, BUSCHINELLI aponta que ele foi instituído pelo Bankruptcy Code estadunidense como uma forma de se proteger os interesses dos credores que compõem a minoria dissidente da assembleia de credores, sendo um dos standards objetivos criados pela legislação dos Estados Unidos para que o juiz confirme o plano votado em assembleia. Assim, segundo BUSCHINELLI, estaria configurada a unfair discrimination se os credores que rejeitarem o plano recebessem tratamento diferente e desproporcional àquele dispensado à maioria dos credores titulares de créditos da mesma natureza (BUSCHINELLI, op. cit., p. 136). Nesse mesmo sentido, Kenneth Klee explica que o instituto da cram down estadunidense serve para superar a vontade de uma classe dissidente, mas somente pode ser usado se os interesses desta classe estiverem protegidos pelo plano em questão: "Even though a class dissents, the plan must be confirmed if the interests of the dissenting class are protected. If the proponent of a plan so requests, then the court is required to confirm the plan, notwithstanding the dissent of a class of claims or interests, if the the plan does not discriminate unfairly, and is fair and equitable, with respect to each class of claims or interests that is impaired under, and has not accepted the plan". (KLEE, Kenneth N., All You Ever Wanted To Know About Cram Down Under the New Bankruptcy Code, in American Bankruptcy Law Journal, vol. 53, 1979, p. 140, também disponível em versão digital no seguinte endereço (http://www.ktbslaw.com/media/publication/15_All%20You%20Ever%20Wanted%20to%20Know%20About%20Cram%20Down%20Under%20the%20New%20Bankruptcy%20Code.pdf – acesso em 02.10.2015). Ainda sobre este ponto, Richard Maloy explica que a verificação de unfair discrimination visa à tutela das relações horizontais entre os credores: "Unfair discrimination refers to disparate

Antes de se adentrar nas situações de *unfair discrimination*[280] que estão sendo coibidas pelo Poder Judiciário, faz-se necessária uma pequena digressão a respeito da *par conditio creditorum* no sistema criado pela LRE.

Sobre a *par conditio creditorum* ou a paridade de direitos entre credores, ensina o Prof. Paulo Campos Salles de Toledo[281] que se trata de um princípio que visa, ao mesmo tempo, a assegurar tratamento equivalente a credores com direitos similares e a garantir o direito de prelação aos créditos que gozem de algum tipo de preferência:

> O Código Civil brasileiro acolhe o princípio no art. 957, no qual se estabelece que 'não havendo título legal à preferência, terão os credores igual direito sobre o patrimônio do devedor comum'. Ou seja: a paridade deve ser observada quando forem iguais os direitos, uma vez que se respeita, também, o direito de prelação.

A LRE, ao contrário de diplomas legais anteriores[282], não positivou o princípio da par conditio, o que levou autores como Luiz Fernando Valente

---

treatement of members of the same class, the court's inquiry being conducted on a horizontal plane. Members of a class may not be unfairly discriminated against by a plan's treatment of other members of their class" (MALOY, Richard, op. cit., p. 7).

[280] Considerando os conceitos de unfair discrimination dados pela doutrina estrangeira, nota-se que aqui utilizamos a expressão em sentido mais amplo: entendemos que diferenciação entre credores de uma mesma classe é injusta quando não consentida e não justificada em razões econômicas, mas também quando feita para a manipulação dos resultados de uma assembleia (por exemplo, criando-se uma subclasse de credores titulares de créditos de altos valores que conseguiriam impor sua vontade sobre o restante dos credores de sua classe originária ou, até mesmo, da coletividade de credores).

[281] TOLEDO, Recuperação Judicial – Sociedades, op. cit., p. 263-281. Nesse mesmo sentido, é a lição de Fábio Ulhoa Coelho: "Os credores do devedor que não possui condições de saldar, na integralidade, todas as suas obrigações devem receber do direito um tratamento parificado, dando-se aos que integram uma mesma categoria iguais chances de efetivação de seus créditos. (...) O tratamento paritário dos credores pode ser visto como uma forma de o direito tutelar o crédito, possibilitando que melhor desempenhe sua função na economia e na sociedade" (COELHO, Fábio Ulhoa, Curso de Direito Comercial, volume 3, 11ª Edição, São Paulo, Saraiva, 2012, p. 244).

[282] Por exemplo, a Lei 2.024 de 17.12.1908, já tratada no item 2.1.1. acima, trazia em seu artigo 105, § 3º, a seguinte disposição: "Na proposta de concordata dever-se-ha manter a mais absoluta egualdade entreos credores não privilegiados. A concessão de vantagens a certos credores

de Paiva[283] a afirmarem que, no que diz respeito à recuperação judicial de empresas, a regra de paridade estaria mitigada.

A respeito da positivação do princípio, TOLEDO[284] afirma que apesar de não haver uma referência tão expressa quanto a que já houve em diplomas anteriores, a paridade está sim consagrada na LRE e sua tutela está prevista em um dispositivo específico: o § 2o do artigo 58[285] da LRE, que trata dos requisitos do chamado *cram down* brasileiro, que nada mais é do que a decisão judicial que concede a recuperação judicial a uma empresa, mesmo que o plano por ela proposto tenha sido rejeitado pela assembleia geral de credores.

Em suma, o que TOLEDO afirma é que a *par conditio creditorum* se aplica apenas aos credores separados dentro de uma mesma classe[286]. Ocorre que, ao fixar quais seriam as classes de credores submetidas ao plano de recuperação judicial – e não permitir a criação de subclasses compostas por credores com perfis mais homogêneos – a LRE acabou por estabelecer uma classificação artificial[287], ao se considerar que, dentro de uma mesma classe, é grande a probabilidade de haver interesses muito diversos, principalmente em relação à empresa devedora[288].

---

sómente será admitiida com o consentimento expresso dos credores menos favorecidos." (manteve-se a ortografia vigente à época).

[283] Nesse sentido, PAIVA, Luiz Fernando Valente de, Aspectos relevantes do instituto da recuperação judicial e necessária mudança cultural, in Recuperação de Empresas. Uma Múltipla Visão da Nova Lei, OLIVEIRA, Fátima Bayma de (coord.), São Paulo, Editora Pearson Prentice Hall, 2006, p. 91-92.

[284] TOLEDO, Recuperação Judicial – Sociedades Anônimas, op. cit., p. 274-276.

[285] "Art. 58 (...) § 2º A recuperação judicial somente poderá ser concedida com base no § 1º deste artigo se o plano não implicar tratamento diferenciado entre os credores da classe que o houver rejeitado."

[286] Nesse mesmo sentido, é a posição de Gladston Mamede: "(...) a preocupação em garantir que todos os credores, titulares de créditos de mesma natureza, sejam tratados em igualdade de condições, opção jurídica que se identifica com o princípio da par conditio creditorum, ou seja, princípio do tratamento dos credores em igualdade de condições" (MAMEDE, op. cit., p. 9).

[287] Em razão dessa patente artificialidade de comunhão de interesses dentro das classes criadas pela LRE, Sheila Cerezetti propõe, em interessantíssimo artigo, uma modificação do enquadramento dos credores em suas respectivas classes: CEREZETTI, As classes, op. cit., p. 367-385.

[288] Ao analisar o tema das subclasses, TOLEDO (Recuperação Judicial – Sociedades Anônimas, op. cit., p. 276) anota que a lei falimentar italiana prevê a possibilidade de o plano de concordata preventiva criar subclasses compostas por credores com posição jurídica e interesses econômicos homogêneos (art. 160 do Decreto Legislativo n. 5, de 16 de julho de 2006).

A esse respeito, cita-se a brilhante observação feita pelo Prof. Francisco Satiro[289] a respeito dos interesses dos credores que compõem a classe dos créditos trabalhistas e derivados de acidentes do trabalho, tratada no inciso I do artigo 41 da LRE:

> Importante notar que o art. 47 prevê entre os objetivos da recuperação judicial a preservação dos empregos, o que nos leva, numa primeira análise, a concluir que essa a razão pela qual os créditos trabalhistas compõem a classe I do art. 41. Nada mais falso, entretanto. Os trabalhadores não têm voz na AGC. A classe I é composta por "credores trabalhistas", que podem ter interesses significantemente opostos aos dos trabalhadores. Imagine-se um ex-trabalhador que aguarda para receber seus haveres após um processo na Justiça do Trabalho. Seu interesse é de receber o quanto antes, pouco lhe importa, a princípio, se a custa de postos de trabalhos de seus ex-colegas.

Justamente para se evitar essa sombra de artificialismo, têm sido admitidas flexibilizações ao princípio da paridade – como a formação de subclasses compostas por créditos mais homogêneos – de modo que a recuperanda possa tratar de forma distinta, e dentro de padrões de juridicidade, créditos detidos por credores cujos interesses tenham maior afinidade.

Assim, a disparidade por si só não representaria afronta à lei. Só haveria uma antijuridicidade se o tratamento diferenciado dado a alguns credores servisse como instrumento para a busca de objetivos escusos.

Nesse sentido, destaca-se o entendimento já sedimentado no Tribunal de Justiça do Estado de São Paulo, no sentido de que a diferenciação entre credores de uma mesma classe é legal quando (a) fundada em razão objetiva e lícita; e (b) obtém a aprovação de todas as classes de credores. Confira-se, nesse sentido, o trecho do voto do Desembargador Francisco Loureiro proferido no julgamento do Agravo de Instrumento – no 2128485-96.2014.8.26.0000[290]:

> (...) há entendimento absolutamente tranquilo dos tribunais e desta Câmara Empresarial no sentido da legalidade da criação de subclasses (...) Razoável

---

[289] SOUZA JUNIOR, Autonomia, op. cit., p. 108.
[290] TJSP, Agravo de Instrumento nº 2128485-96.2014.8.26.0000, 1ª Câmara Reservada de Direito Empresarial, Relator Desembargador Francisco Loureiro, julgado em 30.09.2015.

que assim seja, pois dentro de uma mesma classe pode haver credores fornecedores de materiais ou insumos, credores prestadores de serviço, ou, ainda, credores financeiros. Podem haver credores parceiros e não parceiros. Todas essas modalidades de credores podem, ainda, manter relacionamento empresarial com a devedora, ou cessá-la em razão do pedido de recuperação. Razoável e lícito o estabelecimento de condições diferenciadas de pagamento entre as diversas subclasses de credores, com o escopo de preservar relações empresariais com fornecedores de serviços essenciais e aqueles que persistem nas relações negociais.

Vê-se que o entendimento da Corte Paulista está em linha com o ensinamento de TOLEDO[291] que afirma que a LRE não dispôs a par conditio creditorum como valor absoluto, (i) permitindo que sejam apresentadas propostas diversificadas, em respeito à grande diversidade de credores; (ii) assegurando a observância à par conditio creditorum aos créditos de mesma natureza[292]; e (iii) dando ao credor a possibilidade de aceitar uma proposta formulada a outros credores, ainda que tal proposta seja a ele desfavorável, desde que a manifestação de aceite seja decorrente da expressão de sua vontade livre.

Feita essa breve contextualização do princípio da par conditio creditorum no âmbito da LRE, passa-se ao estudo dos casos em que os Tribunais reconheceram que a paridade foi ilegitimamente (e antijuridicamente) afastada.

---

[291] TOLEDO, Recuperação Judicial – Sociedades Anônimas, op. cit., p. 276

[292] Indo além, o enunciado 57 da I Jornada de Direito Comercial realizada em 2012 assegura o tratamento paritário aos créditos homogêneos, seja por natureza, interesse ou outro traço de similitude: "57. O plano de recuperação judicial deve prever tratamento igualitário para os membros da mesma classe de credores que possuam interesses homogêneos, sejam estes delineados em função da natureza do crédito, da importância do crédito ou de outro critério de similitude justiçado pelo proponente do plano e homologado pelo magistrado". De acordo com o enunciado, as subclasses seriam legítimas, desde que (a) criassem obrigações iguais a cada um de seus membros (em respeito à par conditio creditorum); e (b) fossem homologadas pelo juiz da causa. Comentando as proposições do enunciado 57, há interessante artigo de Sheila Cerezetti, recentemente publicado na Revista Comercialista: CEREZETTI, Sheila Christina Neder, O passo seguinte ao Enunciado 57: em defesa da votação nas subclasses, Revista Comercialista da FADISP, ano 4, volume 13, Edição especial – Direito das Empresas em Crise, São Paulo, 2015, p. 24-27.

3.3.3.2.1. A verificação de situação de *unfair discrimination* e a intervenção judicial.

Conforme mencionado acima, a forma como estão organizadas as classes de credores pela LRE, dá azo à existência, dentro de uma mesma classe, de credores com agendas e interesses bastante discrepantes, fazendo com que o tratamento formalmente igualitário dado a eles, seja materialmente discriminatório em vista desses interesses envolvidos.

Neste cenário, partindo da situação narrada por SOUSA JUNIOR[293] acima, seria salutar imaginar um plano de recuperação judicial que trouxesse para alguns credores de uma mesma classe (por exemplo, a classe I) um tratamento distinto, em razão das diferenças de interesses que estes credores tenham em relação aos demais membros dessa mesma classe.

Caso esse mesmo plano fosse aprovado em assembleia e tivesse obtido unanimidade na classe de credores em questão, não se cogitaria qualquer problema que justificasse uma intervenção judicial, porque (a) apesar de a LRE não reconhecer expressamente as diferenças de credores dentro de uma mesma classe, ela não veda a apresentação de propostas com condições distintas a credores titulares de créditos aparentemente homogêneos; e (b) o direito de crédito é disponível e o seu titular tem a faculdade de aceitar ou não propostas que lhe sejam mais ou menos convenientes; e (c) o plano de recuperação é um negócio jurídico e, como tal, e tem como um de seus pilares, como já discutido, o princípio da autonomia privada. Sem maiores discussões sobre este cenário, portanto.

No entanto, se pensarmos num cenário em que esse plano de recuperação judicial seja rejeitado justamente pela classe para a qual estão previstos os tratamentos distintos, não estará satisfeito o requisito de observância à *par conditio creditorum* imposto pelo parágrafo § 2º do artigo 58 da LRE, para que se proceda ao *cram down*.

Assim, não restaria ao juiz qualquer opção a não ser a homologação da decisão assemblear de rejeição do plano proposto e a consequente convolação da recuperação em falência. A este respeito, o § 2º artigo do art. 58 da LRE tem redação bastante clara.

Por outro lado, se cogitarmos uma situação em que o plano em questão seja aprovado pela maioria simples das classes votantes, mas tenha obtido votos desfavoráveis de 40% (quarenta por cento) da classe para a qual foram

---

[293] SOUZA JUNIOR, A Autonomia, op. cit., p. 108.

propostos os tratamentos não paritários? De acordo com a previsão legal do art. 45 § 2o, o plano estaria aprovado e caberia ao juiz apenas homologar a decisão tomada pela assembleia, sob pena de violação ao princípio da maioria e ao caput do art. 58 da LRE.

Ocorre que, neste caso, a quantidade considerável de votos dissidentes foi baseada justamente no fato de haver tratamento discriminatório entre os credores. Em outras palavras, mais de um terço da classe teria rejeitado o plano precisamente pelo fato de ele violar a paridade de credores. Neste caso, poderia o juiz intervir, anulando o plano, mesmo tendo ele sido regularmente aprovado em assembleia, na forma do art. 45 da LRE? Numa situação como essa, a *par conditio creditorum* suplantaria o princípio da maioria ou existiria uma inexorável submissão dos credores dissidentes à decisão do colegiado?

A este respeito, recorre-se novamente às lições do prof. Paulo Fernando Campos Salles de Toledo[294], que afirma que a *par conditio creditorum*, na LRE, serve muito mais como uma forma de se proteger os credores dissidentes, do que de se evitar que sejam negociadas propostas distintas para credores de uma mesma classe:

> A lei ao estabelecer, na hipótese de *cram down*, a estrita observância do princípio da *par conditio creditorum* (LRE, art. 58, § 2º), implicitamente nos diz que não se pode impor, ao credor dissidente, uma solução que o desfavoreça em relação aos outros credores da mesma classe. Do mesmo modo, no caso de aprovação da proposta do devedor pela assembleia, e, portanto, pela maioria dos credores de cada classe, pressupõe-se que: a) a igualdade entre os credores tenha sido observada; ou b) os credores menos aquinhoados tenham – expressamente ou não – consentido com o tratamento dado a seus créditos. (...) Com efeito, mesmo na segunda das alternativas mencionadas, o

---

[294] Sobre este ponto TOLEDO afirma que o credor que vota em assembleia visando a prejudicar outro credor de sua mesma classe, para que este receba tratamento desigual, comete ato ilícito, nos termos de 187 do Código Civil: "Deixou-se de observar o tratamento igualitário, dentro de sua classe, a que todos os credores da empresa em recuperação fazem jus. (...) o tratamento diferenciado entre os credores quirografários – afinal, a debênture é uma forma de empréstimo, como a realizada pelos bancos – parece constituir-se, no caso, abuso de direito. (...) Isto foi possível por terem esses credores a maioria de votos dentro da classe III, integrada pela Consulente. Daí a conclusão lógica no sentido da ocorrência de abuso de direito." (TOLEDO, Recuperação Judicial – Sociedade Anônima, op. cit. p. 278-279).

plano somente poderá ser aprovado quando tiver respeitado a igualdade dos credores da mesma classe, ou quando os menos favorecidos tiverem explícita ou implicitamente dado sua anuência. Ou seja: em ambas as situações, a vontade do dissidente não pode ser desrespeitada, sob pena de ofensa a um princípio basilar do direito concursal, o da *par conditio creditorum*. Vale acrescentar: pode o credor, voluntariamente, dispor de seu direito de crédito. Não pode, no entanto, um terceiro – nem mesmo o juiz, e, muito menos, um credor concorrente – substituí-lo em sua esfera mais íntima, e decidir em nome dele.

Em síntese, o que se conclui é que a doutrina entende que LRE trouxe o princípio da *par conditio creditorum* como um valor não absoluto, de modo que é possível a homologação judicial de um plano que trate credores de uma mesma classe de forma distinta, desde que todos os credores menos beneficiados tenham aprovado, por unanimidade, as disposições do plano[295].

Por consequência lógica, o que a LRE não permite é a homologação judicial de um plano, que apesar de ter sido aprovado pela assembleia, tenha sido rejeitado por (uma minoria de) credores que receberam tratamento discriminatório. Em outras palavras, a LRE permite a superação consentida do princípio da *par conditio creditorum*, mas não autoriza posturas de *unfair discrimination*, nas quais planos discriminatórios sejam impostos aos credores que discordam dos tratamentos dados aos seus créditos.

3.3.3.2.2. O entendimento da jurisprudência

A respeito deste tópico, vale destacar que há na jurisprudência manifestações em vários sentidos. Há aquelas que tutelam a *par conditio creditorum* como uma regra a ser observada em proteção às minorias dissidentes, como dito acima. Como reflexo deste raciocínio, há julgados que aceitam

---

[295] Um interessante caso de unfair discrimination foi cogitado por Arthur Lobo e Antônio Netto: "Tal violação [à par conditio creditorum] poderia ser observada, por exemplo, se o plano trouxesse uma previsão de que os credores financeiros, independentemente da classe a que pertencerem, teriam um desconto da recuperanda sobre o saldo consolidado pelo administrador judicial" (LOBO e NETTO, op. cit., p. 354). Na hipótese trazida pelos autores, o plano não teria qualquer problema de validade se os credores financeiros consentissem expressamente com as situações de desvantagem criadas pelo plano entre eles e os credores da classe que pertencessem. Daí nota-se que o princípio da par conditio creditorum serve como uma outra face do princípio da autonomia da vontade no sentido de que a situação desvantajosa não será imposta ao devedor que com ela não consentir.

a formação de subclasses com tratamentos diversos, desde que todos os afetados anuam com o tratamento diferenciado.

Há também decisões nas quais os Tribunais sopesam a *par conditio creditorum* com o princípio da recuperação da empresa ou o princípio da maioria, sustentando que a violação à paridade pode ser legítima, desde que traga benefícios que auxiliem a recuperanda na superação de sua crise financeira ou que seja aceita por um número significativo de credores da classe afetada.

Veja-se a seguir algumas posições dos tribunais a respeito de diferentes situações relacionadas *par conditio creditorum*.

Analisando um plano de recuperação judicial que, aprovado em assembleia, previa a constituição de subclasses de credores quirografários com tratamento diferenciado[296], o TJSP entendeu que estaria flexibilizado o princípio da *par conditio creditorum* por dois motivos (i) a constituição da subclasse em questão (subclasse dos quirografários locadores) tinha uma boa justificativa econômica; e (ii) a criação da subclasse foi aprovada por quase todos os credores quirografários[297].

Neste caso, a reprovação do plano – e do tratamento dado à subclasse – por um credor desprivilegiado (o recorrente) não foi entendido pelo Tribunal como motivo suficiente para se rejeitar o plano, porque o tratamento diferenciado havia sido aceito pela maioria dos credores. Nota-se, portanto, que a *par conditio creditorum* cuja principal função no direito atual é a proteção de minorias dissidentes, foi afastada em prol do princípio da maioria.

Nesse sentido, vide excerto do voto proferido pelo Desembargador Maia da Cunha[298]:

> É verdade que o plano criou uma subclasse dentre os credores quirografários, privilegiando os quirografários locadores. Mas é verdade que o fez por fundamenta razão: evitar despejos em andamento e já decretados por falta

---

[296] TJSP, Agravo de Instrumento n. 0198440-25.2012.8.26.0000, Primeira Câmara Reservada de Direito Empresarial, Relator Desembargador Maia da Cunha, julgado em 11.12.2012.

[297] Idem ibidem. Nota-se que, neste caso, o TJSP não entendeu necessária que a aceitação das subclasses fosse unânime entre os quirografários não beneficiados. Para a flexibilização da par conditio creditorum bastou a aceitação da maioria dos credores membros da classe III.

[298] Idem Ibidem.

de pagamento dos alugueres, circunstância que ocasionaria a desvirtuação de toda a recuperação com a perda das unidades fundamentais para a atividade desenvolvida pela recuperanda. Não há ilegalidade na decisão da AGC e houve aprovação pela quase totalidade dos credores da classe quirografários. Lembre-se que este Egrégio Tribunal de Justiça, por sua Câmara Reservada de Direito Empresarial, já sacramentou o entendimento de que não há, em tese, ilegalidade no tratamento diferenciado de credores da mesma classe, privilegiando os menores, nem a criação de subclasses, desde que aprovado pelos credores de todas as classes. Apenas em caso de não aprovação de um delas não se admitirá tratamento diferenciado para a que não aprovou o plano, nos termos do art. 58, § 2, da Lei 11.101/05, que, ressalte-se não é o caso dos autos.

Adotando premissas semelhantes, destaca-se a posição do Tribunal de Justiça do Rio de Janeiro, no julgamento do Agravo de Instrumento n. 0030788-12.2011.8.19.0000[299], interposto por uma instituição financeira credora inconformada com o fato de que o plano de recuperação proposto pela recuperanda trazia condições diferentes para credores das classes de garantia real e de quirografários. Em poucas palavras, o TJRJ, em um controle de juridicidade do conteúdo do plano, afastou a incidência de dispositivo legal (art. 58, §2º da LRE) para prestigiar o objetivo de recuperação da empresa, positivado no art. 47.

Analisando a matéria, o Tribunal, apoiando-se no princípio da preservação da empresa, entendeu que o tratamento diferenciado era legítimo, porque foi oferecido a credores que disponibilizaram novas linhas de crédito ao devedor, possibilitando a continuidade de sua atividade produtiva. Nesse sentido, confira-se trecho do voto proferido pelo Des. Nagib Slaibi[300]:

> No caso, ponderando-se os interesses em conflito, quais sejam, a viabilidade de recuperação da sociedade empresarial e o tratamento diferenciado que seria dispensado aos credores que oferecessem novas linhas de crédito à sociedade recuperanda, há de prevalecer o plano de recuperação, de modo a assegurar o princípio da preservação da empresa e o cumprimento de sua função social, sendo este o objetivo primordial da nova lei de falências. (...) urge

---

[299] TJRJ, Agravo de Instrumento n. 0030788-12.2011.8.19.0000, Sexta Câmara Cível, Relator Desembargador Nagib Slaibi Filho, julgado em 19.10.2011
[300] Idem ibidem.

reconhecer a impossibilidade de desconstituição da decisão que homologou o plano de recuperação rejeitado pela maioria dos credores quirografários, haja vista a viabilização operacional da retomada do crescimento econômico da Agravada, o permissivo legal previsto no art. 58, §1, da Lei 11.101/05, e a justificativa plausível para a diferenciação de tratamento aventada, que, sob análise ampla, sequer pode ser assim considerada.

Pela leitura do excerto acima, percebe-se que a posição adotada pelo TJRJ estabeleceu um novo fator de flexibilização do princípio da *par conditio creditorum* e de reconhecimento de uma situação de *unfair discrimination*: além do consenso da classe desprestigiada, que já era admitida pela doutrina e pela jurisprudência como fator aceitável de superação do princípio, o Tribunal também considerou legítima a violação à paridade que ocorresse para viabilizar o soerguimento da empresa.

Em última análise, o TJRJ adentrou no conteúdo do plano proposto para aferir se a violação ao princípio da paridade era ou não justificável frente às benesses que traria. Assim, a *unfair discrimination* só seria reconhecida (e coibida) pelo TJRJ se o tratamento desigual não trouxesse como contraponto vantagens à manutenção da empresa[301].

Ainda sobre a questão da *par conditio creditorum*, existem inúmeras decisões judiciais que entendem como abusivas disposições de planos de recuperação judicial que, ao oferecerem condições diferenciadas a certos credores, acabam por manipular os quóruns de aprovação, prejudicando os credores não favorecidos e dissidentes.

---

[301] Nesse mesmo sentido há entendimento do Tribunal de Justiça do Estado de São Paulo que reconheceu como legítimo o tratamento diferenciado dado aos chamados "credores fomentadores" da empresa Editora de Pesquisa e Indústria Ltda. (em recuperação judicial). Nesse sentido, vide trecho do voto proferido pelo relator, Desembargador Maia da Cunha: "A criação de subclasses aos credores quirografários que também são fomentadores da recuperanda não configura abuso. É verdade que o PGR criou uma subclasse dentre os quirografários, privilegiando os fomentadores. Mas é verdade que o fez por uma fundamental razão: incentivar que os próprios credores participem ativamente do processo de reestruturação da empresa. Foi do agravante a opção de não ser um credor parceiro na reorganização da empresa, pois, se optasse, se submeteria a um regime especial, com deságio de 15% e pagamento em 36 parcelas mensais. Não há ilegalidade na decisão da AGC e houve aprovação pela quase totalidade dos credores da classe dos quirografários" (TJSP, Agravo de Instrumento n. 2126898-39.2014.8.26.0000, 1ª Câmara Reservada de Direito Empresarial, Relator Desembargador Maia da Cunha, julgado em 08.10.2014).

O TJSP[302] reconheceu a referida abusividade ao analisar um plano recuperação judicial com as seguintes características:

> o singelo exame da proposta de pagamento dos credores em escalas de valores, ou seja, até R$ 5.000,00; de R$ 5000,01 a R$20.000,00; de R$ 20.000,01 a R$ 50.000,00; de R$ 50.000, 01 a R$ 100.000,00 e acima de R$ 100.000,00 para cada um, com pagamento em 2 (duas), 8 (oito), 24 (vinte e quatro) e 40 (quarenta) parcelas, com datas diferenciadas, e aplicação do deságio de 70% apenas aos credores acima de R$ 100.000,00 a contar da carência fixada, evidencia manipulação fraudulenta da assembleia geral de credores, com o claro escopo de obter quórum favorável à aprovação do plano proposto. Basta verificar que o total dos titulares de créditos quirografários é de 840 (oitocentos e quarenta) e deles, apenas 59 são credores de valores acima de R$ 100.000,00, que são os únicos a sofrer o deságio de 70% sobre o valor nominal de seus créditos, ou seja, receberão apenas 30%, sem juros e correção monetária (...).

Em seu voto a respeito deste caso, o Desembargador Pereira Calças afirmou que o princípio da *par conditio creditorum* é reflexo das diretrizes de ordem pública albergadas pela LRE e não pode ser afastado com o único escopo de se beneficiar alguns credores para a obtenção do quórum de aprovação. Confira-se a didático excerto do voto proferido pelo ilustre julgador[303]:

> (...)a quebra da isonomia não pode ser como escopo agradar os menores credores para que estes, assim motivados e atraídos pela benesse concedida, aprovem o plano que desfavorece os titulares dos maiores créditos

Nessa mesma linha, a Corte Paulista também entendeu como abusiva a disposição do plano de recuperação judicial proposto pela empresa Sempre Consultoria e Tecnologia Ltda[304]. O referido plano estabelecia uma subclasse de credores quirografários (subclasse "d") composta por credores titulares

---

[302] TJSP, Agravo de Instrumento n. 0289541-80.2011.8.26.0000, 1ª Câmara Reservada de Direito Empresarial, Relator Desembargador Pereira Calças, julgado em 31.07.2012.
[303] Idem ibidem.
[304] TJSP, Agravo de Instrumento n. 0008634-34.2013.8.26.0000, 1ª Câmara Reservada de Direito Empresarial, Relator Desembargador Teixeira Leite, julgado em 04.07.2013.

de créditos superiores a R$ 40.000,00 (quarenta mil reais). Ocorre que o pagamento de tais credores, além de estar sujeito a um deságio de 70% (setenta por cento), que não se aplicava aos demais quirografários, estava vinculado a uma reserva ("RAD") que seria criada pela própria recuperanda, com base em seus próprios investimentos.

Dessa forma, caso a empresa recuperanda decidisse não realizar investimentos, a reserva RAD não teria fundos e, portanto, não seriam realizados os pagamentos para os credores de valores mais expressivos. Ao verificar tal manobra, o Desembargador Teixeira Leite manifestou-se da seguinte forma[305]:

> A aprovação do plano, na forma que está, autoriza formalmente as devedores, a seu exclusivo critério, investir recursos excedentes na recuperação de sua atividade ao invés de constituir o RAD. E os credores de créditos superiores a R$ 40.000,00 podem nunca ser pagos, e não poderão reclamar, porque o plano assim prevê. (...) Não há vedação legal para que o credor estabeleça subclasses entre credores de uma mesma classe, separando-os por valor, mas desde que essa subclassificação não signifique tratá-los de forma desequilibrada ou que massacre maliciosa manipulação de votos.

Ainda analisando os precedentes do Tribunal de Justiça de São Paulo, não se pode deixar de fazer referência ao caso da Cerâmica Gyotoku Ltda.[306], cujo plano de recuperação foi anulado por acórdão também de relatoria do Desembargador Pereira Calças, por apresentar uma série de irregularidades, dentre elas uma violação ilegítima da *par conditio creditorum*: o plano em questão previa que os créditos seriam parcelados ao longo de muitos anos e que, após o 18º ano, os saldos de dívida que ainda existissem seriam remidos em favor da empresa. Analisando este aspecto da proposta

---

[305] Idem ibidem.
[306] TJSP, Agravo de Instrumento n. 0136362-29.2011.8.26.0000, extinta Câmara Reservada à Falência e à Recuperação, Desembargador Relator Pereira Calças, julgado em 28.02.2012. Vale ressaltar que o mesmo entendimento esposado pela extinta Câmara Reservada à Falência e a Recuperação do TJSP no julgamento do caso da Cerâmica Gyotoku Ltda. foi adotado, dois meses depois, no julgamento do caso da empresa Decasa Açúcar e Álcool S.A. (TJSP, Agravo de Instrumento nº 0168318-63.2011.8.26.0000, Câmara Reservada à Falência e Recuperação Judicial, Relator Des. Pereira Calças, julgado em 17.04.2012).

formulada pela devedora, o desembargador relator expressou o seguinte entendimento:

> A cláusula que prevê a anistia do saldo dos créditos não integralmente pagos até o 18º ano pune os maiores credores, justamente aqueles que mais confiaram na empresa devedora e concederam a ela empréstimos de maior valor, favorecendo os credores por menor quantia que, obviamente, ao final de dezoito anos, em tese, já terão recebido integralmente seus créditos. Tal cláusula tem o condão de colocar os credores de uma mesma classe (com garantia real e quirografários) em situação de flagrante colisão de interesses, os quais deixam de ser interesses homogêneos e passam a possuir interesses antagônicos, interferindo no resultado final da deliberação assemblear. (...) Por este motivo, não se pode permitir que o plano proponha pagamento diferenciado para credores da mesma classe, haja vista que, com tal expediente – obviamente ilícito –, o devedor poderá controlar o resultado da deliberação, que, em razão disso, será fulminada de nulidade, pois o quórum obtido resulta de manipulação fraudulenta de votação.

Assim, o que se percebe da análise desses julgados é que a *par conditio creditorum* visa a um tratamento isonômico, aqui entendida a isonomia não como o sinônimo de igualdade, mas como o sinônimo de tratamento não discriminatório. Dessa forma, o plano de recuperação judicial, analisado sob seu prisma negocial, pode dispor de formas distintas de tratamento de credores classificados numa mesma categoria legal, desde que tais distinções não produzam em prejuízos desproporcionais para apenas alguns credores e não tenham como único escopo manipular o quórum de aprovação do plano[307].

Manifestações como estas, mostram (i) que ainda existe grande discussão jurisprudencial a respeito dos limites de análise de legalidade de um plano de recuperação pelo magistrado, como se verá melhor discutido abaixo; (ii) o esforço da jurisprudência em criar cânones interpretativos da LRE que possibilitem o alinhamento de seus objetivos com seus procedimentos; e (iii) a necessidade de o magistrado analisar de forma detida cada caso

---

[307] Confira-se nesse mesmo sentido: TJSP, Agravo de Instrumento n. 0187811-89.2012.8.26.0000, 1ª Câmara Reservada de Direito Empresarial, Relator Desembargador Francisco Loureiro, julgado em 23.04.2013.

levado ao seu conhecimento, porque as particularidades dos casos de recuperação judicial não permitem a aplicação automática de fórmulas prontas.

3.4. Juízo de viabilidade – avaliação de mérito do plano pelo magistrado

Com base na compilação apresentada acima, nota-se que a posição doutrinária e jurisprudencial que aparenta prevalecer atualmente a respeito do tema da atuação do juiz na concessão da recuperação judicial é aquela esposada pelo Ministro Luis Felipe Salomão, no julgado já referido, qual seja: a de que cabe ao juiz analisar a deliberação assemblear e o plano de recuperação em sede de controle de legalidade, não sendo permitida a aferição judicial do mérito do plano aprovado pelos credores, especialmente no que tange à sua viabilidade econômica.

De acordo com a argumentação trazida pelo Ministro Salomão a atuação judicial limitada ao mero controle de legalidade seria adequada porque, do ponto de vista de assimetria de informações, os credores teriam mais dados para verificar (a) as chances de sucesso do plano proposto pela recuperanda e (b) a intensidade do prejuízo que estariam dispostos a suportar para vê-lo adimplido.

Assim, pela perspectiva do controle de legalidade, caberia ao magistrado verificar se o plano foi votado (a) dentro dos ditames procedimentais estabelecidos pela LRE, e (b) de forma idônea pelos credores[308].

Em outras palavras, o crivo judicial deveria averiguar o atendimento às formalidades determinadas pela LRE e verificar (e coibir) abusos de direito de voto, fraudes, discriminações e simulações[309].

Nesse sentido, vide excerto do julgado em questão[310]:

---

[308] Nesse sentido, posiciona-se Daniel Salles, após realizar investigação por amostragem do entendimento dos tribunais brasileiros (SALLES, Daniel J. P. de C., O controle judicial sobre a homologação do plano de recuperação judicial, Revista de Direito Empresarial – RDEmp, Belo Horizonte, ano 11, n. 1, p. 219-238, jan./abr. 2014).

[309] Retomando os conceitos trabalhados por Jorge Lobo, as hipóteses de atuação judicial referidas neste parágrafo tratam de (a) controle de legalidade formal e (b) controle de legalidade material (LOBO, Jorge, Comentários, in TOLEDO, Paulo Fernando Campos Salles de, ABRÃO, Carlos Henrique (coord.), Comentários à Lei de Recuperação de Empresas e Falências, São Paulo, Saraiva, 2012, p. 219-221).

[310] SUPERIOR TRIBUNAL DE JUSTIÇA, Recurso Especial nº 1.359.311-SP, 4ª Turma, Relator Ministro Luis Felipe Salomão, julgado em 09.09.2014.

Assim é que o magistrado deve exercer o controle de legalidade do plano de recuperação – no que se insere o repúdio à fraude e ao abuso de direito –, mas não o controle de sua viabilidade econômica. (...) Deveras, o magistrado não é a pessoa mais indicada para aferir a viabilidade econômica de planos de recuperação judicial, sobretudo daqueles que já passaram pelo crivo positivo dos credores em assembleia, haja vista que as projeções de sucesso da empreitada e os diversos graus de tolerância obrigacional recíproca estabelecida entre credores e devedor não são questões propriamente jurídicas, devendo, pois, acomodar-se na seara negocial da recuperação judicial.

Como mencionado no capítulo anterior, as questões voltadas à idoneidade do voto (abuso de direito e fraude à deliberação) não são tão facilmente identificáveis[311], por pressuporem a averiguação dos motivos que levaram cada um dos credores a proferirem seus votos[312] e por não haver, na LRE,

---

[311] A respeito da verificação de abuso de direito por conflito de interesses, anota o Prof. Eduardo Munhoz que haverá voto abusivo quando o credor se desviar do "interesse da coletividade de credores". O grande problema reside na identificação deste escopo comum, considerando que as relações entre credor e devedor e entre credores trazem inegáveis cargas de conflito. Segundo MUNHOZ, haveria conflito de interesses e, portanto, abuso de direito de voto, quando o credor votasse buscando a tutela de outro interesse frente ao devedor, que não aquele de otimização da satisfação do seu crédito: "A transposição da teoria do conflito de interesses para o direito falimentar, no entanto, não é simples de realizar-se. Em primeiro lugar, no que respeita à deliberação para aprovar ou rejeitar o plano de recuperação, não se poderia cogitar evidentemente da configuração do chamado conflito formal, do que decorreria a proibição do direito de voto. Isso porque todo credor, por definição, encontra-se em conflito formal com o devedor, proferindo seu voto na assembleia geral de recuperação justamente por possuir uma relação jurídica creditícia com este último. O credor vota com o objetivo de satisfazer o seu crédito contra o devedor. Mesmo do ponto de vista material, porém, a verificação do conflito sofreria inevitáveis limitações, pois é legítimo – e não se poderia esperar solução diferente – que o credor, ao votar, defenda seu interesse na satisfação do seu crédito. O conflito material, portanto, somente poderia verificar-se em função do interesse da coletividade de credores, que não se confunde com o interesse na recuperação da empresa, mas sim na otimização da satisfação dos seus respectivos créditos. (...) A transposição da teoria do conflito de interesses do direito societário para o direito falimentar implicaria, portanto, sérias modificações e limitações, ficando sua utilidade restrita às hipóteses em que o credor votasse na recuperação judicial não em vista do seu interesse na satisfação do crédito, mas em prol de um eventual outro interesse em relação ao devedor" (MUNHOZ, op. cit., p. 193).

[312] Na linha defendida por MUNHOZ e por grande parte dos doutrinadores que abordaram o tema do abuso de direito de voto, a motivação do voto do credor é o ponto de partida da análise

uma obrigatoriedade de fundamentação de voto, nem regras especificamente voltadas ao tratamento dos votos inidôneos.

Já no que diz respeito ao atendimento da *par conditio creditorum*, também não há soluções automática, porque se deve analisar se o tratamento diferenciado era ou não legítimo, ante às circunstâncias do caso.

O problema que se coloca frente às constatações dessa corrente doutrinária é: é possível reduzir a questão da análise judicial a um crivo de legalidade formal e material, baseado na análise concreta de vícios de forma e ilicitudes, quando há questões muito mais complexas que são levadas ao magistrado no bojo da ação de recuperação e que, por vezes, escapam à sua análise por resvalarem nos temas que a doutrina e a jurisprudência convencionaram atribuir como "privativos dos credores"[313]?

do abuso de direito. Justamente por esse motivo é que, a nosso ver, um dos enunciados que foram propostos no bojo da II Jornada de Direito Comercial realizada pelo IASP inviabiliza a verificação de abuso de direito de voto, porque permite ao credor votar de forma não motivada: "Proposta de enunciado 2.11: A ausência de justificativa para a rejeição de plano de recuperação judicial, por si só, não caracteriza abuso de direito de voto." – A íntegra da relação dos enunciados propostos está disponível em http://www.iasp.org.br/2015/09/ii-jornada-paulista-de-direito-comercial/ (acesso em 14.10.2015).

[313] Analisando este tema, Geraldo Fonseca de Barros Neto afirma categoricamente que apesar de a recuperação judicial ser concedida por sentença, é privativo dos credores o poder de direcionar os rumos do processo e da situação econômica do devedor: "O objetivo do processo de recuperação judicial é que, por sentença, se conceda ao devedor o ingresso no estado de recuperação, com a substituição de suas obrigações pelas assumidas no plano proposto aos credores. Para se alcançar tal escopo, o devedor propõe aos credores plano de recuperação, composto de proposta de pagamento da dívida e dos instrumentos a serem utilizados para superação da crise. (...) Reunidos, os credores decidem se acatam ou rejeitam o plano de recuperação. Como regra, a decisão a que chegam os credores vincula o juiz: aprovado o plano, é concedida a recuperação; rejeitado, decreta-se a falência do devedor. Portanto, os credores exercem relevantíssimo papel no processo, tendo o poder de direcionar os rumos do processo e da situação econômica do devedor. Assim, pode-se concluir que o mérito é o direito do devedor à recuperação fundada em plano acordado entre as partes. Com isso compõem o mérito a existência da crise e a possibilidade de sua superação; todavia, a análise de tais elementos cabe aos credores, de modo que a procedência do pedido, como regra, depende da concordância dos credores com o plano proposto. Por isso, correto afirmar que o mérito é judicial, mas há que se reconhecer grande parte de consensualidade" (BARROS NETO, op. cit., p. 99-100). Nesse mesmo sentido é a opinião do Prof. Erasmo Valladão A. e N. França: "O juiz exerce um controle de legalidade ou legitimidade das deliberações da Assembleia, não um controle de mérito" (FRANÇA, op. cit., p. 194). Ainda sobre as matérias privativas dos credores, confira-se a opinião de Marcelo Taddei: "A aprovação do plano recuperatório pela Assembleia Geral de Credores, nos termos

Esse questionamento se justifica pelo fato de que, como será melhor discutido abaixo, a prática tem mostrado que o Judiciário, na busca da concretização dos objetivos consagrados pela LRE, tem tomado decisões que aparentemente contrariam disposições legais da LRE e invadem a esfera de discricionariedade dos credores.

Nesse sentido, indaga-se: a maior autonomia dos credores leva inexoravelmente à redução do âmbito de atuação do Poder Judiciário, fazendo com que ele tenha função meramente homologatória e formal[314], ou existe espaço para uma dialética em que ao magistrado seja reservada a função de verificar se as disposições legais aplicadas caso a caso satisfazem os objetivos da LRE?

Com base na análise feita acerca do tema, esmiuçada abaixo, será possível notar que existe atualmente uma corrente doutrinária defensora da segunda alternativa: de que deve haver uma relação dialética entre credores e magistrados, em vista das particularidades do sistema criado pela LRE.

3.4.1. Superação da dicotomia – juízos negociais versus juízos legais

Retomando o posicionamento de MUNHOZ[315] já discutido ao longo deste trabalho, há que se concluir que, frente aos princípios e objetivos tutelados

---

legais, determina o deferimento da recuperação judicial pelo juiz, a quem não cabe apreciar a consistência do plano sob os aspectos econômicos ou financeiros. Atendidos os requisitos legais para a aprovação do plano pela AGC e estando em correspondência com o princípio da legalidade, o juiz deve deferir a recuperação judicial, fugindo de seu alcance a análise de questões econômicas ou financeiras, bem como a sua impressão pessoal sobre a viabilidade e a consistência do plano" (TADDEI, Marcelo Gazzi, in Direito Processual Empresarial: estudos em homenagem ao professor Manoel de Queiroz Pereira Calças, BRUSCHI, Gilberto Gomes (coord.), Rio de Janeiro, Editora Elsevier, 2012, p. 473).

[314] Uma crítica a essa visão do juiz com papel meramente homologatório foi feita por Frederico Simionato no ano de 1998, ao analisar a legislação argentina em matéria de recuperação: SIMIONATO, Frederico Augusto Monte, A Disciplina da Reorganização da Empresa em Crise Econômica no Projeto de Lei Concursal, in Revista de Direito Mercantil, Industrial, Econômico e Financeiro, n. 111, Editora Malheiros, 1998, p. 138-156.

[315] MUNHOZ, Eduardo Secchi, Anotações sobre os limites do poder jurisdicional na apreciação do plano de recuperação judicial, in Revista de Direito Bancário e do Mercado de Capitais, v. 36, ano 10, editora RT, abril/junho de 2007, p. 184 e ss. A respeito da falsidade do dilema, MUNHOZ afirma que a disciplina jurídica da empresa em crise deve conter "soluções procedimentais que permitam a atuação do jurisdicional sempre que a atuação dos credores se desvie dos objetivos previamente determinados." (op. cit., p. 192).

pela LRE, o suposto dilema existente entre poderes dos credores e poderes do juiz na recuperação judicial é falso porque parte da premissa simplista de que o aumento dos poderes dos credores traz consigo a inexorável retroação dos poderes do Judiciário.

Analisando o mesmo tema, Daniel Carnio Costa[316], juiz da 1ª Vara de Falências e Recuperações Judiciais de São Paulo – SP, segue a mesma linha de Munhoz afirmando que o sistema de recuperação judicial instituído pela LRE, ao se espelhar no direito recuperacional estadunidense, estabelece como pressuposto uma divisão equilibrada de ônus entre a devedora e os credores, tendo o juiz o papel de manter este equilíbrio ao longo do processo:

> (...) no final do século passado, com ampla reforma implementada pelos Estados Unidos da América, desenvolveu-se um novo modelo, com inspiração diferente dos grandes modelos até então identificados, que não privilegiava a tutela do interesse dos credores e nem dos devedor, mas baseava-se na divisão de nos entre credores e devedor como fator preponderante para que se pudesse atingir a recuperação da empresa em função dos benefícios sociais e econômicos relevantes, que daí advém, inclusive, com a possibilidade de benefícios para credores e devedor no médio ou longo prazo. Esse modelo norte-americano irradiou sua influência para o Brasil que editou a Lei 11.101/05 fundado nessas premissas. (...) Nota-se, assim, que no sistema norte-americano, o controle judicial do equilíbrio na divisão do ônus entre devedora e credores se faz pela verificação de standards como *fairness, fesability, best interests of creditors, special treatment of priority claims*, dentre outros. Muito embora a lei brasileira seja silente quanto ao controle judicial desse equilíbrio de ônus, sua realização é imprescindível para garantir o resultado útil da recuperação da empresas e se trata, por óbvio, de decorrência necessária do sistema.

Ainda sobre o tema, o Prof. Gerson Branco[317] explica que a atuação judicial na LRE se justifica porque o diploma em questão estabelece um

---

[316] Costa, Daniel Carnio, Princípio da Divisão Equilibrada de Ônus na Recuperação Judicial, in Revista do Instituto Brasileiro de Administração Judicial – IBAJUD, março de 2014.

[317] Branco, op. cit., p. 52. – "O microssistema legislativo da Lei de Recuperação de Empresas e Falência foi estruturado a partir de um conjunto de princípios que reconhecem valores cuja polarização se dá, sem qualquer dúvida, pela supremacia dos princípios dispostos nos arts. 75

microssistema[318] baseado em princípios e cláusulas gerais, que dão maior papel interpretativo ao magistrado. Nesse sentido, no que diz respeito à recuperação judicial, o juiz tem o papel importantíssimo de assegurar não só o atendimento aos princípios gerais de direito, em sede de controle de juridicidade, mas também de verificar o atendimento aos princípios consagrados no art. 47 da LRE, principalmente o de manutenção da empresa viável.

Assim, inobstante a autonomia negocial que foi conferida aos credores pelo microssistema da LRE, seria inegável o poder-dever do magistrado em analisar, casuisticamente, se os objetivos da LRE estão sendo cumpridos, por meio de uma análise de mérito[319] da recuperação judicial.

Assim, caberia também ao juiz verificar se (a) a empresa em questão tem capacidade de se reerguer da situação de crise (juízo este que, como alguns defendem, deve ser feito já na decisão de deferimento de processamento, para se evitar ações de recuperação temerárias); e (b) o resultado da deliberação dos credores, exercida dentro de seu espaço de autonomia negocial, fere ou atende aos interesses protegidos pela LRE[320].

[referente à falência] e 47 [referente à recuperação judicial] da Lei 11.101/2005. (...) Essas disposições [arts. 47 e 75] têm um caráter teleológico indiscutível, trazendo uma carga axiológica que polariza todo o sistema disciplinado pela Lei, mediante um processo de funcionalização dos modelos jurídicos da recuperação de empresas e das falências, indicando que as disposições legais têm seu sentido em razão de fins a serem alcançados".

[318] A assertiva de Gerson Branco a respeito de a LRE formatar um microssistema independente é adequada, considerando as colocações feitas por Orlando Gomes a respeito da configuração de microssistemas: "os microssistemas são refratários à unidade sistemática dos códigos, porque têm sua própria filosofia e enraízam em solo irrigado com águas tratadas por outros critérios, influxos e métodos distintos" (GOMES, Orlando, A caminho dos microssistemas, in Novos temas de Direito Civil, Rio de Janeiro, Editora Forense, 1983). Nesse mesmo sentido é a configuração dos microssistemas dada pelos Profs. Fredie Didier Junior e Hermes Zaneti Junior: "os microssistemas evidenciam e caracterizam o policentrismo do direito contemporâneo, composto por vários centros de poder e harmonização sistemática: a Constituição (prevalente), o Código Civil, as leis especiais" (DIDIER JUNIOR, Fredie; ZANETI JUNIOR, Hermes, Curso de Direito Processual Civil, volume 4, Salvador, Editora Juspodivm, 2009, p. 46).

[319] Aqui se adota o conceito de mérito da recuperação judicial trabalhado por Geraldo Fonseca de Barros Neto: "compõem o mérito a existência de crise e a possibilidade de sua superação" (BARROS NETO, op. cit., p. 100).

[320] A esse respeito, Arthur Mendes Lobo e Antônio Evangelista de Souza Netto defendem uma posição, a nosso ver, extremada, baseada na total desvinculação do magistrado com as decisões tomadas pela assembleia de credores. Entendemos que esta concepção, apesar de ser

Vale dizer que estas concepções estão em linha com o pensamento do Prof. Newton De Lucca[321], constante de obra publicada no ano em que a LRE foi editada:

> Penso que o magistrado não está obrigado a homologar planos visivelmente inconsistentes, só para evitar a falência, nem tampouco decretá-la, ainda que a maioria dos credores não tenha deliberado aprovar o plano de recuperação aprovado pela empresa.

Fixadas estas premissas, vejamos as interpretações que têm sido dadas pela doutrina que respalda essa posição, principalmente frente à aparente dicotomia entre a autonomia de credores e a atuação judicial.

3.4.1.1. Análise judicial de viabilidade por meio de critérios objetivos

Em recente artigo sobre o tema, Walfrido Jorge Warde Junior e Guilherme Setoguti Julio Pereira[322] aprofundam a discussão já levantada por MUNHOZ[323]

---

sustentada por argumentos válidos, acaba por desnaturar o instituto da recuperação judicial, que é lastreado numa coordenação de atores (devedora, credores e magistrado) e não na supremacia de um sobre os outros. Vide o posicionamento ora comentado: "Em outros termos, ao se aceitar que o magistrado está plenamente vinculado à deliberação dos credores no plano da recuperação judicial, estar-se-á, igualmente, aceitando que o interesse do povo poderá ser relegado ao segundo plano. Daí por que defendemos que o magistrado, diante do plano de recuperação judicial, tenha uma atuação crítica, historicamente situada e referenciada na Constituição Federal, livre de qualquer vinculação quanto às deliberações da assembleia ou grupo de credores" (LOBO e NETTO, op. cit., p. 337-366).

[321] DE LUCCA, Newton, Comentários à Nova lei de Recuperação de Empresas e Falências, SIMAO FILHO, Adalberto (coord.), São Paulo, Editora Quartier Latin, 2005, p. 204-211.

[322] WARDE JUNIOR, Walfrido Jorge; PEREIRA, Guilherme Setoguti Julio, Um falso combate – discricionariedade da assembleia geral de credores por oposição aos poderes do juiz no escrutínio do plano de recuperação judicial, in Revista dos Tribunais, nº 915, ano 104, janeiro de 2015, São Paulo, p. 445-457.

[323] MUNHOZ, op. cit., p. 189-192. Já nos primeiros anos de vigência da LRE, MUNHOZ verificou que a vertente que entendia o papel do juiz como meramente homologatório das decisões assembleares não se sustentaria ante os objetivos maiores estabelecidos pelo microssistema recuperacional. Para tanto, MUNHOZ já propunha uma intervenção judicial que assegurasse os objetivos da LRE, sem que isso pressupusesse a criação de uma regra, de aplicação acrítica, de superação da vontade dos credores: "Se ao juiz não deve caber o papel de simples homologação formal dos acordos entabulados entre devedor e coletividade de credores, também não

nos primeiros anos de vigência da LRE e destrincham a questão da atuação judicial, deixando claro que a LRE busca a tutela concomitante da atividade empresarial e do crédito e que, por conta disso, o juiz deve atuar de forma positiva, superando a vontade da assembleia geral de credores, quando suas deliberações, mesmo que realizadas dentro dos requisitos legalmente estabelecidos, representem violação aos objetivos centrais da LRE, consubstanciados no artigo 47[324] da lei.

Segundo os autores[325], essa intervenção judicial na análise do plano de recuperação se sustentaria por dois pilares: (a) a leitura conjunta das disposições do art. 58, com aquelas estabelecidas pelo art. 47 da LRE[326]; e (b) os interesses institucionais envolvidos no processo, que não permitem que decisões capazes de afetar a sociedade como o um todo sejam tomadas por uma parcela limitada dos interessados:

lhe deve ser reconhecido o poder de substituir-se, de forma ampla e desvinculada das regras procedimentais da lei, à vontade manifestada pela assembleia geral de credores. A primeira solução poderia conduzir a resultados indesejados, porque pautados apenas pelos interesses egoísticos e individualistas dos credores, ao passo que a segunda desvirtuaria completamente o sistema, tornando irrelevante o papel da assembleia de credores".

[324] Vale ressaltar que o artigo 47, assim como outras passagens da LRE (tais como o art. 75, que trata dos objetivos da falência) trabalha com conceitos abertos (cláusulas gerais) que, para serem aplicadas, demandam um trabalho interpretativo dos juízes que presidem os processos por ela regidos. Nesse aspecto, como bem pontua o Prof. Carlos Zanini, cabe ao magistrado fazer o juízo concreto dos casos que são levados ao seu conhecimento, levando em consideração as particularidades do Direito Comercial e também o atendimento às cláusulas gerais fixadas como objetivos da LRE (ZANINI, Carlos Klein, Da Falência, in Comentários à Lei de Recuperação de Empresas e Falência, SOUZA JUNIOR, Francisco Satiro de (coord.); PITOMBO, Antônio Sérgio A. de Moraes (coord.), 2ª edição, Editora Revista dos Tribunais, São Paulo, 2007, p. 332).

[325] WARDE JUNIOR e PEREIRA, op. cit., p. 449.

[326] Nesse mesmo sentido é o entendimento de Adalberto Simão Filho: "Desta forma, a palavra "poderá" prevista no artigo 58 há de ser entendida como um poder dever. Também esposamos da mesma posição, com ressalvas relativas à possibilidade de verificação das condições intrínsecas e extrínsecas do plano apresentado, no que tange não a sua substância, mas sim a sua legalidade, e ainda, ressalvamos a hipótese acerca do plano de recuperação visivelmente impossível de ser cumprido no seu objeto maior e vazio no seu conteúdo o que o torna fantasioso e ineficiente" (SIMÃO FILHO, Adalberto, Interesses transindividuais dos credores nas Assembleias Gerias e Sistemas de Aprovação do Plano de Recuperação Judicial, in Direito Recuperacional – Aspectos Teóricos e Práticos, DE LUCCA, NEWTON; DOMINGUES, Alessandra de Azevedo (coords.), São Paulo, Editora Quartier Latin, 2009, p. 32-65).

> (...) cumpre dizer que o fato de o art. 58 da Lei 11.101/05 estabelecer que, cumpridas as exigências da lei, "o juiz concederá a recuperação judicial", não significa que o magistrado tem o dever de conceder a recuperação aprovada pela assembleia de credores. Primeiro porque o juiz não ostenta poderes, direitos ou faculdades de exercício discricionário, mas apenas poderes- deveres. O emprego do verbo concederá em sua forma imperativa, por isso, não infirma a possibilidade de realização de controle do plano aprovado pela assembleia geral de credores. Segundo porque o dispositivo em comento faz referência "as exigências desta Lei", sem discriminá-las, de modo que é razoável que se entenda que a principal exigência é a satisfação dos fins próprios da Lei 11.101/05, o compassamento dos interesses de recuperação da empresa e de satisfação dos direitos creditórios. Não há nenhuma passagem do art. 47 que permita concluir que, quando se faz referência às exigências legais, isso signifique apenas exigências objetivas, como sustenta a doutrina prevalente.

Em outras palavras, o que WARDE JUNIOR e PEREIRA defendem é que uma das exigências legais que o magistrado deve verificar para homologar ou não um plano de recuperação judicial é justamente o atendimento às disposições do art. 47 da LRE.

Essa também é o entendimento de SIMÃO FILHO[327], expressado em texto publicado no ano de 2009 e já mencionado neste capítulo:

> Professamos também da mesma sensibilidade para com relação a um interpretar mais aberto do artigo 58 de forma a se admitir, sim, ao juiz, estabelecer a concessão da recuperação judicial com base no plano votado com resultados insatisfatórios de forma mínima, quando verificada a viabilidade, fundamentos e sustentação do plano e quando a empresa demonstrar claramente que se coaduna à regra do art. 47 da lei, que menciona que a recuperação judicial tem por objetivo viabilizar a superação da situação de crise econômico-financeira do devedor, a fim de permitir a manutenção da fonte produtora, o emprego dos trabalhadores e dos interesses dos credores, promovendo, assim, a preservação da empresa, sua função social e o estímulo à atividade econômica.

Assim, de acordo com tais autores, o plano merecerá homologação judicial se, além de ter sido proposto e votado dentro das regras procedimentais

---

[327] SIMÃO FILHO, op. cit., p. 58.

estabelecidas, contiver dispositivos que, ao mesmo tempo, assegurem a tutela institucional da empresa em recuperação e do crédito.

A nosso ver, essa visão sustentada pelos autores está mais alinhada com uma ótica de interpretação lógico sistemática da LRE[328], que não tem como foco único a tutela dos interesses dos credores.

Caso a recuperação judicial visasse única e exclusivamente à tutela dos interesses dos credores, realmente não faria sentido que houvesse qualquer intervenção judicial, porque estar-se-ia lidando com a relação privada de débito-crédito, amplificada apenas pela maior quantidade de credores.

No entanto, como bem pontua Rachel Sztajn[329], na LRE buscam-se uma multiplicidade de objetivos, sendo que o principal deles é a manutenção da empresa que tenha viabilidade para superar a situação de crise:

> escolheu-se preservar, quando viável e possível, a atividade pelo que se introduziu no ordenamento o conceito de recuperação da organização, seja na sua inteireza, seja mediante sua divisão para alienar blocos, seja, ainda para alienar bens isolados, para tentar salvá-la.

---

[328] Aqui se adota uma das modalidades de interpretação sistemática trabalhadas por Rubens Limongi França, que é aquela voltada à própria lei na qual o dispositivo sob interpretação se insere. Nesse diapasão, a interpretação sistemática do art. 58 da LRE deve levar em conta o caráter geral da lei, principalmente os objetivos declaradamente perseguidos pelos institutos por ela desenhados (FRANÇA, Rubens Limongi, Hermenêutica Jurídica, 12ª edição, São Paulo, Editora Revista dos Tribunais, 2014, p. 74). Rodney Malveira da Silva segue no mesmo caminho, afirmando que "o elemento sistemático decorre do fato de que uma lei nunca está isolada, mas sim integrada na ordem jurídica, formando um sistema, uma unidade regulativa, em cuja ordem se encontra inserida" (SILVA, Rodney Malveira da, Hermenêutica Contratual, São Paulo, Editora Atlas, 2011, p. 36). Ainda sobre este ponto, Maria Helena Diniz define o "sistema" do qual deflui a interpretação sistemática, da seguinte forma: "Sistema significa o nexo, uma reunião de coisas ou conjunto de elementos, e método, um instrumento de análise. De forma que o sistema não é uma realidade nem uma coisa objetiva; é o aparelho teórico mediante o qual se pode estudar a realidade. (...) Todo sistema é uma reunião de objetos e seus atributos (que constituem seu repertório) relacionados entre si, conforme certas regras (estrutura do sistema) que variam de concepção em concepção" (DINIZ, Maria Helena, As lacunas do Direito, São Paulo, Editora Saraiva, 2007, p.24).

[329] SZTAJN, Rachel, Comentários à Lei de Recuperação de Empresas e Falência, SOUZA JUNIOR, Francisco Satiro de (coord.); PITOMBO, Antônio Sérgio A. de Moraes (coord.), 2ª edição, Editora Revista dos Tribunais, São Paulo, 2007, p. 219-222.

Vale ressaltar aqui que a viabilidade da empresa é o cerne do instituto da recuperação porque a empresa viável é aquela que se reergue da situação de crise sem incorrer em exacerbados custos de transação e sem criar externalidades excessivas, que deverão ser posteriormente internalizadas pelo mercado e pela sociedade como um todo[330].

Sem a demonstração (e a verdadeira averiguação) de viabilidade, o instituto da recuperação estará fadado a ser interpretado como uma espécie de moratória que apenas postergará um cenário de quebra, ao invés de evitá-lo[331].

Nesse sentido, de acordo com essa vertente doutrinária, a atuação do juiz no processo de recuperação judicial deve ocorrer de maneira tal a permitir a tutela dos interesses dos credores conjuntamente com a observância do princípio orientador da LRE, que é a manutenção da empresa viável e de todos os interesses que orbitam ao seu redor (investidores, fornecedores, trabalhadores, consumidores, etc.).

---

[330] A respeito das externalidades geradas no âmbito de um processo de recuperação, Gerson Branco afirma que a LRE funciona como um farol para a sociedade e o mercado na coordenação das melhores estratégias negocias frente a cenários de incerteza de adimplemento de crédito: "A propósito, é importante a observação de que a Lei de Recuperação de Empresas e Falências funciona como uma espécie de farol para a sociedade e para o mercado, já que um mecanismo eficiente de resolução de conflitos e coordenação dos interesses das empresas em crise tem um papel que vai além de um processo específico, pois sinaliza aos agentes econômicos quais as estratégias que podem usar nos negócios a serem realizados, dado o ambiente de incertezas que rege as relações econômicas" (BRANCO, op. cit., p. 59).

[331] Nesse sentido é a opinião do juiz Daniel Carnio Costa: "Quem paga a conta da manutenção em funcionamento de empresas inviáveis é a sociedade em geral, na medida em que todos ficarão sem produtos e serviços adequados, o espaço no mercado continuará sendo ocupado por empresa que não cumpre sua função social e os credores da recuperanda, que absorveram o prejuízo decorrente do processo de recuperação judicial certamente vão socializar esse prejuízo, repassando-o para o preço de seus respectivos produtos e serviços e esse aumento acabará sendo absorvido, sem possibilidade de repasse, pelo consumidor final. (...) Os credores suportarão prejuízo, no curto e médio prazo, considerando que ficarão impedidos de realizar e/ou exigir seus créditos durante certo período de tempo (stay period) e a apresentação de um plano de recuperação judicial pode implicar, como normalmente ocorre, em dilação de prazos de pagamento das obrigações da empresa devedora e também na aplicação de deságio em suas obrigações, dentre outras medidas necessárias ao soerguimento da atividade empresarial" (COSTA, op. cit).

Analisando o tema, WARDE JUNIOR e PEREIRA sustentam que os objetivos principais da LRE são a tutela institucional da empresa[332] e do crédito[333] e que, por isso, a atuação judicial em busca dessa tutela transcende o interesse do grupo de credores que aprova ou rejeita um plano de recuperação[334]. Justamente por esse motivo é que os autores defendem que a verificação de viabilidade econômica do plano não só é uma preocupação legítima do magistrado, mas também elemento essencial de sua competência jurisdicional.

---

[332] Aqui vale uma digressão sobre o termo "tutela institucional da empresa". Ao ler esta expressão, diversas vezes tratada por WARDE JUNIOR e PEREIRA, a impressão que temos é de que ela faz alusão direta ao que Alberto Asquini chamou de "perfil corporativo da empresa" ou "empresa como instituição". Nesse sentido, Asquini define a empresa do ponto de vista institucional como "um núcleo social organizado, em função de um fim comum, no qual se fundem os fins individuais do empresário e dos singulares colaboradores: a obtenção do melhor resultado econômico, na produção" (ASQUINI, Alberto, Perfis da Empresa (tradução de Profili dell'Impresa feita por COMPARATO, Fábio Konder), in Revista de Direito Mercantil, Industrial, Econômico e Financeiro, Ano XXXV, n. 104, outubro-dezembro de 1996, p. 109-126). Aqui é inegável que ao fazer menção a tutela institucional da empresa, WARDE JUNIOR e PEREIRA (op. cit) quiseram alcançar a ideia de que a LRE tutela este perfil corporativo, em busca da manutenção de empresas que alcancem os melhores resultados econômicos e que são capazes de gerar riqueza e bem estar aos seus funcionários e parceiros.

[333] Segundo MUNHOZ, a tutela do crédito é atingida pela maior agilidade e efetividade do modelo jurídico recuperacional ou falencial (a depender de qual for o meio mais adequado para se solucionar a crise da empresa): Assim, "quanto menos ágeis e efetivos forem os procedimentos previstos na lei para implementar um plano de recuperação ou para liquidar ativos no caso de falência, maior será o tempo em que os credores ficarão com seus créditos em atraso e menor a probabilidade de reaverem o valor que lhes é devido, dentre outros motivos, porque o tempo provoca deterioração dos ativos da empresa. Diante de um quadro como esse, indubitavelmente, compromete-se o custo e volume de crédito disponível na sociedade". Continuando sua análise sobre o impacto do Direito da Empresa em Crise sobre o crédito, MUNHOZ sustenta que um sistema que proteja excessivamente os credores também pode trazer como efeito negativo a "aversão à tomada de crédito", que é um dos pilares de investimento das empresas (MUNHOZ, op. cit., p. 187).

[334] Neste ponto, vale mencionar que a tutela institucional da empresa e do crédito se revela dentre os seguintes princípios listados no parecer do Senador Ramez Tebet: preservação da empresa; recuperação das sociedades empresárias ou empresários recuperáveis; retirada do mercado das sociedades empresárias ou empresários não recuperáveis; e redução do custo do crédito no Brasil (TEBET, Ramez, Parecer n. 534, de 2004, apresentado à Comissão de Assuntos Econômicos do Senado).

Nesse sentido, WARDE JUNIOR e PEREIRA separam as matérias competiriam aos credores e ao magistrado, no que diz respeito ao plano de recuperação judicial: (a) aos credores competiria a constituição de um negócio jurídico deliberativo que aprova ou reprova o plano, sendo que o negócio que resulta em aprovação acaba por criar, extinguir ou modificar, de forma coletiva, as relações individuais de débito e crédito anteriormente existentes entre cada credor e a devedora; e (b) ao magistrado, competiria verificar se a deliberação e o próprio plano violam ou não os interesses protegidos pela lei (repita-se a tutela da empresa e do crédito).

Em outras palavras, aos credores caberiam os juízos negociais, enquanto ao magistrado caberia a verificação de enquadramento dos juízos negociais aos objetivos estabelecidos pela LRE[335].

Dessa forma, os autores sustentam a seguinte visão, que ultrapassa as concepções maniqueístas tratadas nos tópicos acima:

> Ao magistrado não é dado, portanto, fazer juízos negociais. (...) É tarefa do magistrado, entretanto, impedir que esse juízo dos credores vulnere a tutela jurisdicional da empresa e do crédito. A deliberação e, antes dela, o plano que a deliberação deseja aprovar, não pode ser evidentemente inviável e não pode menoscabar interesses (a exemplo dos créditos menos expressivos) apenas porque são insuficientes à oposição de óbices. É nesse contexto que se banalizam a empresa e o crédito, os dois bens jurídicos tutelados pela recuperação. Se o magistrado permite que isso aconteça, então esvaiu-se entre os seus dedos o todo de sua tarefa jurisdicional.

De modo a operacionalizar as hipóteses de atuação judicial na aprovação do plano de recuperação por eles defendida, WARDE JUNIOR e PEREIRA

---

[335] Defendendo posição diametralmente oposta a esta, o Prof. Francisco Satiro de Souza Junior sustenta que a viabilidade da qual trata a LRE é uma "viabilidade subjetiva", por ser aquela cuja constatação decorreria única e exclusivamente do entendimento singular de cada credor (SOUSA JUNIOR, op. cit., p. 113). Essa visão, a nosso ver, não garante segurança jurídica ao sistema da LRE, porque permitiria situações não almejadas pelo legislador, como aquela de uma recuperação judicial não poder ser concedida a uma empresa que tenha apresentado um plano de recuperação que atendia, concomitantemente, aos objetivos de reerguimento da atividade e tutela do crédito pelos simples fato de seus credores terem votado desfavoravelmente, ou, em sentido contrário, da concessão dos benefícios da recuperação a empresa que apresenta plano absolutamente ineficiente e fantasioso, mas que foi aprovado pelos credores.

afirmam que o magistrado só poderia adentrar no mérito, quando a aprovação do plano vulnerar a tutela institucional da empresa e do crédito e, para tanto, estabelecem três critérios para a realização de um teste objetivo visando à necessidade intervenção jurisdicional.

Conforme explicado pelos autores, os três critérios para o juiz homologar um plano de recuperação aprovado em assembleia seriam[336]: (i) a aptidão do plano para atingir o objetivo de continuidade da atividade empresarial; (ii) a ausência de vícios na votação, causados por grupos prevalentes de credores; e (iii) a eficácia (mesmo que mínima) do plano para a satisfação dos créditos.

3.4.1.1.1. Primeiro critério – a aptidão para a continuidade da empresa

WARDE JUNIOR e PEREIRA afirmam que o plano de recuperação judicial não deve ser homologado pelo juiz caso suas disposições criem um cenário de inviabilidade da manutenção da atividade empresarial[337]. Em outras palavras, o plano não pode ser inexequível[338].

Adotando as palavras de Daniel Carnio Costa, o plano judicial, para ser homologado pelo juiz, deve prever condições de a recuperanda cumprir

---

[336] Vale ressaltar que os critérios objetivos propostos por WARDE JUNIOR e PEREIRA estão em linha com as provocações feitas por MUNHOZ na obra também em discussão. No artigo publicado por MUNHOZ, o professor trata brevemente dos "standards" definidos pela legislação estadunidense para a homologação judicial de planos (tais como o teste de best interest of creditors e teste da unfair discrimination) e provoca a doutrina brasileira a desenvolver mecanismos próprios para que o juiz consiga, dentro de um contexto de segurança jurídica, analisar a viabilidade dos planos de recuperação com base em parâmetros já fixados (MUNHOZ, op. cit. p. 194). Ao respeito da função desses Standards da lei norte-americana, Daniel Carnio Costa sustenta que "No sistema norte-americano de recuperação judicial de empresas (Bankruptcy Code – 11 USC, Chapter 11), cuja filosofia confessadamente influenciou a formação do modelo brasileiro, a confirmação ou homologação do plano de recuperação judicial depende da verificação judicial da existência de alguns requisitos ou Standards que garantem que os ônus da recuperação empresarial estejam divididos de maneira equilibrada entre credores e devedora" (COSTA, op. cit.).

[337] WARDE e PEREIRA, op. cit., p. 449.

[338] Sobre o requisito de exequibilidade do plano, importante anotar que a lei recuperacional portuguesa (Código da Insolvência e da Recuperação de Empresas – CIRE – Decreto-lei n. 53/2004), dispõe em seu art. 207, alínea 'c' que o juiz não deve admitir o plano de insolvência proposto pelos credores "quando o plano for manifestamente inexequível".

com seus ônus empresariais[339], ou seja, que seja factível[340], tenha sentido econômico e seja razoável, dentro da lógica de divisão equilibrada de ônus. Ainda de acordo com Costa[341], o que se pretende é incentivar o recurso à recuperação judicial por empresas que tenham efetiva capacidade de restabelecer sua atividade, evitando que a recuperação seja utilizada como fase antecedente e inevitável da falência.

Nesse sentido, um plano que preveja, por exemplo, a alienação das principais unidades produtivas da empresa pode deixar de ser homologado caso o juiz entenda que, por esse meio, a empresa poderá até satisfazer grande parte dos créditos em aberto, mas, muito provavelmente, não será capaz de retomar, nem em médio, nem em longo prazos, a produtividade esperada e nem geração de riquezas, tampouco a manutenção de empregos e recolhimento de tributos.

A esse respeito, interessante o posicionamento do Tribunal de Justiça do Estado do Paraná que, ao analisar o plano de recuperação judicial da empresa Vietnam Massas Ltda., decidiu por anular a seguinte disposição do plano de recuperação proposto pela empresa e aprovado em assembleia geral[342]:

---

[339] Costa enumera como ônus empresariais da empresa em recuperação: "agir de maneira transparente e de boa-fé, manter os postos de trabalho, recolher tributos, produzir e fazer circular produtos e serviços e, enfim, preservar os benefícios econômicos e sociais que são buscados com a manutenção da atividade empresarial" (Costa, op. cit).

[340] Costa enumera como ônus empresariais da empresa em recuperação: "agir de maneira transparente e de boa-fé, manter os postos de trabalho, recolher tributos, produzir e fazer circular produtos e serviços e, enfim, preservar os benefícios econômicos e sociais que são buscados com a manutenção da atividade empresarial" (Costa, op. cit).

[341] Costa, op. cit.

[342] TJPR, Agravo de Instrumento n. 984.390-7, Décima Sétima Câmara Cível, Relator Desembargador Mário Helton Jorge, julgado em 14.08.2013. Em sentido semelhante está o posicionamento do Tribunal de Justiça do Estado de São Paulo: "Ora, se as agravadas [recuperandas] se entendem recuperáveis, por que não explicitar como se dará a utilização dos meios colocados de maneira exemplificativa pela Lei ou de outro que possa ser criado por sua administração? A simples citação dos incisos do art. 50 da Lei n.11.101/2005 não significa a um, que todos os meios serão utilizados, a dois, que os melhores meios serão utilizados, ou a três, que se cumpriu o requisito de demonstração da viabilidade das sociedades, que não se restringe a simplesmente demonstrar o conhecimento do texto legal" (TJSP, Agravo de Instrumento n. 0103311-56.2013.8.26.0000, Primeira Câmara Reservada de Direito Empresarial, Relator Desembargador Pereira Calças, julgado em 25.11.2014).

É inerente a qualquer empresa, mas especialmente para a VIETNAM MASSAS, manter usa competitividade. Isso será alcançado no momento em que tiver a possibilidade e necessidade de renovação de ativos existentes, a fim de manter a infraestrutura operacional adequada, que trará benefícios a todos os credores. Sendo assim, após a aprovação do Plano de Recuperação Judicial, a venda/alienação de quaisquer veículos, equipamentos, imóveis e instalações da empresa fica desde já autorizada pelos Credores, para que seja realizada esta renovação mencionada e necessária ao próprio negócio.

De acordo com os desembargadores paranaenses, a possibilidade de a recuperanda alienar qualquer bem do ativo permanente sem a necessária aprovação do juiz não só violava o art. 66 da LRE, mas trazia uma incerteza quanto à possibilidade de recuperação da empresa, que estava autorizada, desde a aprovação do plano, a alienar os bens de capital necessários à manutenção da atividade produtiva.

Ainda sobre este tema, o Tribunal de Justiça do Estado do Paraná adentrou no mérito da viabilidade do plano de outra empresa em recuperação, e considerando-o inadequado para a superação da crise, ordenou a apresentação de nova proposta, pelo fato de tal plano carecer de liquidez e certeza quanto ao adimplemento das prestações propostas[343]:

> Da análise da estratégia adotada pela recuperanda, não nos parece possível afirmar que os meios de recuperação, bem como a viabilidade econômica do plano, estejam dentro dos parâmetros de possibilidade e conveniência. Muito embora o plano de recuperação judicial preveja estratégias inclusive previstas em lei (art. 50, Lei 11.101/2005) – como o trespasse, redução de salários, venda parcial dos bens – , trata-se, na realidade, de uma "carta de intenções" que não traduz possibilidade e viabilidade de superação da crise enfrentada pela sociedade empresária. Isto fica ainda mais evidente quando da descrição da viabilidade econômica do plano, que se baseia em eventos e fatos futuros – baixa taxa de juros, Copa do Mundo, Olimpíadas, regulamentação para fabricação e comercialização de colchões, etc. – cujos benefícios são incertos e não justificam a mobilização pleiteada pela parte. (...) Somente pela análise dessas circunstâncias ficaria evidente a necessidade de elaboração de um novo plano de recuperação.

---

[343] TJPR, Agravo de Instrumento n. 1013744-3, Décima Sétima Câmara Cível, Relator Desembargador Lauri Caetano Silva, julgado em 11.09.2013.

Nessa mesma linha foi o entendimento do Tribunal de Justiça do Estado de São Paulo ao proferir a famosa (e já comentada) decisão colegiada que anulou o plano de recuperação judicial proposto pela Cerâmica Gyotoku Ltda., após a sua aprovação em assembleia[344].

Dentre as várias irregularidades identificadas pelo TJSP no referido plano, estavam (a) a ausência de previsão clara e inequívoca a respeito (a.1) do valor das parcelas de pagamento de cada crédito habilitado, e (a.2) das datas certas em que os pagamentos seriam realizados; e (b) a vinculação dos pagamentos dos credores a parcelas do lucro líquido da empresa, o que trazia enorme incerteza, haja vista que a ocorrência de lucro líquido, especialmente para um empresa em crise, não é um dado futuro e certo. Nesse sentido, confira-se trecho do famigerado voto proferido pelo Desembargador Pereira Calças[345]:

> Para que o Poder Judiciário, o Ministério Público, o Comitê de Credores e, especialmente, 'qualquer credor' possa aferir se ocorreu o inadimplemento de obrigação prevista no plano, é de rigor que este preveja com clareza, precisão e certeza qual o valor a ser pago a cada credor, e em que data ocorre o vencimento, enfim, o plano tem que ser 'líquido', uma vez que, se houver se descumprimento após o decurso do biênio supervisional, os credores poderão requerer a execução específica ou a falência, na dicção do art. 62. É de se indagar, e se não houver lucro líquido? Na medida em que o plano estabelece pagamento sobre a parcela da receita líquida, se esta não for concretizada nos termos da projeção, inexistirá obrigação de pagar qualquer valor. Em suma, (...) o plano é ilegal.

Vê-se, portanto, que aquilo WARDE e PEREIRA[346] propõem – e que já encontra respaldo na jurisprudência – é que o plano de recuperação, por mais que seja aprovado pela maioria dos credores, não poderá ser homologado pelo Poder Judiciário se for infactível, ao não prever formas efetivas de recuperação. Segundo os autores, entendimentos contrários a este estariam desprestigiando o princípio da manutenção da empresa viável, consagrado no art. 47 da LRE.

---

[344] TJSP, Agravo de Instrumento n. 0136362-29.2011.8.26.0000, Extinta Câmara Reservada à Falência e à Recuperação, Relator Desembargador Pereira Calças, julgado em 28.02.2012.
[345] Idem ibidem.
[346] WARDE e PEREIRA, op. cit., p. 449.

É também como entende o prof. Fábio Ulhoa Coelho[347]:

> Pela lei brasileira, os juízes, em tese, não poderiam deixar de homologar os planos aprovados pela Assembleia dos Credores, quando alcançado o quórum qualificado da lei. Mas, como a aprovação de planos inconsistentes levará à desmoralização do instituto, entendo que, sendo o instrumento aprovado um blá-blá-blá inconteste, o juiz pode deixar de homologá-lo e incumbir o administrador judicial, por exemplo, de procurar construir com o devedor e os credores mais interessados um plano alternativo.

Nesse sentido, também está o posicionamento do juiz Daniel Carnio Costa[348]:

> somente tem sentido a recuperação judicial em função da geração dos benefícios sociais e econômicos relevantes que sejam decorrentes da continuidade do desenvolvimento da atividade empresarial, como geração de empregos ou manutenção de postos de trabalho, circulação e geração de riquezas, bens e serviços e recolhimento de tributos. (...) o plano deve ser factível (*feasibility requirement*), o que significa que deve haver demonstração de que o devedor tem condições de cumprir as metas nele estabelecidas, sem a necessidade de futuras renegociações e sem a chance evidente de conversão em falência.

---

[347] COELHO, Fábio Ulhoa, Comentários à Nova Lei de Falências e Recuperação de Empresas – Lei 11.101, de 9-2-2005, Editora Saraiva, 8ª Edição, 2011, p. 162. Nesta mesma obra, o Prof. Fábio Ulhoa faz outra observação a respeito da necessidade de apresentação de planos consistentes e viáveis pela recuperanda: "A condição fundamental para que a nova medida de recuperação da empresa seja efetiva e atinja os objetivos pretendidos – inclusive a contribuição na luta contra o aumento do desemprego – é a seriedade e consistência do plano de reorganização. Se a denegação da recuperação judicial implicar necessariamente a falência do devedor, os credores terão a tendência de referendar qualquer plano de recuperação, mesmo sem consistência. Isto porque a falência do devedor é sempre a alternativa menos interessante para o credor. Ao seu turno, o juiz, por não ter formação na área, tenderá a homologar todos os planos referendados pelos credores. O resultado será a desmoralização do instituto, na medida em que a admissão de planos inconsistentes levará apenas à indústria da recuperação (similar à indústria da concordata) e ao agravamento dos prejuízos de todos os credores, em especial dos trabalhadores" (COELHO, op. cit., p. 114-115).

[348] COSTA, op. cit.

Sobre este aspecto, vale ainda destacar a posição adotada pelo Desembargador Maia da Cunha, do Tribunal de Justiça do Estado de São Paulo, diante do plano de recuperação judicial apresentado pela empresa Sideraço Indústria e Comércio de Produtos Siderúrgicos Ltda.[349]: no caso em questão, o plano de recuperação apresentado pela recuperanda não havia sido objeto de objeções por parte dos credores, o que, por força do art. 58, caput da LRE, levaria à sua automática aprovação.

Ocorre que, ao analisar o conteúdo do plano que lhe foi levado para homologação, o juiz de primeiro grau entendeu que o plano em questão continha disposições que deveriam ser analisadas com mais cuidado pelos credores, porque seriam de difícil adimplemento por parte da recuperanda proponente: isso porque, o plano previa que o pagamento dos credores ocorreria a partir de percentuais de lucro líquido de uma empresa que apresentava, há mais de dois anos, apenas resultados negativos.

Por esse motivo, ao invés de homologar automaticamente o plano, o juízo singular entendeu por bem convocar assembleia geral de credores para que fosse feita uma discussão mais pormenorizada do conteúdo do plano, que previa medidas infactíveis.

Tal posicionamento do magistrado foi referendado pelo Desembargador Maia da Cunha, no seguinte sentido:

> É verdade que o art. 58 da Lei 11.101/2005 dispõe que: 'Cumpridas as exigências desta Lei, o juiz concederá a recuperação judicial do devedor cujo plano não tenha sofrido objeção de credor nos termos do art. 55 desta Lei ou tenha sido aprovado pela assembleia geral de credores na forma do art. 45 desta Lei'. Mas verdade também é que isso não implica cego e obrigatório deferimento da recuperação pelo juiz, que deve zelar pelo cumprimento das exigências da lei, o que inclui sopesar o direito dos credores frente ao princípio da preservação da empresa. No caso, agiu corretamente o digno Magistrado prolator da r. decisão agravada porque, prevendo o PGJ o pagamento aos credores em longos 12 anos, com deságio de 40%, vinculou os pagamentos a percentuais do lucro líquido. E, verificando as contas das recuperandas, embora tenham obtido o processamento da recuperação em julho de 2011, com a suspensão das ações e execuções, e o não pagamento dos débitos sujeitos à recuperação,

---

[349] TJSP, Agravo de Instrumento n. 0003232-69.2013.8.26.0000, 1ª Câmara Reservada de Direito Empresarial, Relator Desembargador Maia da Cunha, julgado em 26.03.2013.

apresentou prejuízos quase dobrados no primeiro trimestre de 2012 em comparação com a média de 2011. Não há outros elementos de informação do restante de 2012, mas deverão ser apresentados e atualizados para a correta análise da Assembleia Geral de Credores diante da previsão de pagamento exclusivamente baseada em resultados líquidos.

Nesse sentido, o TJSP não invalidou o plano proposto pela recuperanda, mas fez com que os credores o analisassem de um ponto de vista mais concreto, já deixando alertada a grande probabilidade de o plano não ser factível.

Ainda sobre este primeiro critério, WARDE JUNIOR e PEREIRA[350] sustentam que poderia o juiz inclusive decidir a respeito da não homologação do plano com base em suas máximas de experiência[351], não sendo necessária, a depender do grau de especialização do magistrado sobre a matéria[352], a determinação de prova pericial[353] para se aferir viabilidade:

> O mais das vezes, apenas um especialista em gestão empresarial poderá fazer um juízo a respeito da viabilidade do plano. Mas quando o juiz puder chegar a essa conclusão mediante a aplicação de conhecimentos ostentados

---

[350] WARDE e PEREIRA, op. cit., p. 449.

[351] Tal possibilidade de julgamento com base em máximas de experiência é dada ao juiz pelo art. 335 do Código de Processo Civil de 1973, cuja redação foi mantida, com poucas alterações, pelo art. 375 do Código de Processo Civil de 2015 ("Art. 375. O juiz aplicará as regras de experiência comum subministradas pela observação do que ordinariamente acontece e, ainda, as regras de experiência técnica, ressalvado, quanto a estas, o exame pericial").

[352] Ao defenderem esse julgamento com base em máximas de experiência, WARDE JUNIOR e PEREIRA sustentam que ele seria ainda mais factível em varas e câmaras especializadas em matéria falencial, como aquelas que já existem em São Paulo e em alguns outros estados do país. (op. cit. p. 449).

[353] Sustentando a mesma premissa de inafastabilidade do crivo judicial, mas defendendo a produção de prova pericial, estão Arthur Lobo e Antônio Netto: "Considerando que a viabilidade econômica de uma empresa é um dado técnico, aferível mediante conhecimentos científicos da área econômica e contábil, em caso de dúvida, de objeção após a apresentação do plano ou de divergência apontada em assembleia geral de credores sobre esse fato, deve o magistrado, mediante requerimento, deferir a produção de prova pericial técnica. (...) Isso porque, o magistrado não está adstrito ao laudo unilateral produzido pelas devedoras (regra que deve ser conjugada com os arts. 332 e 436 do CPC), tampouco está adstrito de modo absoluto às deliberações assembleares" (LOBO e NETTO, op. cit., p. 349).

pelo homem médio, ele deverá rejeitar o plano. O magistrado, assim, deve, diante de uma flagrante inaptidão do plano, capaz de vulnerar as suas finalidades, deixar de homologá-lo.

Vê-se, portanto, que este primeiro critério sugerido por Warde Junior e Pereira visa a garantir que o plano aprovado pelos credores consiga alcançar o objetivo máximo do art. 47, que é a manutenção da atividade produtiva da empresa.

3.4.1.1.2. Segundo critério – inexistência de vícios de deliberação

Seguindo com as propostas de critérios objetivos para a avaliação judicial de viabilidade do plano, Warde Junior e Pereira[354] sugerem um segundo critério objetivo, que seria a averiguação de vícios de vontade na deliberação ou de vícios no objeto do negócio jurídico deliberativo, tais como (a) a atribuição de vantagens particulares a determinados credores, em prejuízo dos demais; (b) dolo, fraudes ou simulações; e (c) abuso de direito de voto, quando o credor busca a tutela de interesses ilegítimos, por meio de seu voto em assembleia.

Conforme mencionado acima, grande parte da doutrina atual entende que este juízo a respeito de vícios de vontade ou vícios no conteúdo do plano não estaria propriamente circunscrito na chama análise de viabilidade, mas sim no que se convencionou chamar de controle de legalidade do plano, já que, do ponto de vista de Direito Civil, os vícios de conteúdo e manifestação de vontade estão relacionados à validade dos atos jurídicos em geral[355].

---

[354] Op. cit. p. 449-450.

[355] Nesse sentido, é a clássica definição de validade dada pelo saudoso Professor Antônio Junqueira de Azevedo: "O plano da validade é próprio do negócio jurídico. É em virtude dele que a categoria de "negócio jurídico" encontra plena justificação teórica. O papel maior ou menor da vontade, a causa, os limites da autonomia privada quanto à forma e quanto ao objeto são algumas das questões que se põem, quando se trata de validade do negócio, e que sendo peculiares dele, fazem com que ele mereça um tratamento especial, diante de outros fatos jurídicos. (...) A validade é, pois, a qualidade de que o negócio deve ter ao entrar no mundo jurídico, consistente em estar de acordo com as regras jurídicas ("ser regular"). Validade é, como o sufixo da palavra indica, qualidade de um negócio existente. Válido é adjetivo com que se qualifica o negócio jurídico formado de acordo com as regras jurídicas" (Azevedo, Antônio Junqueira de, Negócio Jurídico – Existência, Validade e Eficácia, 4ª edição, São Paulo, Editora Saraiva, 2002, p. 41-42). Nesse mesmo sentido, é a posição de Marcos Bernardes de

Esta é a opinião do Prof. Francisco Satiro de Souza Junior[356], do Prof. Paulo Fernando Campos Salles de Toledo[357] e também da ministra do Superior Tribunal de Justiça, Fátima Nancy Adrighi[358], que, entendem que, nas hipóteses de os credores votarem de forma a tutelar interesses ilegítimos, o magistrado estaria autorizado a atuar de forma positiva, inclusive anulando votos considerados abusivos.

Ocorre que, de acordo com as construções teóricas dos referidos autores, tal autorização estaria fundada na inafastabilidade da jurisdição frente à ocorrência de atos ilícitos[359] e não em exigências contidas no bojo da própria LRE[360].

Mello a respeito da validade dos atos jurídicos: "Diz-se válido o ato jurídico cujo suporte fático é perfeito, isto é, os seus elementos nucleares não tem qualquer deficiência invalidante, não há falta de qualquer elemento complementar. Validade, no que concerne ao ato jurídico, é sinônimo de perfeição, pois significa a sua plena consonância com o ordenamento jurídico" (MELLO, Marcos Bernardes de, Teoria do Fato Jurídico – Plano da Validade, 9ª edição, São Paulo, Editora Saraiva, 2009, p. 4).

[356] SOUZA, Autonomia, op. cit., p. 101-114.

[357] TOLEDO, Paulo Fernando Campos Salles de, in O Plano de Recuperação, op. cit., p. 307-323.

[358] A este respeito, o entendimento da Ministra Nancy Andrighi do Superior Tribunal de Justiça: "A assembleia de credores é soberana em suas decisões quanto aos planos de recuperação judicial. Contudo, as deliberações desse plano estão sujeitas aos requisitos de validade dos atos jurídicos em geral, requisitos estes que estão sujeitos a controle judicial (...) A decretação de invalidade de um negócio jurídico em geral não implica interferência, pelo Estado, na livre manifestação de vontade das partes. Implica, em vez disso, controle estatal justamente sobre a liberdade dessa manifestação, ou sobre a licitude de seu conteúdo". – STJ, Recurso Especial nº 1.314.209/SP, Terceira Turma, Relatora Ministra Nancy Andrighi, julgado em 22.05.2012, publicado em 01.06.2012.

[359] Nesse sentido é a opinião de Sidnei Beneti: "Parece que a lei realmente pretende que a atividade do juiz seja homologatória da decisão da assembleia, restando esta abroquelada pelo caráter interna corporis típico das decisões assembleares. Mas não se pode olvidar que questões formais poder merecer controle jurisdicional, da mesma forma que situações em que se patenteie direcionamento da deliberação assemblear por abuso de direito ou mero capricho costumam chamar à incidência o princípio constitucional da inafastabilidade da tutela jurisdicional para nulificar a lesão a direito (CF, art. 5, XXXV)" (BENETI, op. cit., p. 237).

[360] Vale repisar que esta separação das diferentes modalidades de controle judicial foi proposta por Jorge Lobo, que afirma que o juiz que preside a recuperação judicial deverá sempre exercer controle de legalidade formal e material. Na visão de LOBO, a legalidade formal seria, por exemplo, a verificação de requisitos de legitimidade e de procedibilidade (por exemplo os estabelecidos nos arts. 2 e 48 da LRE), enquanto que o controle de legalidade material seria

Autores como Jorge Lobo[361], no entanto, adotam a mesmo enquadramento proposto por WARDE JUNIOR e PEREIRA, sustentando que a análise voltada a abuso de direito e fraudes é verdadeiramente uma análise de mérito do plano de recuperação judicial e do rito assemblear que não pode ser afastada das competências do magistrado:

> Incumbe-lhe [ao juiz], ademais, dependendo do caso concreto, exercer controle de mérito, tanto do plano de recuperação quanto da decisão da assembleia geral de credores, como, por exemplo, quando: a) a deliberação for por maioria e os dissidentes hajam deduzido objeções e votos divergentes; b) a deliberação for contrária à aprovação do plano e o devedor haja apresentado defesa e postulado a anulação do conclave por fraude à lei, abuso de direito, preterição de formalidade essencial, etc.

Seguindo em linha semelhante, está Gabriel Buschinelli[362] avança, separando o abuso positivo do direito de voto, do abuso negativo do direito de voto. Segundo ele, o abuso positivo seria constatado nas situações em que a maioria doutrina já admite controle de legalidade, ou seja, aquelas em que, de forma ativa, o credor busca por meio de seu voto em assembleia, a satisfação de interesses egoísticos e ilegítimos[363].

Em outra mão, no entanto, estaria o abuso negativo de direito de voto que, segundo BUSCHINELLI, ocorreria nas situações em que o credor adota comportamento obstrutivo, impedindo a aprovação de plano de recuperação judicial para a tutela de interesses escusos.

Nas palavras de BUSCHINELLI[364], a análise judicial de um abuso negativo do direito de voto passaria, inexoravelmente, pelo crivo judicial de viabilidade do plano apresentado (e rejeitado pelos credores), de modo a se

---

aquele voltado à verificação de fraudes, abusos de direito, acordos contrários à lei, etc. (LOBO, Jorge, Comentários, op. cit., p. 219-221).

[361] Idem Ibidem – ao tratar das modalidades de controle judicial Jorge Lobo não descarta a possibilidade de análise de mérito, voltada não só ao conteúdo do plano, mas à deliberação da assembleia propriamente dita.

[362] BUSCHINELLI, op. cit., p. 149.

[363] Cita-se aqui o exemplo já tratado no tópico de *par conditio creditorum*, do credor que vota dentro de uma subclasse apenas com o objetivo de manipular o quórum de aprovação de um plano nitidamente inviável, mas que prejudicará credores concorrentes.

[364] Idem ibidem

averiguar se tal rejeição era legítima frente às inconsistências do plano, ou, ao contrário, relevava comportamento obstrutivo – e, portanto, vedado – ante à possibilidade de reerguimento da empresa e pagamento dos créditos, apresentada no plano:

> Para aferir o abuso negativo do direito de voto, o magistrado deverá analisar se o plano é viável, se as medidas nele propostas são exequíveis e se é provável que a empresa consiga superar o estado de crise com a recuperação judicial. Se esses requisitos estiverem configurados, deverá ser analisado o voto do credor para averiguar se sua rejeição ao plano teve fundamento legítimo. Esse fundamento estará ausente se o plano proporcionar ao credor manifestamente mais do que o credor receberia sob a falência.

Nesse mesmo sentido, opina Adalberto Simão Filho[365], sugerindo que a LRE dispusesse de sistemas protetivos para os casos em que há voto obstrutivo. Considerando que a LRE não traz tais parâmetros, caberia ao magistrado, casuisticamente identificá-los e desenvolvê-los:

> Ora, se o plano tem fundamento técnico e está construído à luz do artigo 50 [da LRE] e possui substância, embasamento e conteúdo próprios que demonstram a possibilidade de recuperação da empresa a certo prazo e sua importância e função social no cenário nacional, como deveria ser vista a investida hostil de credores pela via assemblear com a finalidade única de gerar a falência? Parece-nos que a lei deve possuir seus sistemas protetivos para com relação a fatos desta natureza que podem efetivamente ocorrer dada a forma como será tomada a deliberação acerca do plano.

Independentemente do enquadramento que se der a estas hipóteses – juízo de viabilidade ou controle de legalidade (juridicidade) – o que realmente importa é que, pelo menos para estes casos de verdadeira ilicitude verificada no conteúdo do plano ou nas condutas exprimidas durante a deliberação, a doutrina já é assente no sentido de que o magistrado pode (e deve) intervir de modo a buscar a solução mais justa e eficiente.

---

[365] SIMÃO FILHO, op. cit., p. 59.

3.4.1.1.3. Terceiro critério – eficácia do plano quanto à tutela do crédito

Continuando o estudo do modelo proposto por Warde Junior e Pereira[366], tem-se como terceiro e último standard objetivo para a atuação jurisdicional no âmbito da recuperação judicial a verificação da viabilidade do plano sob o ponto de vista da tutela do crédito.

Como visto acima, na opinião dos autores, o plano de recuperação judicial aprovado em assembleia somente merece homologação judicial se (i) não estiver viciado, nem em conteúdo, nem na forma de aprovação; (ii) se estiver apto a possibilitar o reerguimento da atividade comercial da empresa, ou seja, se cumprir com o papel de tutela institucional da empresa; e (iii) se representar uma forma de satisfação minimamente razoável dos créditos submetidos ao plano.

Vale ressaltar que o critério de satisfação mínima do crédito visa a evitar a deterioração do próprio crédito, ao se cultivar uma cultura de inadimplemento, na qual o risco de recebimento do crédito o encareça e o torne escasso ao mercado[367]. Nesse sentido, são as palavras de Warde Junior e Pereira[368]:

> Desse modo, planos incríveis, que postergam o pagamento por décadas, submetem-no [o crédito] a deságio brutal e a eventos futuros e incertos, não contemplam pagamento, mas calote. O Poder Judiciário não pode institucionalizar o calote. E que não se diga que isso é melhor do que nada. Não é dado ao credor decidir, reitere-se, sobre o tratamento institucional do crédito. A aprovação reiterada de planos que aceitam bovinamente o inadimplemento vilipendia o direito de crédito. O resultado é uma descrença generalizada em

---

[366] Op. cit., p. 450.

[367] Indo nesta mesma linha, Arthur Lobo e Antônio Netto: "(...) o princípio da recuperação não pode se distanciar da real capacidade de recuperação, visto que o instituto não é voltado para favorecer empresas que não possuem condições de se reorganizar para sair da crise. O prejuízo excessivo aos interesses dos credores é repassado à sociedade em geral, pois os credores vão incorporar as perdas aos seus custos, cortar despesas, frear investimentos e a concessão de novos créditos. (...) Sempre que o plano prever prazos excessivamente longos, ou encargos excessivamente acentuados aos credores, haverá manifesta violação às diretrizes principiológicas que informam este aspecto da matéria (...)" (Lobo e Netto, op. cit., p. 348 e 356).

[368] Warde Junior e Pereira, op. cit., p. 450.

sua satisfação, o aumento de recuperações fraudulentas, e o aumento do custo do dinheiro e a escassez do crédito.

Tratando deste ponto, o Prof. Newton De Lucca[369] ressalta que a boa lei falimentar e recuperacional é aquela que, ao mesmo tempo, permite a manutenção da atividade produtiva e garante aos credores um mínimo grau de segurança de retorno dos créditos concedidos:

> Ninguém porá em dúvida que uma lei falimentar moderna e eficiente deverá proteger não apenas a sobrevivência da empresa, como atividade econômica organizada para a produção e circulação de bens e serviços, como também a distribuição ótima do crédito disponível, de molde a que o processo de geração efetiva de riquezas se faça, sem percalços que obstaculizem o dinamismo da economia. Nesse sentido, torna-se evidente ser necessário garantir ao mutuante do crédito certo grau de segurança – o que não significa dizer segurança absoluta – em relação à recuperação do crédito oferecido.

Vale pontuar que ao analisar o tema, o Tribunal de Justiça do Estado de São Paulo proferiu entendimento de que planos que inviabilizam um retorno razoável do crédito são abusivos, por imporem um sacrifício desproporcional aos credores[370]:

> No caso concreto, o plano de recuperação previu o seguinte: (i) deságio de 70% dos valores dos créditos; (ii) carência mínima de 12 meses e máxima de 20 meses para o início dos pagamentos; (iii) prazo de 15 anos para a quitação integral; (iv) correção pela Taxa Referencial – TR; e (v) incidência de juros de 0,5% ao ano. A conjugação de três fatores muito gravosos (longo tempo, elevado deságio e ausência de atualização monetária plena) provocam, na prática, não a novação, mas sim a remissão dos créditos, reduzidos a pó pela assembleia em detrimento de determinados credores. (...) Sucede, porém, que é nitidamente abusivo o plano em razão do resultado final dos vetores muito agressivos e conjugados de deságio elevado, longo tempo e fator de atualização e juros reduzidos, nos termos acima expostos.

---

[369] DE LUCCA, Newton, Abuso de Direito, op. cit., p. 237.
[370] TJSP, Agravo de Instrumento n. 2092117-54.2015.8.26.0000, Primeira Câmara Reservada de Direito Empresarial, Relator Desembargador Francisco Loureiro, julgado em 09.09.2015.

Ainda sobre o posicionamento do TJSP, vale destacar os seguintes trechos do voto proferido pelo Des. Pereira Calças no julgamento de agravo de instrumento[371] interposto contra a decisão que homologou um plano de recuperação judicial que previa deságio de 70% (setenta por cento) das dívidas quirografárias e 20 (vinte) anos de prazo de pagamento. Nas palavras do desembargador, um plano com esta sorte de previsão é vexatório[372]:

> Reconheço que, por ausência de previsão legal, não é possível afirmar que o plano apresentado, com deságio de 70% para o pagamento dos credores quirografários é indubitavelmente ilegal. (...) No caso em testilha, não somente o valor é ínfimo, mas, também, o longo prazo causa espécie, praticamente 20 (vinte) anos. Desta forma, sob o ponto de vista do diminuto montante a ser pago pelas recuperandas ao longo de 20 (vinte) anos não pode ser aceito pelo Judiciário. (...) Entendo que a lei é omissa e que embora não se deva propor uma analogia direita ao Decreto-lei n.7.661/45 com a indicação dos percentuais mínimos para pagamento e prazo máximo, o período estabelecido como proposta de pagamento e deságio em muito se afastam do princípio da razoabilidade. (...) o que se vislumbra é apenas privilégio às recuperandas (e estímulo a outras recuperações) na hipótese de continuidade de aprovação de planos pelos credores e homologação pelo Judiciário de propostas recuperatórias vexatórias como a que se examina.

A respeito deste mesmo tópico, o Desembargador Pereira Calças manifestou-se, em outra oportunidade[373] da seguinte forma:

> A recuperação da empresa só pode e deve ser deferida se a empresa devedora mostrar que não se encontra em situação de falência e que sua proposta não implica prejuízos aos credores que, em razão disso, possam incidir em crise econômico-financeira. Obviamente, se a empresa devedora pede um prazo muito longo para iniciar os pagamentos das parcelas propostas, e se o percentual a ser pago mostra-se vil ou iníquo, tal situação evidencia que a empresa

---

[371] TJSP, Agravo de Instrumento n. 0103311-56.2013.8.26.0000, 1ª Câmara Reservada de Direito Empresarial, Relator Desembargador Pereira Calças, julgado e 25.11.2014.
[372] Idem ibidem.
[373] TJSP, Agravo de Instrumento n. 0289541-80.2011.8.26.0000, 1ª Câmara Reservada de Direito Empresarial, Relator Desembargador Pereira Calças, julgado em 31.07.2012.

não pode ser reputada recuperável por suas próprias forças, mas sim, pelo sacrifício excessivo imposto de forma injusta àqueles que lhe deram crédito, por acreditar que ela cumpriria a palavra empenhada.

Analisando justamente este tópico de consistência do plano de recuperação judicial frente à tutela do crédito, a juíza Luciana Feddrizzi Rizzon, da 6ª Vara Cível da Comarca de Caxias do Sul, Estado do Rio Grande do Sul, anulou o plano de recuperação apresentado pela empresa Tutto Condutores Elétricos Ltda. e determinou a apresentação de nova proposta, por entender que as disposições do plano originalmente apresentado, mesmo tendo sido aprovadas pela maioria dos credores eram abusivas e acarretavam verdadeira moratória aos credores. Isso porque, nos termos do plano, alguns créditos chegariam a sofrer 85% (oitenta e cinco por cento) de deságio e não seriam corrigidos por atualização monetária[374].

De acordo com a juíza gaúcha, tais previsões do plano geravam uma disparidade entre o excesso de direitos da recuperanda e os prejuízos de alguns credores, o que extrapolava os limites de liberalidade para renegociação das dívidas, previstos na LRE, de modo que se justificava a intervenção judicial para não se deixar produzir efeitos a decisão tomada em assembleia.

Seguindo na linha de argumentação de WARDE JUNIOR e PEREIRA, conclui-se que a tutela do crédito pode ser obtida, por exemplo, por meio de planos que estabeleçam a manutenção do poder de compra do crédito ante os efeitos da inflação.

Nesse sentido, há interessantes precedentes do Tribunal de Justiça do Estado de São Paulo[375], invalidando cláusulas de planos de recuperação

---

[374] TJRS, Decisão interlocutória, Processo n. 010/1.11.0027265-8, Juíza Luciana Feddrizzi Rizzon, publicada no TJRS/DOE em 01.06.2012.

[375] TJSP, Agravo de Instrumento n. 2002491-24.2015.8.26.0000, Segunda Câmara Reservada de Direito Empresarial, Relator Desembargador Ramon Mateo Júnior, julgado em 25.06.2015; TJSP, Agravo de Instrumento n. 2221164-18.2014.8.26.0000, Primeira Câmara Reservada de Direito Empresarial, Relator Desembargador Claudio Godoy, julgado em 10.06.2015; TJSP, Agravo de Instrumento n. 2143743-49.2014.8.26.0000, Primeira Câmara Reservada de Direito Empresarial, Relator Desembargador Claudio Godoy, julgado em 29.04.2015; TJSP, Agravo de Instrumento n. 0010477-68.2012.8.26.0000, Segunda Câmara Reservada de Direito Empresarial, Relator Desembargador Araldo Telles, julgado em 30.09.2013; e TJSP, Agravo de Instrumento n. 0235995-76.2012.8.26.0000, Primeira Câmara Reservada de Direito Empresarial, Relator Desembargador Enio Zuliani, julgado em 26.03.2013.

que estabeleciam a exclusão de correção monetária dos créditos submetidos ao plano.

A título exemplificativo, vide trecho do voto proferido pelo Desembargador Francisco Loureiro, da Primeira Câmara Reservada de Direito Empresarial do TJSP, no acórdão resultante do julgamento do Agravo de Instrumento n. 0020538-51.2013.8.26.0000[376]:

> Um aspecto do plano aprovado, porém, merece reparo. A ausência de previsão de correção monetária dos créditos ao longo dos nove anos provoca um duplo deságio. Isso porque, como é sabido, a correção monetária não é um *plus* que acresce ao crédito, mas um *minus* que se evita. É mecanismo de singela preservação do valor real, ou de compra da moeda. (...) A imposição de expressivo deságio (50%), somado à ausência de atualização do crédito ao longo dos nove anos diferidos ao pagamento provocaria, em última análise, duplo desconto sobre o valor de troca da moeda. Além disso, a incerteza sobre os índices de inflação durante tão largo período impediriam a elaboração de qualquer cálculo do valor final real do crédito.

A este respeito, deve-se ressaltar que, por mais que a incidência de correção monetária no âmbito de uma relação creditícia seja um direito disponível[377], a institucionalização de sua não incidência em contextos de

---

[376] TJSP, Agravo de Instrumento n. 0020538-51.2013.8.26.0000, Primeira Câmara Reservada de Direito Empresarial, Relator Desembargador Francisco Loureiro, julgado em 04.07.2013. No mesmo voto proferido pelo Des. Francisco Loureiro, há um outro trecho bastante elucidativo a respeito da necessidade de tutela do crédito, no âmbito da recuperação judicial: "É preciso entender que a sobrevivência da empresa não pode ser obtida a qualquer custo, sob o argumento sensível da cláusula geral da função social. Isso porque a persistência da atividade empresarial sem pagamentos mínimos à comunidade de credores significaria prestigiar o empresário ineficiente. Evidente que a empresa que se apropria dos lucros, mas socializa os prejuízos, não cumpre função social e nem merece sobreviver em regime de mercado".

[377] A respeito da disponibilidade do direito à atualização monetária, existe entendimento pacificado do Superior Tribunal de Justiça, no seguinte sentido: "Nada impede o beneficiário de abrir mão da correção monetária como forma de persuadir a parte contrária a manter o vínculo contratual. Dada a natureza disponível desse direito, sua supressão pode perfeitamente ser aceita a qualquer tempo pelo titular" (SUPERIOR TRIBUNAL DE JUSTIÇA, Agravo em Recurso Especial n. 446.001, Decisão Monocrática proferida pelo Ministro Relator Antônio Carlos Ferreira, julgado em 03.08.2015). A questão da atualização monetária está longe de ser pacífica: no próprio TJSP já houve dissenso a respeito da possibilidade de o plano não

recuperação judicial tornaria diminuto o nível de recuperabilidade dos créditos concursais e, em médio prazo, poderia trazer o efeito nefasto do encarecimento do crédito e agravamento das garantias solicitadas pelas instituições financeiras[378].

Ao realizar uma análise econômica do impacto dos sistemas de insolvência sobre o crédito, Alan Schwartz[379] afirmou que o nível de retorno

---

prever atualização monetária. Citam-se, exemplificativamente, dois julgados de relatoria do Desembargador Maia da Cunha, contendo entendimentos opostos a respeito do tema: (a) no julgamento do Agravo de Instrumento interposto contra a decisão que homologou o plano de recuperação proposto pela empresa Oncomed Farmacêutica Ltda., o desembargador entendeu que não havia qualquer retoque a ser feito no plano porque, apesar de não haver previsão de correção monetária e juros, tais fatores ostentam caráter patrimonial e, portanto, disponível (TJSP, Agravo de Instrumento n. 00067771-44.2012.8.26.0000, 1ª Câmara Reservada de Direito Empresarial, Relator Desembargador Maia da Cunha, julgado em 30.10.2012); (b) um semestre depois, no julgamento do Agravo de Instrumento oposto contra a decisão que homologou o plano de recuperação proposto pela empresa Sérgio Eduardo Sitolino Presidente Prudente ME, o Desembargador alterou seu entendimento, afirmando que juros e correção monetária devem obrigatoriamente estar previstos no plano de recuperação, sob pena de imputar ao credor perdas ainda maiores em razão dos longos prazos para pagamento. (TJSP, Agravo de Instrumento n. 0067771- 44.2013.8.26.0000, 1ª Câmara Reservada de Direito Empresarial, Relator Desembargador Maia da Cunha, julgado em 13.06.2013). Numa tentativa de dirimir esse conflito acerca da natureza jurídica do direito de atualização monetária de créditos, o Desembargador Pereira Calças do TJSP sustentou que a incidência de atualização monetária nos créditos submetidos à recuperação judicial é obrigatória, por força da Lei n.6.899/1981, que determina a aplicação da correção monetária aos débitos judiciais (TJSP, Agravo de Instrumento n. 0289541-80.2011.8.26.0000, 1ª Câmara Reservada de Direito Empresarial Relator Desembargador Pereira Calças, julgado em 31.07.2012).

[378] Apesar de já haver, pelo menos no que concerne ao TJSP, um entendimento consolidado a respeito da possibilidade de o juiz intervir no conteúdo do plano a respeito destes aspectos objetivos de tutela do crédito, tal intervenção é categorizada nos julgados da corte paulista como controle de legalidade e não, efetivamente, como controle de viabilidade. Em outras palavras, o fundamento decisório empregado é o "controle de legalidade", não se falando em análise de mérito ou em tutela efetiva do crédito.

[379] SCHWARTZ, op. cit., p. 64: "A bankruptcy system should function to maximize the return that creditors earn when firms are insolvent. The larger is this return, other things equal, the lower is the interest rate that creditors demand to lend. A lower interest rate is efficient for two related reasons. First, the set of economically viable projects that firms can pursue becomes larger as the interest rate falls. Second, the efficient effort that firms exert in pursuit of the projects that they do pursue is increasing as the interest rate falls. Therefore, from an economic point of view, bankruptcy system should be ranked according to their effectiveness in increasing creditor returns".

do crédito é um ótimo indicativo para se verificar o sucesso ou o insucesso desses sistemas, porque, quanto melhor o retorno, menor serão as taxas de juros praticadas nos mercados submetidos a esses sistemas. Segundo SCHWARTZ, a baixa taxa de juros tem dois aspectos relevantes: (i) aumenta o número de empreendimentos viáveis para as empresas; e (ii) aumenta a eficiência das empresas na busca dos resultados desses empreendimentos.

Neste ponto, vale aqui pontuar um alerta feito pela Profa. Paula Forgioni[380] a respeito de análises puramente econômicas refletidas no direito. Segundo ela, há um perigo em se traçar paralelos entre direito e economia, pelo fato de o Direito ser muito mais complexos e lidar com um número muito maior de variáveis.

Justamente por isso é que as vantagens da lei falimentar apontadas por SCHWARTZ devem ser balizadas também pelas vantagens trazidas pela manutenção da atividade produtiva. Assim, como bem anota Écio Perin Junior[381], o bom sistema falimentar não é só aquele que permite a melhor circulação do crédito, mas aquele que coordena essa boa circulação com a manutenção da empresa em crise:

> Dessa forma, nesse mesmo diapasão em que deve ser protegido o ambiente propício à concessão do crédito, deve ser preservada a empresa. Nesse sentido, no nosso pensar, essa talvez seja uma das grandes, complexas e paradoxais tarefas daqueles que se dedicam à aplicação do direito falimentar: encontrar uma fórmula capaz de proteger a possibilidade de concessão de crédito, eliminando agentes econômicos que colocam esta verdadeira instituição em risco, e, na mesma medida, buscar preservar a empresa, sob o ponto de vista de sua dimensão social.

Já nos primeiros anos de vigência da LRE, DE LUCCA[382] manifestou opinião no mesmo sentido:

---

[380] FORGIONI, Paula Andrea, Análise Econômica do Direito (AED): Paranóia ou Mistificação?, in Revista de Direito Mercantil, Industrial, Econômico e Financeiro, n. 139, São Paulo, Editora Malheiros, 2005, p. 254.

[381] PERIN JUNIOR, Écio, A dimensão social da empresa no contexto da nova legislação falimentar brasileira (Lei 11.101/2005) – Uma abordagem zetética, in Revista de Direito Mercantil, Industrial, Econômico e Financeiro, n. 142, São Paulo, Editora Malheiros, 2006, p. 167.

[382] DE LUCCA, 2005, op. cit., p. 210.

Torna-se indispensável que exista, portanto, uma real e inequívoca viabilidade econômica da empresa em dificuldade a fim de que se tenha um fundamento axiológico razoável para poder legitimar o cerceamento da reação legal daqueles cujos direitos foram conspurcados (...). Caso contrário, estar-se-á premiando, mais uma vez, as manobras cavilosas daqueles maus empresários que elegem, sem nenhum pundonor, a instituição do calote como a mais emblemática de suas vidas (...).

De forma sintética, a posição adotada por WARDE JUNIOR e PEREIRA, que visa à garantia de, pelo menos, parcela do crédito em aberto encontra respaldo no chamado teste de *best-interest-of-creditors*, que é regra consagrada na lei estadunidense[383] e estabelece que o plano poderá ser confirmado pelo juiz, se for verificado que o plano confere ao credor (inclusive os dissidentes) valor igual ou superior ao que receberia em caso de falência[384].

Ao analisar a figura do *best-interest-of-creditors test*, MUNHOZ[385] já havia salientado que, trata-se de um bom critério para a proteção das minorias dissidentes e de um bom parâmetro para a aferição de viabilidade da empresa, mas que é de difícil verificação porque pressupõe a realização de um comparativo entre o cenário criado pelo plano de recuperação e um eventual cenário de falência, que só é possível de ser realizado por meio de complexas projeções teóricas a respeito dos efeitos que tanto a recuperação quanto a falência trariam.

De qualquer forma, o que é importante salientar é: independente da complexidade da análise que deverá ser feita pelo magistrado para aferir a possibilidade de tutela do crédito, tal verificação deve ser conduzida, de

---

[383] Bankruptcy Code, Chapter 11, Subchapter II, § 1.129 [a][7][A]: "The court shall confirm a plan only if all of the following requirements are met: (...) with respect to each impaired class of claims or interests – (A) each holder of a claim or interest of such claim (i) has accepted the plan; or (ii) will receive or retain under the plan on account of such claim or interest property of a value, as of the effective date of the plan, that is not less than the amount that such holder would so receive or retain if the debtor were liquidated under chapter 7 of this title on such date".

[384] Analisando essa disposição da lei norte-americana, o juiz Daniel Carnio Costa comenta o seguinte: "Assegura-se, por exemplo, que o plano de recuperação seja justo e tenha sentido econômico, garantindo que os credores que foram contrários à sua aprovação (mesmo nas classes que aprovaram o plano) recebam ao menos o mesmo montante que receberiam em caso de decretação de falência" (COSTA, op. cit.).

[385] MUNHOZ, op. cit., p. 194.

modo que o plano de recuperação possibilite não só a manutenção da atividade empresarial, mas também a tutela efetiva do crédito, na medida em que não cabe à maioria dos credores[386] impor a uma minoria uma situação de adimplemento do crédito que seria pior do que aquela encontrada num cenário de realização e rateio de ativo.

3.4.2. Síntese crítica: controle judicial do equilíbrio de ônus

Sintetizando o acima exposto, para que se possa superar o dualismo pendular[387] que vem sendo criticado há décadas pela doutrina falimentar, há que se enxergar o instituto da recuperação judicial como um procedimento que busca, de forma concomitante, a tutela da empresa e do crédito e que, em razão disso, se pauta na divisão equilibrada de ônus entre os credores e a recuperanda.

Assim, a recuperação judicial deve ser concretamente utilizada de uma forma que beneficie tanto aos credores quanto à devedora, respeitando-se, por óbvio, as parcelas de prejuízo inerentes a um processo de mútuas concessões. É nesse sentido que enxerga Daniel Carnio Costa[388]:

> A recuperação judicial deve ser boa para o devedor, que continuará produzindo para pagamento de seus credores, ainda que em termos renegociados e compatíveis com sua situação econômica. Mas também deverá ser boa para os credores, que receberão os seus créditos, ainda que em novos termos e com a possibilidade de eliminação desse prejuízo no médio e longo prazo, considerando que a recuperanda continuará a negociar com seus fornecedores. Entretanto, não se pode perder de vista que tudo isso se faz em função do atingimento do benefício social e, portanto, só faz sentido se for bom para o interesse social. O ônus suportado pelos credores em razão da recuperação

---

[386] A respeito do princípio majoritário, há ainda que se ressaltar que os critérios majoritários da LRE são mistos, conforme anotado por Gerson Luiz Branco: "Mesmo o critério majoritário é misto, uma vez que ora a lei determina que será apurado pelo valor dos créditos, ora será apurado tendo em vista o número de credores que apoia determinada proposta, como é o caso dos créditos trabalhistas." (BRANCO, op. cit., p. 49). O problema desse critério misto é o fato de que a maioria pode ser obtida não pela maioria dos credores em conclave, mas por uma oligarquia de credores, com créditos de valor relevante, que impõe sua vontade sobre a coletividade de credores titulares de créditos menores.

[387] COMPARATO, op. cit. p. 95-105.

[388] COSTA, op. cit.

judicial só se justifica se o desenvolvimento da empresa gerar os benefícios sociais reflexos que são decorrentes do efetivo exercício dessa atividade.

Ainda sobre este tema, COSTA[389] aponta, em outro artigo publicado no mesmo periódico, que para que o "dualismo pendular" seja superado, é necessário que o foco da interpretação da LRE se volte ao atingimento da eficiência no sistema de cobrança, que seria uma forma legítima de se tutelar, ao mesmo tempo, o crédito, as partes e a eficácia do instituto:

> Assim, numa relação de crédito e débito, o foco da interpretação deve estar no atingimento da eficiência no sistema de cobrança, muito mais do que na proteção de credor ou devedor. Isso porque, por exemplo, se a lei cria proteções ao devedor, de modo a tornar instransponível a realização do crédito, o sistema perde eficácia e, nessa condição, deixará de ser utilizado pelos credores, que buscarão a realização de seu crédito através de sistemas alternativos, muitas vezes ilegítimos. E, se a ideia da lei ou do intérprete era proteger a dignidade do devedor, a implosão da eficácia do sistema vai, em última análise, prejudicar justamente o devedor, vez que num sistema ilegítimo (como a cobrança particular através de credores privados) o devedor não terá qualquer proteção. (...) Muito embora se observe que o pendulo legal oscilou entre credor e devedor durante a evolução do instituto, deve-se reconhecer que, nesse momento, esse pêndulo deve ser deslocado das partes para a realização eficaz da finalidade do próprio instituto.

Nesse contexto, ao juiz deve ser garantido o papel de avaliar se os ônus suportados pelos dois polos de interesses são equivalentes. Em outras palavras, cabe ao magistrado avaliar, caso a caso, o conteúdo dos planos de recuperação – não só em seus aspectos de estrita legalidade, mas também sob a ótica da viabilidade – de modo que seja possível aferir se a recuperação judicial é o meio adequado para, ao mesmo tempo, assegurar a preservação da empresa e a tutela do crédito, minimizando os impactos negativos na economia. Nesse sentido, é a brilhante observação do Prof. Newton De Lucca[390]:

---

[389] COSTA, Reflexões, op. cit.
[390] DE LUCCA, 2012, op. cit., p. 237.

Mais do que nunca torna-se imperiosa a noção de equilíbrio entre, de um lado, favorecer a manutenção da unidade produtiva, aceitando-se como naturais os revezes empresariais, e, de outro lado, proporcionar aos mutuantes a provável satisfação de seus créditos, de maneira tal que os conduza a sempre recolocá-los em circulação em benefício de toda a coletividade.

A respeito deste ponto, transcreve-se também o entendimento do Desembargador Maia da Cunha[391], da Primeira Câmara Reservada de Direito Empresarial do Tribunal de Justiça do Estado de São Paulo:

> Se o plano aprovado pela AGC depende de homologação judicial é porque é de ordem pública, o que obriga o juiz a observar, mais do que apenas a sua legalidade e constitucionalidade, a ética, a boa-fé, o respeito aos credores e a manifesta intenção de cumprir a meta de recuperação, sob pena de se transformar em instrumento ditatorial e deletério aos credores, infringindo todo o espírito formador da Lei 11.101/2005.

Para que tal análise seja feita, repisa-se, é necessário que o juiz se imiscua em matérias de viabilidade econômica e não fique restrito apenas ao atendimento de formalidades e de verificação negativa de ilicitudes na deliberação assemblear e no conteúdo do plano.

Isso porque, ao se limitar a atuação judicial a estes temas, estar-se-ia privando o Poder Judiciário de averiguar e julgar uma das maiores ilicitudes que se pode cogitar em matéria recuperacional, que é justamente o desrespeito aos objetivos da LRE, positivados no art. 47.

Partindo da premissa de que, do ponto de vista axiológico, a LRE é compatível com uma análise judicial de viabilidade do plano, a pergunta que se coloca a seguir é: teriam os juízes, do ponto de vista prático, aparato, conhecimento e interesse para adentrar em questões tão técnicas?

A nosso ver, a resposta a este questionamento é positiva pelos seguintes motivos: (i) na vigência da legislação falimentar anterior, os magistrados brasileiros exerceram um papel importantíssimo na adequação do sistema à nova realidade empresarial, conforme bem observado por

---

[391] TJSP, Agravo de Instrumento n. 0198440-25.2012.8.26.0000, Primeira Câmara Reservada de Direito Empresarial, Relator Desembargador Maia da Cunha, julgado em 11.12.2012.

Ricardo Tepedino[392] em obra já citada no capítulo de Panorama Histórico, mostrando conhecimento de causa e interesse na matéria; (ii) a experiência internacional mostra que em sistemas jurídicos que inspiraram a criação da LRE, principalmente o estadunidense[393], o magistrado tem atuação

---

[392] TEPEDINO, Ricardo, op. cit., p. 136. No mesmo sentido de Tepedino, são as afirmações feitas por Frederico Viana Rodrigues: "Se por um lado a morosidade do legislador fez com que tardasse o ingresso do instituto da recuperação da empresa em nosso ordenamento jurídico, por outro lado, permitiu, a uma, aos juízes e tribunais sensibilizarem-se, gradativamente, quanto à importância social da empresa, e, a duas, que a nova lei pudesse ser influencia pela evolução de regimes análogos do direito comparado. No que se refere ao primeiro ponto, a jurisprudência já vinha flexibilizando o rigor do Decreto-lei 7.661/1945, muitas vezes deixando de decretar a falência a despeito dos requisitos legais necessários para tanto, e concedendo concordatas mesmo quando não observadas todas as formalidades da lei. O ativismo judicial impôs-se como resposta ao laxismo do legislador, que nos privou da possibilidade de recuperar inúmeras células produtivas economicamente viáveis" (RODRIGUES, op. cit., p. 102).

[393] No regime recuperacional regido pelo Chapter 11 do Bankruptcy Code estadunidense, o juiz também tem a prerrogativa (ou melhor, o poder dever) de analisar a viabilidade do plano por meio de standards objetivos listados na sessão "confirmation of plan", que visam a, além de verificar a feasibility do plano, avaliar se o plano atende às regras de isonomia entre credores da mesma classe (relações horizontais) e de prioridade entre credores de classes diferentes (relações verticais). Conforme aponta MUNHOZ, o instituto da cram down da lei estadunidense institui justamente uma ferramenta para que o juiz, avaliando a viabilidade do plano e o tratamento dado por ele às relações verticais e horizontais, supere vetos impostos por credores e force a homologação do plano, desde que ele seja fair and equitable (do ponto de vista das relações verticais) e não gere unfair discrimination (considerando as relações horizontais). (MUNHOZ, Comentários, 2007, p. 290). Sobre este mesmo aspecto de análise de viabilidade do plano pelo magistrado norte-americano, vale a pena repisar a observação feita acima por Gabriel Buschinelli no sentido de que, diante da ocorrência de um voto abusivo negativo (de caráter obstrutivo), o magistrado nos EUA deve analisar a viabilidade do plano que foi rejeitado pelo credor em questão, de modo a averiguar se o interesse que baseou o voto de tal credor era legítimo (plano inviável que tornava a situação do credor pior do que seria num cenário de falência) ou ilegítimo (plano viável, consubstanciando metas factíveis, que foi vetado pelo credor porque a falência da devedora traria benefícios outros que não a mera recuperação do crédito) (BUSCHINELLI, op. cit., p. 149). Ainda sobre este ponto, Kenneth Klee publicou em 1979 um importante artigo no qual o autor enumera 14 exemplos de situações que podem estar previstas em planos de recuperação que, apesar de terem sido rejeitados por uma classe, não podem ser objeto de cram down judicial pelo fato de não preencherem os requisitos de fair and equitable e gerarem unfair discrimination. Vê-se, portanto, que o cram down estadunidense pressupõe uma análise judicial rigorosa a respeito do conteúdo do plano submetido à votação em assembleia (KLEE, Kenneth N., op. cit., p. 146-171).

voltada para análise de viabilidade[394] da empresa em crise, contando, inclusive, com a assistência de experts[395]; e (iii) em comarcas onde a atividade comercial é mais pujante, como São Paulo – SP e Curitiba – PR, a tendência é que haja cada vez mais especialização entre os magistrados, de modo a serem criadas (ou expandidas) as varas dedicadas a matéria falimentar.

Em suma, entendemos que a visão esposada pelos autores referidos neste capítulo está mais adequada à nova realidade do Direito Comercial, pautado na função social da empresa, na tutela de interesses que superam o empresário, e na alocação eficiente dos meios de produção.

A posição destes autores é também, a nosso ver, mais próxima de um cenário de efetividade do instituto da recuperação judicial, pois o enxerga como um mecanismo no qual (a) os credores têm liberdade negocial para estruturar, juntamente com a recuperanda, os meios e condições para a superação da crise; e (b) o juiz, ao mesmo tempo, tem instrumentos para

---

[394] A respeito da análise de viabilidade do plano de corporate reorganization pelo magistrado estadunidense, Marie Mariscalco afirma que ela gira em torno da boa-fé da devedora em utilizar o benefício recuperacional para se reerguer propriamente, e não para evitar o adimplemento de suas obrigações. Nesse sentido, o plano viável (proposto de boa-fé) é aquele que oferece chances razoáveis de sucesso e não representam um "esquema visionário": "A Chapter 11 reorganization gives debtors an opportunity to restructure the repayment of their debts while remaining in control of their business or property in order to generate the revenues necessary to pay creditors. If the requirement of good faith in 11 U.S.C. §1129(a)(3) is not met, courts will not confirm a reorganization. Good faith is lacking when the underlying purpose of reorganization is not to rehabilitate the debtor, but to avoid obligations and the best interest of creditors. A reorganization plan must also meet the feasibility requirement in 11 U.S.C. § 1129(a)(11). This requirement ensures that a plan offers a reasonable prospect of success and is not just a 'visionary scheme'." (MARISCALCO, Marie P. Recent development in bankruptcy law: reorganization – Chapter 11. HeinOnline – 1 Bankr. Dev. J. p. 371, 1984, HeinOnline. Disponível em: http://heinonline.org/HOL/LandingPage?collection=journals&handle=hein.journals/bnkd2&div=4&id=& pag e=, acesso em 18.08.2015).

[395] Importante notar que nos Estados Unidos, o plano submetido ao juiz para avaliação é anteriormente estudado pelo corpo técnico da SEC – Securities Exchange Comission, cujo parecer a respeito da viabilidade do plano e de seu tratamento aos credores é geralmente tido como decisivo no convencimento do juiz do caso. No Brasil, a entidade governamental com papel semelhante ao da SEC é a Comissão de Valores Mobiliários – CVM, que não tem qualquer papel institucional voltado à LRE.

avaliar se os resultados dessa negociação satisfazem os interesses tutelados pela lei[396].

O que essa vertente doutrinária busca, portanto, é a adequação dos mecanismos interpretativos da LRE, para que se dê ao magistrado o poder de, superando as disposições assembleares, rejeitar a concessão dos benefícios da recuperação a empresas (e planos) nitidamente inviáveis ou, *contrario sensu*, a conceder a recuperação a empresas (e planos) que atendam ao arcabouço teleológico da lei.

Vê-se, portanto, que essa corrente doutrinária enxerga de forma coordenada os objetivos da LRE e propõe instrumentos objetivos para que se supere o pêndulo "soberania do juiz" versus "soberania dos credores".

A nosso ver, essa corrente interpretativa dos sistemas de aprovação do plano de recuperação judicial não representa uma violação à LRE, mas sim uma forma de coordenar seu aparato principiológico com suas ferramentas processuais. A importância de tal coordenação já havia sido levantada pelo Prof. Calixto Salomão[397], no início da vigência da LRE;

> (...) em matéria de recuperação de empresa, essa conjugação de elementos materiais e procedimentais no sentido de preservação da empresa é imperiosa.

Em síntese, como afirmado por Sheila Cerezetti[398], interpretações como a ora discutida não visam à criação de novas regras, mas buscam uma coerência entre a base de princípios estabelecida pela LRE e os seus mecanismos práticos, de modo a tornar a recuperação um instituto que, além de ter objetivos louváveis, disponha de meios de implementá-los.

---

[396] Uma afirmação que sintetiza esse entendimento foi feita pelo Desembargador Jorge Luiz Lopes do Canto, do Tribunal de Justiça do Rio Grande do Sul: "Ressalte-se que cabe ao Judiciário aferir sobre a regularidade do processo decisório da Assembleia de Credores, se esta foi realizada de forma adequada e foram atendidos os requisitos legais necessários para tanto, levando-se em consideração, ainda, a viabilidade econômica de a empresa cumprir o plano ajustado, ou mesmo se há a imposição de sacrifício maior aos credores, para só então proferir decisão concedendo ou não a recuperação judicial à empresa (...)." (TJRS, Agravo de Instrumento n. 70063238133, 5ª Câmara cível, Relator Desembargador Jorge Luiz Lopes do Canto, julgado em 25.03.2015).
[397] SALOMÃO FILHO, Calixto, Prefácio, in Comentários à Lei de Recuperação de Empresas e Falência, SOUZA JUNIOR, Francisco Satiro de (coord.); PITOMBO, Antônio Sérgio A. de Moraes (coord.), 2ª edição, Editora Revista dos Tribunais, São Paulo, 2007, p. 50.
[398] CEREZETTI, A Recuperação, op. cit., p. 425.

4.
Conclusão

No curso deste trabalho foram analisadas as condições para a intervenção do juiz ao longo do procedimento de recuperação judicial. Cabe assim, recapitular as principais conclusões obtidas ao longo do trabalho para, ao final, tecer as últimas considerações.

4.1. Principais conclusões
4.1.1. Panorama da LRE

Pela análise (i) do contexto histórico em que foi publicada a LRE; e (ii) de seu panorama jurídico, aqui compreendidos os estudos (ii.a) da natureza jurídica do instituto da recuperação e (ii.b) dos princípios que enformam o instituto recuperacional, foi possível concluir que, ao contrário das legislações que a antecederam, a LRE trouxe um instituto, a recuperação judicial, cujos objetivos não são meramente paliativos, mas buscam a "cura" da crise econômico-financeira da empresa, por meio de um procedimento de cooperação entre a devedora e os credores, superando-se o dualismo pendular, por tanto tempo criticado pela doutrina especializada no assunto.

Concluiu-se que a recuperação judicial, ao buscar a tutela de múltiplos interesses, representa uma ferramenta de implementação de um mercado mais próspero, nas quais as crises possam ser contornadas por meio de procedimentos voltados à técnica econômica (e não ao preenchimento de requisitos estanques e distantes da realidade empresarial), e baseados nas noções de concessão mútua e prejuízo compartilhado.

Para a operacionalização de tal ferramenta, a LRE concedeu poderes negociais à devedora e aos credores, que não podem ser entendidos como reflexos de uma autonomia privada absoluta, até porque, em sua concepção moderna, a autonomia privada é necessariamente limitada pela lei (aqui entendida como normas positivadas e princípios gerais) e pela interpretação que os aplicadores da lei (juízes e autoridades administrativas) atribuem a ela, na análise dos casos concretos.

Assim, o estudo do panorama da LRE permitiu alcançar-se a conclusão de que aos credores e à recuperanda foi dado o poder de negociar os meios de recuperação, ao passo de que ao magistrado foi dado o poder-dever de supervisão, devendo o Poder Judiciário atuar no sentido de (i) assegurar um ambiente favorável à negociação dos meios de recuperação entre a devedora e os seus credores; e (b) verificar se o resultado das negociações mantidas no bojo da recuperação judicial atende aos pressupostos do ordenamento como um todo e, em específico, da LRE.

4.1.2. A atuação do juiz na recuperação judicial

Fixada a premissa de que a autonomia privada, que foi concedida pela LRE à devedora e aos credores, não exclui a possibilidade/necessidade de apreciação judicial dos atos realizados no curso da recuperação judicial, foram analisadas as principais hipóteses de atuação positiva do juiz, podendo ser elas dividas em (i) atuação na fase postulatória da recuperação; e (ii) atuação na fase de deliberação e aprovação do plano de recuperação.

No que diz respeito à fase postulatória, concluiu-se pela necessidade de uma análise judicial acurada da petição inicial e dos documentos apresentados pela recuperanda, porque o deferimento do processamento da recuperação judicial não é direito subjetivo das peticionárias e, em razão dos muitos efeitos e custos sociais que gera, somente pode ser concedido pelo magistrado nas hipóteses em que a peticionária lograr demonstrar, mesmo que perfunctoriamente, sua viabilidade econômica e capacidade de superação da situação de crise.

Quanto à fase de deliberação e aprovação do plano de recuperação judicial, concluiu-se, com base nos apontamentos da doutrina e da jurisprudência, que o magistrado tem o poder-dever de avaliar as votações assembleares e o conteúdo dos planos em três níveis, quais sejam: (i) o controle de legalidade estrita, no qual será verificada a observância dos requisitos formais impostos pela LRE à realização da assembleia, e das limitações legais impostas ao conteúdo dos planos; (ii) o controle de legalidade material (ou de juridicidade), no qual o magistrado verificará se o plano de recuperação judicial (ii.a) preenche os requisitos de validade dos atos jurídicos em geral e (ii.b) não ofende os princípios norteadores do ordenamento como um todo, tais como a boa-fé, a probidade, a lealdade e a isonomia; e, finalmente (iii) o controle de viabilidade, por meio do qual o magistrado avaliará, com base em critérios objetivos, se o plano levado à deliberação da assembleia, atende aos princípios trazidos pela própria LRE, em especial, a possibilidade de recuperação da empresa e a tutela institucional do crédito.

4.2. Considerações finais

Sob o ponto de vista teórico, este trabalho buscou demonstrar que a preocupação da LRE de se garantir um ambiente favorável para o exercício da autonomia privada da empresa em crise e de seus credores, na negociação dos meios de saneamento da crise, não implica em afastamento das funções jurisdicionais dos magistrados, especialmente em razão do fato de a recuperação judicial ser um instituto baseado nos cânones do moderno de Direito Comercial, voltado à tutela do mercado – e dos múltiplos interesses nele inseridos – e não mais do empresário individualmente considerado.

Dessa forma, buscou-se a construção de um arcabouço teórico que sustentasse a premissa de relação dialética entre as partes da recuperação e o Poder Judiciário. Em outras palavras, buscou-se uma síntese entre os objetivos traçados na LRE e as suas ferramentas procedimentais, para se escapar dos maniqueísmos, muito comuns na doutrina, que oram pendem para teorias de absolutismo dos credores, e ora flertam com concepções processualistas, que, caso fossem implementadas, desvirtuariam o instituto recuperacional, aproximando-o da concordata e de todos os seus problemas.

Construída a base teórica, este trabalho buscou abordar, com grande apoio na jurisprudência nacional, os problemas práticos que vem sendo enfrentados nas ações de recuperação, de modo a categorizá-los dentro dos três níveis de intervenção judicial acima citados. Dessa forma, tentou-se demonstrar que há fundamento dogmático para uma atuação judicial na recuperação, desde que tal atuação esteja pautada na concretização dos preceitos da Lei e dos princípios gerais de direito.

Em síntese, o que se buscou por meio deste trabalho foi a comprovação dos fundamentos teóricos e práticos da possibilidade e da necessidade de atuação judicial para a garantia e implementação dos objetivos traçados pela LRE.

REFERÊNCIAS

Doutrina

ABBAGNANO, Nicola, **Dicionário de Filosofia**, São Paulo, Martins Fontes, 2000.

ABRÃO, Nelson, **O Novo Direito Falimentar: Nova Disciplina Jurídica da Crise Econômica da Empresa**, São Paulo, Editora Revista dos Tribunais, 1985.

---., **Curso de Direito Falimentar**, São Paulo, Editora Revista dos Tribunais, 1993

ALMEIDA, Amador Paes de, **Curso de Falência e Recuperação de Empresa**, São Paulo, Editora Saraiva, 2006.

AMORIM, Pedro Henrique Vizotto, Análise de julgado: o conflito entre a supremacia dos preceitos constitucionais, principiológicos e legais e a soberania da Assembleia Geral de Credores na recuperação judicial, in **Revista de Direito Bancário e do Mercado de Capitai**s, ano 16, nº 59, janeiro-março de 2013, p. 407-424.

AYOUB, Luiz Roberto; CAVALI, Cássio, **A Construção Jurisprudencial da Recuperação Judicial de Empres**as, Rio de Janeiro, Editora Forense, 2013.

AZEVEDO, Antônio Junqueira de, **Negócio Jurídico: existência, validade e eficácia**, 4ª edição, São Paulo, Saraiva, 2002.

BANCO MUNDIAL, *Principles and Guidelines for Effective Insolvency and Creditor Rights Systems*, **in Revista de Direito Mercantil, Industrial, Econômico e Financeiro**, v. 122, p. 75-167.

BARROS NETO, Geraldo Fonseca de, **Aspectos Processuais da Recuperação Judicial**, Editora Conceito, Florianópolis, 2014.

BATISTA, Carolina Soares João; CAMPANHA FILHO, Paulo Fernando; MIYAZAKI, Renata Yumi; CEREZETTI, Sheila Cristina Neder, *A prevalência da vontade da Assembleia Geral de Credores em questão: o Cram Down e a apreciação judicial do plano aprovado por todas as classes*, in **Revista de Direito Mercantil, Industrial, Econômico e Financeiro**, nº 143, junho-setembro de 2006, São Paulo, p. 202-243.

BEDAQUE, José Roberto dos Santos, **Direito e processo: influência do direito material sobre o processo**, 3ª ed, São Paulo, Malheiros, 2003.

---., **Poderes instrutórios do juiz**, 3 edição, São Paulo, Revista dos Tribunais, 2001.

BENETI, Sidnei Agostinho, in PAIVA, Luiz Fernando Valente de (coord.), **Direito Falimentar e a Nova Lei de Falências e Recuperação de Empresas**, São Paulo, Quartier Latin, 2005..

BERTOLDI, Marcelo; RIBEIRO, Márcia Carla Pereira, **Curso Avançado de Direito Comercial**, 4ª edição, São Paulo, Editora Revista dos Tribunais, 2008.

BEZERRA FILHO, Manoel Justino, **Nova Lei de Recuperação e Falências com**entada, 3ª edição, Editora RT, São Paulo, 2005.

---., **Lei de Recuperação de empresas e falência: Lei 11.101/2005 comentada artigo por artigo**, 7ª edição, São Paulo, Editora Revista dos Tribunais, 2011.

BOBBIO, Norberto, **Dalla struttura alla funzione**, Milano, Edizioni di Comunità, 1977.

BRANCO, Gerson Luiz Carlos, **O poder dos credores e o poder do juiz na falência e na recuperação judicial**, Revista dos Tribunais, n.936, São Paulo, outubro de 2013, p.45.

BUSCHINELLI, Gabriel Saad Kik, **Abuso do Direito de Voto na Assembleia Geral de Credores**, dissertação de mestrado, Faculdade de Direito da USP, São Paulo, mimeo, 2013.

CAMPINHO, Sérgio, **Falência e Recuperação de Empresa: O Novo Regime da Insolvência Empresarial**, 7ª edição, Rio de Janeiro, Renovar, 2015.

CAMPOS FILHO, Moacyr Lobato de, **Falência e Recuperação Judicial**, Belo Horizonte, Editora Del Rey, 2007.

CARVALHOSA, Modesto, Comentários, in CORREA-LIMA, Osmar Brina, CORREA-LIMA, Sérgio Mourão (coord.), **Comentários à Nova Lei de Falência e Recuperação de Empresas**, Rio de Janeiro, Forense, 2009, p. 253 e ss.

CEREZETTI, Sheila Christina Neder, **A Recuperação Judicial de Sociedade por Ações – O princípio da Preservação da Empresa na Lei de Recuperação e Falência**, São Paulo, Editora Malheiros, 2012.

---., *As Classes de Credores como Técnica de Organização de Interesses: em Defesa da Alteração da Disciplina das Classes na Recuperação Judicial*, in SOUZA JUNIOR, Francisco Satiro de, TOLEDO, Paulo Fernando Campos Salles de, **Direito das Empresas em Crise: problemas e soluções**, São Paulo, Quartier Latin, 2012, p. 367-388.

---., *O passo seguinte ao Enunciado 57: em defesa da votação nas subclasses*, **Revista Comercialista da FADISP**, ano 4, volume 13, Edição especial – Direito das Empresas em Crise, São Paulo, 2015, p. 24-27.

CINTRA, Antonio Carlos de Araújo, DINAMARCO, Cândido Rangel, GRINOVER, Ada Pellegrini, **Teoria Geral do Processo**, 24ª edição, Editora Malheiros, São Paulo, 2008.

COELHO, Fábio Ulhoa, **Curso de Direito Comercial**, volume 3, 11ª Edição, São Paulo, Saraiva, 2012.

REFERÊNCIAS

----., **Comentários à Lei de Falências e de recuperação de empresas**, 8ª edição, São Paulo, Editora Saraiva, 2011.

COMPARATO, Fábio Konder, **Aspectos Jurídicos da Macro Empresa**, Editora Revista dos Tribunais, São Paulo, 1970.

----., *Perfis da empresa – Alberto Asquini, profilli dell'impresa*, in **Rivista Del Diritto Commerciale**, 1943, v. 41, I, (tradução), in Revista de Direito Mercantil, Industrial, Econômico e Financeiro, São Paulo, v. 35, nº 104, outubro-dezembro de 1996, p. 109/126.

CORDEIRO, Antônio Menezes, **Manual de Direito Comercial**, volume 1, Editora Almedina, Coimbra, 2003.

COSTA, Daniel Carnio, *Reflexões sobre Recuperação Judicial de Empresas: Divisão Equilibrada de Ônus e Princípio da Superação do Dualismo Pendular*, in **Revista do Instituto Brasileiro de Administração Judicial – IBAJUD**, 20 de março de 2014.

----., *Princípio da Divisão Equilibrada de Ônus na Recuperação Judicial*, in **Revista do Instituto Brasileiro de Administração Judicial – IBAJUD**, março de 2014.

DE LUCCA, Newton, **Comentários à Nova Lei de Recuperação de Empresas e de Falências**. (coordenação de Adalberto Simão Filho), Editora Quartier Latin, São Paulo, 2005.

----., *Abuso de Direito de Voto do credor na assembleia geral de credores prevista nos arts. 35 a 46 da Lei 11.101/2005*, in **Direito Recuperacional II – Aspectos Teóricos e Práticos**, DE LUCCA, Newton; DOMINGUES, Alessandra de Azevedo; e ANTONIO, Nilva Maria Leonardi (coords.), São Paulo, Editora Quartier Latin, 2012.

DIDIER JUNIOR, Fredie; ZANETI JUNIOR, Hermes, **Curso de Direito Processual Civil**, volume 4, Salvador, Editora Juspodivm, 2009.

DINAMARCO, Cândido Rangel, **Instituições de Direito Processual Civil**, volume I, 7ª edição, São Paulo, Editora Malheiros, 2013.

----., **Instituições de Direito Processual Civil**, volume II, 6 edição, São Paulo, Editora Malheiros, 2009.

DINIZ, Maria Helena, **As lacunas do Direito**, São Paulo, Editora Saraiva, 2007.

DUARTE, Henrique Vaz, **Questões sobre Recuperação e Falência**, Coimbra, Almedina, 2004.

ESTEVEZ, André Fernandes, *A Assembleia-Geral de Credores no Direito Brasileiro: Razões para a Criação da Concordata-Sentença no Decreto-Lei nº 7.661/1945*, in **Revista de Direito Empresarial**, nº 36, janeiro-fevereiro de 2014, p. 65-77.

FERNANDES, Jean Carlos, *Reflexões sobre a nova lei falimentar: os efeitos da homologação do plano de recuperação extrajudicial*, in **Revista de Direito Mercantil, Industrial, Econômico e Financeiro**, n. 141, São Paulo, Editora Malheiros, p. 182-183.

FERRAZ JUNIOR, Tercio Sampaio, **Introdução ao Estudo do Direito – Técnica, decisão, dominação**, 5a edição, São Paulo, Editora Atlas, 2007.

Ferreira, Waldemar, **Tratado de Direito Comercial: o Estudo da Falência e da Concordata**, v. 15, São Paulo, Saraiva, 1966.

Fiuza, César, **Direito civil: curso completo**, 6. Ed., Belo Horizonte, Editora Del Rey, 2003.

Forgioni, Paula Andrea, *Análise Econômica do Direito (AED): paranoia ou mistificação*, in **Revista de Direito Mercantil, Industrial, Econômico e Financeiro**, São Paulo, v. 54, nº 139, julho-setembro de 2005, p. 243-256.

----., **O Direito Comercial Brasileiro: Da Mercância ao Mercado**, Tese apresentada para o concurso de Professor Titular de Direito Comercial da Faculdade de Direito da Universidade de São Paulo, São Paulo, 2008.

França, Erasmo Valladão Azevedo e Novaes, *Comentários*, in Souza Junior, Francisco Satiro, Pitombo, Antônio Sérgio de Moraes (coord.), **Comentários à Lei de Recuperação de Empresas e Falência**, São Paulo, RT, 2007, p. 186-217.

França, Rubens Limongi, **Hermenêutica Jurídica**, 12ª edição, São Paulo, Editora Revista dos Tribunais, 2014.

Franco, Vera Helena de Mello, Sztajn, Rachel, **Falência e Recuperação da Empresa em Crise – Comparação com as Posições do Direito Europeu**, Rio de Janeiro, Elsevier, 2008.

Frontini, Paulo Salvador, *Do estado do falido: sua configuração – inovações da nova lei de recuperação e falência*, in **Revista de Direito Mercantil, Industrial, Econômico e Financeiro**, São Paulo, Malheiros, v. 44, n. 138, p. 7-24, abr/jun 2005

Ferreira, Waldemar, **Tratado de Direito Comercial: o Estudo da Falência e da Concordata**, v. 15, São Paulo, Saraiva, 1966.

Gardino, Adriana Valéria Pugliesi, **A Evolução do Tratamento Jurídico da Empresa em Crise no Direito Brasileiro**, dissertação de mestrado, Faculdade de Direito da USP, São Paulo, mimeo, 2006.

----., **Direito Falimentar e preservação da empresa**, São Paulo, Quartier Latin, 2013.

Gerdes, John, *General Principles of Plans of Corporate Reorganization*, **University of Pennsylvania Law Review**, November, 1940.

Gomes, Orlando, *A caminho dos microssistemas*, in **Novos temas de Direito Civil**, Rio de Janeiro, Editora Forense, 1983.

Grau, Eros Roberto, **Ensaio e Discurso sobre a Interpretação/Aplicação do Direito**, São Paulo, Malheiros, 2002.

Leães, Luiz Gastão Paes de Barros, **Estudos e pareceres sobre sociedades anônimas**, Revista dos Tribunais, 1989.

Lisboa, Marcos de Barros et all., *A Racionalidade Econômica da Nova Lei de Falências e de Recuperação de Empresas*, in Paiva, Luiz Fernando Valente de (coord.), **Direito Falimentar e a Nova Lei de Falências e Recuperação de Empresas**, São Paulo, Quartier Latin, 2005, p. 29-60.

REFERÊNCIAS

LOBO, Arthur Mendes; NETTO, Antônio Evangelista de Souza, *Nulidades no processo de recuperação judicial*, in **Revista de Processo – RePro**, n. 237, 2014.

LOBO, Jorge, **Comentários**, in TOLEDO, Paulo Fernando Campos Salles de, ABRÃO, Carlos Henrique (coord.), **Comentários à Lei de Recuperação de Empresas e Falências**, São Paulo, Saraiva, 2012.

MAMEDE, Gladston, **Direito empresarial brasileiro – Falência e Recuperação de empresas**, 2. Edição, São Paulo, Editora Atlas, 2008.

MARTINS, Glauco Alves, **A Recuperação Extrajudicial**, São Paulo, Editora Quartier Latin, 2012.

MEDINA, José Miguel Garcia, HUBLER, Samuel, *Juízo de admissibilidade da ação de recuperação judicial – Exposição das razões da crise econômico-financeira e demonstração perfunctória da viabilidade econômica*, in **Revista de Direito Bancário e do Mercado de Capitais**, Editora RT, ano 17, volume 63, p. 131-147.

MELLO, Marcos Bernardes de, **Teoria do Fato Jurídico – Plano da Validade**, 9ª edição, São Paulo, Editora Saraiva, 2009.

MIRANDA, Francisco Cavalcanti Pontes de, **Tratado de Direito Privado**, volume 30, Rio de Janeiro, Editora Borsoi, 1960.

MOREIRA, Alberto Camiña, *Poderes da Assembleia de Credores, do Juiz e atividade do Ministério Público*, in **Direito Falimentar e Nova Lei de Falências e Recuperação de Empresas**, coordenação de Luiz Fernando Valente de Paiva, São Paulo, Quartier Latin, 2005, p.248 e ss.

MOREIRA, José Carlos Barbosa, *Por um processo socialmente efetivo*, in **Temas de Direito Processual**, oitava série, São Paulo, Saraiva, 2004.

MUNHOZ, Eduardo Secchi, *Comentários*, in SOUZA JUNIOR, Francisco Satiro, PITOMBO, Antônio Sérgio de Moraes (coord.), **Comentários à Lei de Recuperação de Empresas e Falência**, São Paulo, RT, 2007, p. 270-319.

―――., *Anotações sobre os Limites do Poder Jurisdicional na Apreciação do Plano de Recuperação Judicial*, in **Revista de Direito Bancário e do Mercado de Capitais**, ano 10, nº 36, abril-junho de 2007, p. 184-199.

NOGUEIRA, Ricardo José Negrão, **A Eficiência do Processo Judicial na Recuperação de Empresa**, São Paulo, Editora Saraiva, 2010.

PACHECO, José da Silva, **Processo de Recuperação Judicial, Extrajudicial** e Falência, 3 edição, Rio de Janeiro, Editora Forense, 2009.

PAIVA, Luiz Fernando Valente de, *Aspectos relevantes do instituto da recuperação judicial e necessária mudança cultural*, in **Recuperação de Empresas. Uma Múltipla Visão da Nova Lei**, OLIVEIRA, Fátima Bayma de (coord.), São Paulo, Editora Pearson Prentice Hall, 2006.

PENTEADO, Mauro Rodrigues, *Comentários*, in SOUZA JUNIOR, Francisco Satiro, PITOMBO, Antônio Sérgio de Moraes (coord.), **Comentários à Lei de Recuperação de Empresas e Falência**, São Paulo, RT, 2007, p. 57-143.

Perin Junior, Écio, *Dimensão social da preservação da empresa no contexto da nova legislação falimentar brasileira (lei 11.101/2005). Uma abordagem zetética*, in **Revista de Direito Mercantil, Industrial, Econômico e Financeiro**, nº 142, abril- junho de 2006.

Pimenta, Eduardo Goulart, *Recuperação judicial de empresas, Cram Down e voto abusivo em Assembleia Geral de Credores – Estudo de casos*, in **Revista de Direito Empresarial**, ano 10, nº 1, janeiro-abril de 2013, p. 129-144.

Proença, José Marcelo Martins, *Os Novos Horizontes do Direito Concursal – Uma Crítica ao Continuísmo Prescrito pela Lei 11.101/2005*, in De Lucca, Newton, Domingues, Alessandra de Azevedo, Antonio, Nilva M. Leonardo, **Direito Recuperacional – volume 2 – Aspectos Teóricos e Práticos,** São Paulo, Quartier Latin, 2012, p. 179-206.

Requião, Rubens, *A crise do direito falimentar brasileiro – reforma da Lei de Falências*, in Revista de Mercantil, Industrial, Econômico e Financeiro, vol. 14, 1974, p. 23-33.

----., **Curso de Direito Falimentar**, 2º volume, Saraiva, 1995.

Restiffe, Paulo Sérgio, **Recuperação de Empresas**, Barueri, Manole, 2008.

Rodrigues, Frederico Viana, *Reflexões sobre a viabilidade econômica da empresa no novo regime concursal brasileiro*, in **Revista de Direito Mercantil, Industrial, Econômico e Financeiro**, v. 44, n. 138, São Paulo, Editora Malheiros, abr/jun de 2005.

Roppo, Enzo, **O Contrato**, Coimbra, Ana; Gomes, M. Januário C. (trad.), Coimbra, Editora Almedina, 2009, p.125-168.

Roque, Sebastião José, **Direito de Recuperação de Empresas,** São Paulo, Editora Ícone, 2005.

Salles, Daniel J. P. de C., *O controle judicial sobre a homologação do plano de recuperação judicial*, in **Revista de Direito Empresarial – RDEmp**, Belo Horizonte, ano 11, n. 1, p. 219-238, jan./abr. 2014.

Salomão Filho, Calixto, *Prefácio*, in **Comentários à Lei de Recuperação de Empresas e Falência**, Souza Junior, Francisco Satiro de (coord.); Pitombo, Antônio Sérgio A. de Moraes (coord.), 2ª edição, Editora Revista dos Tribunais, São Paulo, 2007.

Salomão, Luis Felipe; Santos, Paulo Penalva, **Recuperação Judicial, extrajudicial e falência: teoria e prática**, Rio de Janeiro, Editora Forense, 2012

Santos, Welder Queiroz dos, *As formas de aprovação do plano de recuperação de recuperação judicial*, in **Revista de Direito Empresarial**, Curitiba, n. 13, jan./jun. 2010, p. 97-123.

Schwartz, Alan, *The Law and economics approach to corporate bankruptcy*, in **Revista de Direito Bancário e do Mercado de Capitais,** ano 10, nº 36, abril-junho de 2007, p. 55-80.

Silva, Rodney Malveira da, **Hermenêutica Contratual**, São Paulo, Editora Atlas, 2011.

Simão Filho, Adalberto, *Interesses transindividuais dos credores nas Assembleias Gerias e Sistemas de Aprovação do Plano de Recuperação Judicial*, in **Direito Recuperacional – Aspectos Teóricos e Práticos**, De Lucca, Newton; Domingues, Alessandra de Azevedo (coords.), São Paulo, Editora Quartier Latin, 2009, p. 32-65.

REFERÊNCIAS

SIMIONATO, Frederico Augusto Monte, *A Disciplina da Reorganização da Empresa em Crise Econômica no Projeto de Lei Concursal*, in **Revista de Direito Mercantil, Industrial, Econômico e Financeiro,** n. 111, Editora Malheiros, 1998, p. 138-156.

----., **Tratado de Direito Falimentar**, Rio de Janeiro, Editora Forense, 2008.

SOUZA JUNIOR, Francisco Satiro de, PITOMBO, Antônio Sérgio de Moraes (coord.), **Comentários à Lei de Recuperação de Empresas e Falência**, São Paulo, RT, 2007.

----., Autonomia dos Credores na Aprovação do Plano de Recuperação Judicial, in CASTRO, Rodrigo Rocha Monteiro de, WARDE JUNIOR, Walfrido Jorge, GUERREIRO, Carolina Dias Tavares (coord.), **Direito Empresarial e outros estudos de Direito em homenagem ao Professor José Alexandre Tavares Guerreiro**, São Paulo, Quartier Latin, 2013.

SZTAJN, Rachel, *Da recuperação judicial*, in SOUZA JUNIOR, Francisco Satiro, PITOMBO, Antônio Sérgio de Moraes (coord.), **Comentários à Lei de Recuperação de Empresas e Falência**, 2ª edição, São Paulo, RT, 2007, p. 219-269.

----.; **Comentários à Lei de Recuperação de Empresas e Falência**, TOLEDO, Paulo Fernando Campos Salles de; ABRÃO, Carlos Henrique (coords.), 2ª edição, São Paulo, Saraiva, 2007.

TADDEI, Marcelo Gazzi, in **Direito Processual Empresarial: estudos em homenagem ao professor Manoel de Queiroz Pereira Calças**, BRUSCHI, Gilberto Gomes (coord.), Rio de Janeiro, Editora Elsevier, 2012, p. 452-489.

TEPEDINO, Ricardo, A *recuperação da empresa em crise diante do Decreto-lei 7.661/1945)*, in **Revista de Direito Mercantil, Industrial, Econômico e Financeiro,** nº 128, outubro-dezembro de 2002.

THEODORO JÚNIOR, Humberto, *Comentário ao art. 187*, in **Comentários ao Novo Código Civil**, TEIXEIRA, Sálvio de Figueiredo, volume III, tomo II, Rio de Janeiro, Editora Forense, 2003.

TOLEDO, Paulo Fernando Campos Salles de, *A disciplina jurídica das empresas em crise no Brasil: Sua Estrutura Institucional*, in, nº 122, abril-junho de 2001, p.168-172.

----., *Recuperação Judicial – Sociedades Anônimas – Debêntures – Assembleia Geral de Credores – Liberdade de Associação – Boa-fé Objetiva – Abuso de Direito – Cram Down – Par Condicio Creditorum*, in **Revista de Direito Mercantil, Industrial, Econômico e Financeiro,** vol. 142, 2006, p. 263-281.

----., *A Preservação da Empresa, mesmo na falência*, in **Direito Recuperacional – Aspectos Teóricos e Práticos,** DE LUCCA, Newton; DOMINGUES, Alessandra de Azevedo (coords.), São Paulo, Quartier Latin, 2009, p. 518-533.

----., *O plano de recuperação judicial e o controle de legalidade*, in **Revista de Direito Bancário e do Mercado de Capitais,** ano 16, nº 60, abril-junho de 2013, p. 307-326.

VALVERDE, Trajano de Miranda, *Justificação do ante-projeto de lei de falências*, in **Revista Forense,** Rio de Janeiro, nº 81, p. 239-249, 1940.

----., **Comentários à Lei de Falências**, v. 3, São Paulo, Forense, 2000, p. 221-230.

VASCONCELOS, Ronaldo, **Direito Processual Falimentar – De Acordo com a Lei 11.101, de 09 de fevereiro de 2005**, São Paulo, Quartier Latin, 2008.

----., *Nova disciplina jurídica das empresas em crise: análise do direito falimentar e de recuperação de empresas à luz do movimento de "Law & Economics"*, in PEREIRA, Guilherme Teixeira, **Direito Societário em Empresarial: reflexões jurídicas**, São Paulo, Quartier Latin, 2009, p. 249-278.

WARDE JUNIOR, Walfrido Jorge; PEREIRA, Guilherme Setoguti Julio, *Um falso combate – discricionariedade da assembleia geral de credores por oposição aos poderes do juiz no escrutínio do plano de recuperação judicial*, in **Revista dos Trib**unais, nº 915, ano 104, janeiro de 2015, São Paulo, p. 445-457.

WATANABE, Kazuo, *Tutela antecipada e tutela específica das obrigações de fazer e não fazer*, in TEIXEIRA, **Sálvio de Figueiredo (coord.) Reforma do Código de Processo Civil,** São Paulo, Saraiva, 1996.

ZANINI, Carlos Klein, *Da Falência*, **in Comentários à Lei de Recuperação de Empresas e Falência,** SOUZA JUNIOR, Francisco Satiro de (coord.); PITOMBO, Antônio Sérgio A. de Moraes (coord.), 2ª edição, Editora Revista dos Tribunais, São Paulo, 2007.

ZILBERBERG, Eduardo, *Uma análise do princípio da preservação da empresa viável no contexto da nova lei de recuperação de empresas*, in **Revista de Direito Mercantil, Industrial, Econômico e Financeiro,** nº 141, janeiro-março de 2006, 185-191.

Jurisprudência

TJSP

Tribunal de Justiça do Estado de São Paulo, Agravo de Instrumento nº 561.271-4/2-00, Câmara Especial de Falência e Recuperações Judiciais, Relator Desembargador Pereira Calças, julgado em 30.07.2008.

Tribunal de Justiça do Estado de São Paulo, Agravo de Instrumento nº 0123428-44.2008.8.26.0000, Câmara Reservada à Falência e à Recuperação, Relator Desembargador Pereira Calças, julgado em 27.08.2008.

Tribunal de Justiça do Estado de São Paulo, Agravo de Instrumento nº 631.540-4/5-00, Câmara Especial de Falência e Recuperações Judiciais, Relator Desembargador José Roberto Lino Machado, julgado em 30.06.2009.

Tribunal de Justiça do Estado de São Paulo, Agravo de Instrumento nº 0319061-56.2009.8.26.0000, Câmara Reservada à Falência e à Recuperação, Relator Desembargador Romeu Ricupero, julgado em 06.04.2010.

Tribunal de Justiça do Estado de São Paulo, Agravo de Instrumento nº 0372448-49.2010.8.26.0000, Câmara Reservada à Falência e à Recuperação, Relator Desembargador Pereira Calças, julgado em 01.02.2011.

REFERÊNCIAS

Tribunal de Justiça do Estado de São Paulo, Agravo de Instrumento nº 0137526-29.2011.8.26.0000, Câmara Reservada à Falência e à Recuperação, Relator Desembargador Elliot Akel, julgado em 13.12.2011.

Tribunal de Justiça do Estado de São Paulo, Agravo de Instrumento nº 0136362-29.2011.8.26.0000, Extinta Câmara Reservada à Falência e à Recuperação, Relator Desembargador Pereira Calças, julgado em 28.02.2012.

TJSP, Agravo de Instrumento nº 0168318-63.2011.8.26.0000, Câmara Reservada à Falência e Recuperação Judicial, Relator Des. Pereira Calças, julgado em 17.04.2012.

Tribunal de Justiça do Estado de São Paulo, Agravo de Instrumento nº 0168318-63.2011.8.26.0000, Câmara Reservada à Falência e à Recuperação, Relator Desembargador Pereira Calças, julgado em 17.04.2012.

Tribunal de Justiça do Estado de São Paulo, Agravo de Instrumento nº 0198440-25.2012.8.26.0000, 1ª Câmara Reservada de Direito Empresarial, Relator Desembargador Maia da Cunha, julgado em 11.12.2012.

Tribunal de Justiça do Estado de São Paulo, Agravo de Instrumento nº 0007430-86.2012.8.26.0000, 2ª Câmara Reservada de Direito Empresarial, Relator Desembargador Araldo Teles, julgado em 18.12.2012.

Tribunal de Justiça do Estado de São Paulo, Agravo de Instrumento nº 0187811-89.2012.8.26.0000, 1ª Câmara Reservada de Direito Empresarial, Relator Desembargador Francisco Loureiro, julgado em 23.04.2013.

Tribunal de Justiça do Estado de São Paulo, Agravo de Instrumento nº 0020538-51.2013.8.26.0000, 1ª Câmara Reservada de Direito Empresarial, Relator Desembargador Francisco Loureiro, julgado em 04.07.2013.

Tribunal de Justiça do Estado de São Paulo, Agravo de Instrumento nº 2023912-41.2013.8.26.0000, 1ª Câmara Reservada de Direito Empresarial, Relator Desembargador Teixeira Leite, julgado em 06.02.2014.

Tribunal de Justiça do Estado de São Paulo, Agravo de Instrumento nº 2024063-07.2013.8.26.0000/50001, 2ª Câmara Reservada de Direito Empresarial, Relator Desembargador Ricardo Negrão, julgado em 17.03.2014.

Tribunal de Justiça do Estado de São Paulo, Agravo de Instrumento nº 0194436-42.2012.8.26.0000, 1ª Câmara Reservada de Direito Empresarial, Relator Desembargador Teixeira Leite, julgado em 02.10.2012.

Tribunal de Justiça do Estado de São Paulo, Agravo de Instrumento nº 2058626-90.2014.8.26.0000, 1ª Câmara Reservada de Direito Empresarial, Relator Desembargador Teixeira Leite, julgado em 03.07.2014.

Tribunal de Justiça do Estado de São Paulo, Agravo de Instrumento n. 2092117-54.2015.8.26.0000, Primeira Câmara Reservada de Direito Empresarial, Relator Desembargador Francisco Loureiro, julgado em 09.09.2015.

Tribunal de Justiça do Estado de São Paulo, Agravo de Instrumento n. 2126898-39.2014.8.26.0000, 1ª Câmara Reservada de Direito Empresarial, Relator Desembargador Maia da Cunha, julgado em 08.10.2014.

Tribunal de Justiça do Estado de São Paulo, Agravo de Instrumento nº 0110681-86.2013.8.26.0000, 2ª Câmara Reservada de Direito Empresarial, Relator Desembargador José Reynaldo, julgado em 03.02.2014.

Tribunal de Justiça do Estado de São Paulo, Agravo de Instrumento n. 2084119-35.2015.8.26.0000, 2ª Câmara Reservada de Direito Empresarial, Relator Desembargador Fábio Tabosa, julgado em 05.10.2015.

Tribunal de Justiça do Estado de São Paulo, Agravo de Instrumento n. 2084002-44.2015.8.26.0000, 2ª Câmara Reservada de Direito Empresarial, Relator Desembargador Fábio Tabosa, julgado em 05.10.2015.

Tribunal de Justiça do Estado de São Paulo, Agravo de Instrumento n. 2035673-98.2015.8.26.0000, 2ª Câmara Reservada de Direito Empresarial, Relator Desembargador Fábio Tabosa, julgado em 05.10.2015.

Tribunal de Justiça do Estado de São Paulo, Agravo de Instrumento n. 2084345-40.2015.8.26.0000, 1ª Câmara Reservada de Direito Empresarial, Relator Desembargador Francisco Loureiro, julgado em 09.09.2015.

Tribunal de Justiça do Estado de São Paulo, Agravo de Instrumento n. 0289541-80.2011.8.26.0000, 1ª Câmara Reservada de Direito Empresarial, Relator Desembargador Pereira Calças, julgado em 31.07.2012.

Tribunal de Justiça do Estado de São Paulo, Agravo de Instrumento n. 0282540-15.2009.8.26.0000, Extinta Câmara de Falência e Recuperação de Empresas, Relator Desembargador Romeu Ricupero, julgado em 01.06.2010.

Tribunal de Justiça do Estado de São Paulo, Agravo de Instrumento n. 0008634-34.2013.8.26.0000, 1ª Câmara Reservada de Direito Empresarial, Relator Desembargador Teixeira Leite, julgado em 04.07.2013.

Tribunal de Justiça do Estado de São Paulo, Agravo de Instrumento n. 0103311-56.2013.8.26.0000, 1ª Câmara Reservada de Direito Empresarial, Relator Desembargador Pereira Calças, julgado em 25.11.2014.

Tribunal de Justiça do Estado de São Paulo, Agravo de Instrumento no 0012403-50.2013.8.26.0000, 2ª Câmara Reservada de Direito Empresarial, Relator Desembargador Araldo Telles, julgado em 14.04.2014.

Tribunal de Justiça do Estado de São Paulo, Agravo de Instrumento no 0253736-66.2011.8.26.0000, Extinta Câmara Reservada à Falência e Recuperação, Relator Desembargador Pereira Calças, julgado em 27.03.2012.

Tribunal de Justiça do Estado de São Paulo, Agravo de Instrumento no 0233692-89.2012.8.26.0000, 2ª Câmara Reservada de Direito Empresarial, Relator Desembargador Ricardo Negrão, julgado em 20.01.2013.

Tribunal de Justiça do Estado de São Paulo, Agravo de Instrumento no 0076442-56.2013.8.26.0000, 1ª Câmara Reservada de Direito Empresarial, Relator Desembargador Enio Zuliani, julgado em 29.08.2013.

REFERÊNCIAS

Tribunal de Justiça do Estado de São Paulo, Agravo de Instrumento no 0231352-75.2012.8.26.0000, 2ª Câmara Reservada de Direito Empresarial, Relator Desembargador Araldo Telles, julgado em 22.07.2013.

Tribunal de Justiça do Estado de São Paulo, Agravo de Instrumento n. 2158969-94.2014.8.26.0000, 2ª Câmara Reservada de Direito Empresarial, Relator Desembargador Tasso Duarte de Melo, julgado em 07.04.2015.

Tribunal de Justiça do Estado de São Paulo, Agravo de Instrumento n. 0003232-69.2013.8.26.0000, 1ª Câmara Reservada de Direito Empresarial, Relator Desembargador Maia da Cunha, julgado em 26.03.2013.

Tribunal de Justiça do Estado de São Paulo, Agravo de Instrumento nº 0342925-26.2009.8.26.0000, Extinta Câmara de Falência e Recuperação Judicial, Relator Desembargador Romeu Ricupero, julgado em 18.08.2009.

Tribunal de Justiça do Estado de São Paulo, Agravo de Instrumento nº 9026505-60.2009.8.26.0000, Extinta Câmara de Falência e Recuperação Judicial, Relator Desembargador Romeu Ricupero, julgado em 18.08.2009;

Tribunal de Justiça do Estado de São Paulo, Agravo de Instrumento nº 2044822-55.2014.8.26.0000, 1ª Câmara de Reservada de Direito Empresarial, Relator Desembargador Enio Zuliani, julgado em 03.07.2014;

Tribunal de Justiça do Estado de São Paulo, Agravo de Instrumento nº 0106661-86.2012.8.26.0000, 1ª Câmara Reservada de Direito Empresarial, Relator Desembargador Francisco Loureiro, julgado em 03.07.2014;

Tribunal de Justiça do Estado de São Paulo, Agravo de Instrumento nº 2017379-32.2014.8.26.0000, 1ª Câmara Reservada de Direito Empresarial, Relator Desembargador Enio Zuliani, julgado em 11.09.2014;

Tribunal de Justiça do Estado de São Paulo, Agravo de Instrumento nº 2158969-94.2014.8.26.0000, 2ª Câmara Reservada de Direito Empresarial, Relator Desembargador Tasso Duarte de Melo, julgado em 07.04.2015;

Tribunal de Justiça do Estado de São Paulo, Agravo de Instrumento nº 2050098-67.2014.8.26.0000, 2ª Câmara Reservada de Direito Empresarial, Relator Desembargador Ramon Mateo Júnior, julgado em 16.03.2015.

Tribunal de Justiça do Estado de São Paulo, Agravo de Instrumento n. 0100844-07.2013.8.26.0000, 2ª Câmara Reservada de Direito Empresarial, Relator Desembargador José Reynaldo, julgado em 03.02.2014.

Tribunal de Justiça do Estado de São Paulo, Agravo de Instrumento no 2128485-96.2014.8.26.0000, 1ª Câmara Reservada de Direito Empresarial, Relator Desembargador Francisco Loureiro, julgado em 30.09.2015.

Tribunal de Justiça do Estado de São Paulo, Agravo de Instrumento n. 2002491-24.2015. 8.26.0000, Segunda Câmara Reservada de Direito Empresarial, Relator Desembargador Ramon Mateo Júnior, julgado em 25.06.2015.

Tribunal de Justiça do Estado de São Paulo, Agravo de Instrumento n. 2221164-18.2014.8.26.0000, Primeira Câmara Reservada de Direito Empresarial, Relator Desembargador Claudio Godoy, julgado em 10.06.2015.

Tribunal de Justiça do Estado de São Paulo, Agravo de Instrumento n. 2143743-49.2014.8.26.0000, Primeira Câmara Reservada de Direito Empresarial, Relator Desembargador Claudio Godoy, julgado em 29.04.2015.

Tribunal de Justiça do Estado de São Paulo, Agravo de Instrumento n. 0010477-68.2012.8.26.0000, Segunda Câmara Reservada de Direito Empresarial, Relator Desembargador Araldo Telles, julgado em 30.09.2013.

Tribunal de Justiça do Estado de São Paulo, Agravo de Instrumento n. 00067771-44.2012.8.26.0000, 1ª Câmara Reservada de Direito Empresarial, Relator Desembargador Maia da Cunha, julgado em 30.10.2012.

Tribunal de Justiça do Estado de São Paulo, Agravo de Instrumento n. 0235995-76.2012.8.26.0000, Primeira Câmara Reservada de Direito Empresarial, Relator Desembargador Enio Zuliani, julgado em 26.03.2013.

STJ

Superior Tribunal de Justiça, Recurso Especial nº 1.314.209/SP, 3ª Turma, Relatora Ministra Nancy Andrighi, julgado em 22.05.2012.

Superior Tribunal de Justiça, Recurso Especial n. 1.359.311-SP, Quarta Turma, Relator Ministro Luis Felipe Salomão, Julgado em 09.09.2014.

Superior Tribunal de Justiça, Recurso Especial n. 1.333.349/SP, Segunda Seção, Relator Ministro Luis Felipe Salomão, julgado em 26.11.2014.

Superior Tribunal de Justiça, Agravo em Recurso Especial n. 446.001, Decisão Monocrática proferida pelo Ministro Relator Antônio Carlos Ferreira, julgado em 03.08.2015.

TJRJ

Tribunal de Justiça do Estado do Rio de Janeiro, Agravo de Instrumento n. 0030788-12.2011.8.19.0000, Sexta Câmara Cível, Relator Desembargador Nagib Slaibi Filho, julgado em 19.10.2011.

Tribunal de Justiça do Estado do Rio de Janeiro, Apelação 0105323-98.2014.8.19.0001, 3ª Câmara Cível, Relatora Desembargadora Renata Cotta, julgada em 25.02.2015.

Tribunal de Justiça do Estado do Rio de Janeiro, Agravo de Instrumento 0019573-97.2015.8.19.0000, 14ª Câmara Cível, Relator Desembargador José Carlos Paes, julgado em 27.05.2015.

TJPR

Tribunal de Justiça do Estado do Paraná, Agravo de Instrumento nº 327.929-0, 18ª Câmara Cível, Relator Desembargador Renato Naves Barcellos, julgado em 31.07.2007.

Tribunal de Justiça do Estado do Paraná, Agravo de Instrumento n. 984.390-7, Décima Sétima Câmara Cível, Relator Desembargador Mário Helton Jorge, julgado em 14.08.2013.

Tribunal de Justiça do Estado do Paraná, Agravo de Instrumento n. 1013744-3, Décima Sétima Câmara Cível, Relator Desembargador Lauri Caetano Silva, julgado em 11.09.2013.

TJRS

Tribunal de Justiça do Estado do Rio Grande do Sul, Decisão interlocutória, Processo n. 010/1.11.0027265-8, Juíza Luciana Feddrizzi Rizzon, publicada no TJRS/DOE em 01.06.2012

Tribunal de Justiça do Estado do Rio Grande do Sul, Agravo de Instrumento n. 70057138729, Décima Segunda Câmara Cível, Relator Desembargador Mario Crespo Brum, julgado em 24.10.2013.

Tribunal de Justiça do Estado do Rio Grande do Sul, Agravo de Instrumento n. 70058702085, Décima Quinta Câmara Cível, Relator Desembargador Angelo Maraninchi Giannakos, julgado em 04.07.2014.

Tribunal de Justiça do Estado do Rio Grande do Sul, Agravo de Instrumento n. 70062827571, Sexta Câmara Cível, Relator Desembargador Ney Wiedmann Neto, julgado em 11.12.2014.

Tribunal de Justiça do Estado do Rio Grande do Sul, Agravo de Instrumento n. 700063007009, Sexta Câmara Cível, Relator Desembargador Ney Wiedmann Neto, julgado em 29.01.2015.

Tribunal de Justiça do Estado do Rio Grande do Sul, Agravo de Instrumento n. 70063238133, 5ª Câmara cível, Relator Desembargador Jorge Luiz Lopes do Canto, julgado em 25.03.2015.

TJMG

Tribunal de Justiça do Estado de Minas Gerais, Agravo de Instrumento n. 0025719-59.2014.8.13.0000, Décima Sétima Câmara Cível, Relator Desembargador Leite Praça, julgado em 20.03.2014.

Tribunal de Justiça do Estado de Minas Gerais, Agravo de Instrumento n. 0080461-34.2014.8.13.0000, Décima Sétima Câmara Cível, Relator Desembargador Leite Praça, julgado em 03.04.2014.

Fontes de Internet

Conselho da Justiça Federal, enunciados aprovados no bojo da I Jornada de Direito Comercial, http://www.cjf.jus.br/CEJ-Coedi/jornadas-direito-comercial/LIVRETO%20-%20I%20JORNADA%20DE%20DIREITO%20COMERCIAL.pdf, acesso em 17.10.2015.

Exposição de Motivos da Lei 11.101/2005, subscrita pelo Ministro Alexandre Marcondes Machado, cuja íntegra foi extraída de http://www.camara.gov.br/sileg/MostrarIntegra.asp?CodTeor=170215, acesso feito em 27.05.2014.

Fundo Monetário Nacional, Orderly & Effective Insolvency Procedures – Key Issues, publicado pelo Fundo Monetário Nacional em 1999 em http://www.imf.org/external/pubs/ft/orderly/ (acesso em 11.08.2015).

IASP, íntegra da relação dos enunciados propostos no bojo da II Jornada de Direito Comercial, http://www.iasp.org.br/2015/09/ii-jornada-paulista-de-direito-comercial/, acessado em 08.10.2015.

KLEE, Kenneth N., All You Ever Wanted To Know About Cram Down Under the New Bankruptcy Code, in American Bankruptcy Law Journal, vol. 53, 1979, p. 140, também disponível em versão digital no seguinte endereço (http://www.ktbslaw.com/media/publication/15_All%20You%20Ever%20Wanted%20to%20Know%20About%20Cram%20Down%20Under%20the%20New%20Bankruptcy%20Code.pdf – acesso em 02.10.2015

LOBO, Jorge, Recuperação Judicial é válida quando a empresa apresenta perfil favorável, artigo publicado em 26.09.2015, no site ConJur (www.conjur.com.br) também acessível no seguinte endereço http://www.gladiusconsultoria.com.br/noticia/recuperacao-judicial-e-valida-quando-empresa-apresenta-perfil-favoravel-165, acesso em 08.10.2015

MALOY, Richard, A primer on cram down – How and why it works", St. Thomas Law Review 16 (2003-2004), Heinonline. Disponível em: https://www.copyright.com/ccc/basicSearch.do?&operation=go&searchType=0&lastSearch=simple&allon&titleOrStdNo=1065-318X, acesso em 18.08.2015.

MARISCALCO, Marie P. Recent development in bankruptcy law: reorganization – Chapter 11. HeinOnline – 1 Bankr. Dev. J. p. 371, 1984, HeinOnline, http://heinonline.org/HOL/LandingPage?collection=journals&handle=hein.journals/bnkd2&div=4&id=&pag e=, acesso em 18.08.2015

OLIVEIRA, Fábio Gabriel; PIMENTA, Eduardo Goulart, A Autonomia Privada no Estado Democrático de Direito em uma Visão de Direito & Economia, in Anais do XVIII Encontro Nacional do CONPEDI realizado em Maringá-PR em 2, 3 e 4 de julho de 2009, p. 877-898, disponível em http://www.conpedi.org.br/anais/36/05_1438.pdf

TEBET, Ramez, Parecer n. 534, de 2004, apresentado à Comissão de Assuntos Econômicos do Senado. Íntegra do relatório do Senador Ramez Tebet disponível em: http://redir.stf.jus.br/paginadorpub/paginador.jsp?docTP=TP&docID=580933 (acesso em 15.08.2015).

UNCITRAL, Legislative Guide on Insolvency Law em http://www.uncitral.org/uncitral/en/uncitral_texts/insolvency/2004Guide.html (acesso em 10.08.2015).

ÍNDICE

AGRADECIMENTOS	7
PREFÁCIO	9
ABREVIATURAS	13
SUMÁRIO	15
1. INTRODUÇÃO	19
2. PANORAMA DA LEI 11.101/2005	31
3. A ATUAÇÃO DO JUIZ NA RECUPERAÇÃO JUDICIAL	79
4. CONCLUSÃO	191
REFERÊNCIAS	195